U0548107

SHOUDU
FAXUE LUNTAN

首都法学论坛

（第13辑）

主编　张世君

图书在版编目（CIP）数据

首都法学论坛．第13辑／张世君主编．—北京：知识产权出版社，2016.8

ISBN 978－7－5130－4408－0

Ⅰ．①首… Ⅱ．①张… Ⅲ．①法学—文集 Ⅳ．①D90－53

中国版本图书馆CIP数据核字（2016）第201580号

责任编辑： 彭小华　　**责任校对：** 潘凤越

特约编辑： 郭广通　　**责任出版：** 卢运霞

首都法学论坛（第13辑）

张世君　主编

出版发行：	知识产权出版社有限责任公司	**网　　址：**	http：//www.ipph.cn
社　　址：	北京市海淀区西外太平庄55号	**邮　　编：**	100081
责编电话：	010－82000860转8115	**责编邮箱：**	huapxh@sina.com
发行电话：	010－82000860转8101/8102	**发行传真：**	010－82000893/82005070/82000270
印　　刷：	北京中献拓方科技发展有限公司	**经　　销：**	各大网上书店、新华书店及相关专业书店
开　　本：	787mm×1092mm　1/16	**印　　张：**	14.75
版　　次：	2016年8月第1版	**印　　次：**	2016年8月第1次印刷
字　　数：	262千字	**定　　价：**	48.00元

ISBN 978－7－5130－4408－0

首都法学论坛

第13辑

前　言

首都经济贸易大学法学院所主办的学术出版物《首都法学论坛》自2005年出版第一辑以来，至今已十年有余。它伴随着我国法治文明与法治建设的发展而茁壮成长，坚持寻求法学理论与实务前沿的最新探索，一如既往，从未放弃。本辑继续以往的风格，收录了近期学术界和实务界的若干优秀研究成果，期待能为读者带来新的收获。

本辑《首都法学论坛》设置了“法学理论”“专题研究”“司法实务”“特稿专论”“青年学子”等栏目。在“法学理论”部分，汇聚了3篇学者的研究成果，分别研究了法治视角下的北京精神，民主的历史发展，美国酒流通入宪对我国的启示，理论分析缜密，说理论证充分，体现了作者的学术创新性和思考的严肃性。在“专题研究”栏目中，考虑到近几年来，国有企业深化改革方兴未艾，民法典制定的研究工作如火如荼，自贸区法制建设也开始引起学界注意，因此收录了5篇相关研究论文。这些文章分别对我国国有企业内部治理机制的重构、民法中代理制度的完善、保税区的法制建设、破产清算中的国家税收清偿顺位等前沿问题进行了深入探讨，许多见解颇富启迪。“司法实务”栏目针对当今我国司法实践中的几个热点进行讨论，涉及资源保护、司法改革、建设施工合同等，这些研究成果一个共同的特点就是采用调查研究的方法，提供了大量一手数据和资料，很有说服力，作者们尝试进行实证研究的努力也值得肯定。“特稿专论”刊发了由全国人大法工委的同志所撰写的对《国家勋章和国家荣誉称号法》的立法背景及主要内容进行解读的文章。“青年学子”栏目秉承鼓励年轻学子从事学术研究的宗旨，刊发了3篇优秀在校研究生的研究成果。前述稿件，未必尽善尽美，也都是一家之言，供法学界各位同人批评指正。

本辑《首都法学论坛》的出版与发行得到了首都经济贸易大学法学院、知识产权出版社以及各位学者的鼎力支持。最后，请允许我们对所有作者以及帮助本书出版的有关人士表示由衷的感谢，正是由于你们的支持才有了《首都法学论坛》的进步与成长。

《首都法学论坛》编委会

2016年6月

目 录

法学理论

专题研究

司法实务

特稿专论

青年学子

法学理论

……

法治文化视角的“北京精神”研究

吕廷君*

【摘要】从法律文化到法治文化，符合人类对法文化认识的发展规律，也是法治思维发展的必然结果。法治文化对北京精神的解读是一种动态的、实践性的研究。法治文化视角的“爱国”是奠基于政治认同基础上的公民的国家责任、社会责任和职业责任及其落实；法治文化视角的“创新”是在守成与变革、传统与现代的平衡基础上的发展，既要维护制度的稳定性、连续性，又要创新社会发展的制度机制；法治文化视角的“包容”是一种基于权力与权利平等话语权基础上的对他人自由空间的尊重和行为方式的宽容；法治文化视角的“厚德”是北京精神的价值基础，它要求法治建构和公民行为都要符合德性。北京精神是一种理念，但法治思维的北京精神重在实践。

【关键词】北京精神；法治文化；爱国；创新；包容；厚德

2011年11月2日，北京市公布了“北京精神”——“爱国、创新、包容、厚德”，2016年是北京精神公布的第五个年头。这期间，我国的依法治国创新理论有了突飞猛进的发展，法治思维、法治文化等新概念、新命题在丰富和发展依法治国创新理论的同时，也为我们认识和分析北京问题提供了全新的思维视角和理论工具。

“北京精神”不是暂时性的文化现象，它的生命力在于为北京社会经济发展提供持久的精神动力，是一种常讲常新、与时俱进的文化力量。“文化力就是文化因素对经济发展和社会进步所产生的影响与作用。”① 在一定意义上，文化力就是文化生产力，现代社会发展离不开文化力的推动，“文化

---

* 吕廷君，中共北京市委党校图书馆馆长，北京市市情研究中心主任，北京市政府法治研究中心副主任，研究员，法学博士，主要研究方向为理论法学。

① 孙是言：《文化力：横店的启示》，人民出版社1995年版，第264页。

实力和竞争力是国家富强、民族振兴的重要标志”①。依法治国战略背景下，法治文化视角的“北京精神”研究会促使我们思考这样一些问题：法治文化视角的“北京精神”有什么样的全新内涵？或者说法治文化理论会对“北京精神”阐释作出什么贡献？“北京精神”有没有法治意义上的文化力？“爱国”“创新”“包容”“厚德”的法治文化内涵是什么？它们的法治文化力如何表现出来？对以上问题的回答对于深入挖掘“北京精神”内涵，扩大“北京精神”内在的解释张力，使“北京精神”的文化力落地生根具有重要的理论和实践价值。

一、从法律文化到法治文化

法律文化是指人们在长期的社会实践中形成的有关法律及其现象的知识、理论、制度的总和。法律文化包括法律意识、法律知识、法律理论、法律制度和法律实践等综合性要素，是人们从事各种法律实践活动的行为习惯、行为模式和民族的、地域的传统，等等。“法治文化是指包含民主、人权、平等、自由、正义、公平等价值在内的人类优秀法律文化类型。法治文化由表层结构和深层结构组成，前者包括法律规范、法律制度、法律组织机构、法律设施等，后者包括法律心理、法律意识、法律思想体系。”② 从定义上看，法治文化是对法律文化的一种继承和发展。

法律文化与法治文化是既相互联系、又有区别的一对概念。法律文化与法治文化都是法治社会关于法及其现象的文化形态概念。但是，法律文化的定位侧重于传统法律、法制，法治文化则侧重对当下法律实施等法治实践问题的研究；法律文化是平面的、静止的，法治文化是立体的、动态的；法律文化重在形而上研究，法治文化则返回法的形而下，是形而上与形而下的结合。另外，从文化力角度看，法治文化是一种正价值的文化形态，对社会发展起着积极的推动作用，具有较强的文化力；而法律文化则是一种既包含正价值，也包含负价值的文化形态，文化力较弱。

与法律文化相比，法治文化的优势在哪里？概括起来说，作为一种积极

① 胡锦涛：《坚定不移沿着中国特色社会主义道路前进　为全面建成小康社会而奋斗——在中国共产党第十八次全国代表大会上的报告》，人民出版社2012年版，第33页。

② 刘作翔：“法治文化的几个理论问题”，载《法学论坛》2012年第1期，第10页。

的、实践性的文化形态，法治文化具有自己独特的内在品性，这些品性决定着法治文化的正价值和文化力。

首先，法治文化具有现实性和理想性。人是一种实践的动物，但人又是一种不满足于现状的动物，人总想超越现实、追逐理想。因此，人们会在实践中不断总结经验、提升对实践的认识，这就是理论产生的根源。来自实践的理论既具有现实性，也具有理想性，现实性是因为实践，理想性则因着人们对未来的憧憬和对一些普适性价值（如自由、公正）的敬畏和遵从。法治文化正是人们在社会实践中不断探索和总结，在不断规划自己的理想图景中产生和发展起来的。这与法律文化注重对传统法律意识和制度的描述，注重“是什么”的静态总结具有很大不同，更重要的是，法律文化虽然也包含对法律价值的肯定，但缺少对法律价值的正当性论证以及赋予法律以正当性价值。

其次，法治文化是一种强调法律的道德理性与人文属性的文化。法治文化考量法律的道德理性，只有具有道德理性的法律才是法治文化所认可的法，也就是说，只有良法才是法治文化的法，只有良法之治才是法治文化的“法治”。“法律不仅仅是事实，它也是一种观念或概念，此外，它还是一种价值尺度。它不可避免地具有智识的和道德的方面。”① 法律的道德理性决定着法律的人文属性。人文属性是人本属性与文化属性的结合，人文属性强调对人性的关怀和对人的尊严的维护。具有人文属性的法治文化不仅关注人的自由和权利，而且关注人的自由与权利的实现。因此，我们可以说，法治文化是一种实践着的具有正当性的法律文化。

最后，法治文化是一种强调制度理性的文化。从道德理性与人文属性出发，法治文化的制度理性就得以彰显，制度必须由具有正当性的法律规制，其规则和规则之下的手段与机制必须合乎正当性和人为理性。因而，“法治文化的一个主要特征就在于程序正义和手段正当性优先，手段正当性优先最能体现一个国家或地区的法治文化，也是检验一个国家或地区法治文化程度高低的主要标志”②。法治文化的制度理性当然地排斥人治，法治文化对“贤人政治”“哲学王之治”抱有足够的警惕，因为法治文化不相信建立在所谓“贤人”“哲学王”的个人良心、能力和智慧基础上的权力运作模式。

---

① 【美】哈罗德·J. 伯尔曼著：《法律与革命——西方法律传统的形成》，贺卫方等译，中国大百科全书出版社 1993 年，第 665 页。

② 魏建国：“法治文化：特质、功能及培育机理分析”，载《社会科学战线》2012 年第 6 期，第 205 页。

人治的主体是人，正如孟德斯鸠所说，一切有权力的人都容易滥用权力；法治的主体是法律，法治是法律统治人，而不是相反。所以，法治文化是一种强调法律制度统治的文化，是一种制度理性的文化。

法治文化这些独特的品性和优势决定着其内在的强大文化力，但是，这种文化力不会自动地在法治社会生成。那么，法治文化的文化力如何变为现实的力量？或者说法治文化的品性和优势在社会实践中如何得到展示？说得更具体一些，法治文化是如何指导社会实践的呢？要回答这个问题，我们需要了解理论的基本内涵。“理论为人们提供时代水平的世界图景，从而规范人们对世界的理解和对世界的改造。理论为人们提供科学的思维方式，从而规范人们的思维逻辑和思维方法。理论为人们提供具有时代内涵的价值规范，从而塑造和引导人们的价值观念和价值追求。”① 从理论的三重内涵出发，我们认为，法治文化对实践的指导意义主要表现为以下三个方面。

一是法治文化能够为我们认识社会提供一种规范性视角。法治文化的法治理想图景其实就是法治生态的基本规划，基于基本共识之上的法治制度、理论、知识和意识为我们认识世界、改造世界提供了基础的规范性依据。

二是法治文化能够为我们提供一种规范性的思维方式，能够提高我们的思维能力。思维能力是一个人、一个群体解决问题的重要素养和能力，人们只有具备法治文化相关理论才能运用法治的思维方式，形成法治的思维习惯。

三是法治文化能够塑造我们的价值观和价值追求。法治文化对价值的认识是一种具有现实性和理想性的思路和方法，自由、平等、公正等法律价值如何排序，如何在具体的法治实践中得以落实，法治文化理论具有重要的指导和引领作用。

所以说，作为一种理论的法治文化不仅具有对实践的解释功能、指导功能，而且对于实践主体的思维能力、批判能力和建构能力的塑造也具有重要价值。基于以上分析，法治文化理论对于我们分析研究“北京精神”，深刻挖掘“爱国、创新、包容、厚德”所蕴含的法治意义，具有重要的理论价值。

---

① 孙正聿：“理论及其与实践的辩证关系”，载《光明日报》2009年11月24日。

二、法治文化视角的“爱国”

法治文化对人的自然属性和社会属性的认识是：人不仅是自然人，而且是公民，也就是说，人不仅是具有自然本能的动物，而且更是亚里士多德所言——人是天生的政治动物，“人类自然是趋向于城邦生活的动物（人类在本性上，也正是一个政治动物）”①。

人是政治动物的首要准则就是尊重和关爱自己生活其中的组织，小到家庭，大到国家。因而，自从人类进入国家时代以来，“爱国”是作为政治动物的人——公民的一种高层次法律意识，是一种长期积淀形成的、具有较强文化认同和身份认同的深层次法治文化。

需要强调指出的是，政治文化认同是爱国理念和行为的一个重要基础。哈贝马斯认为，现代社会公民身份的建构，在本质上是一种争取自由和正义的政治性认同，而不是一种基于共同的语言、种族、宗教信仰等因素的政治认同。政治文化应该是一种以公共的善为取向、不能用法律强制来形成的文化，是一种公民在政治活动的参与过程中形成的文化，这种政治文化就是宪法爱国主义。宪法爱国主义可以成为国家和超国家集体认同的基础。② 简单说来，宪法爱国主义是指公民建立在对现代民族国家普遍确立的关于平等、自由权利的宪法原则的认同和忠诚基础上所形成的爱国情感和意识。“作为法律共同体的中华民族的自我认同，即中国认同，是一种以宪法为核心的法律认同，一种宪法爱国主义。”③

我们暂且不去理会宪法爱国主义理论的正当性，仅就宪法爱国主义在爱国问题上所给予的以宪法为基础的政治认同而言，宪法爱国主义之于北京精神的分析就值得我们去研究和汲取。1997 年，我国确立了依法治国战略，法治开始成为党和国家治国理政的基本方式。法治文化理论告诉我们，一个社会的依法治理，首先是所有法治行动者主要运用法治思维和法治方式为具

---

① 【古希腊】亚里士多德著：《政治学》，吴寿彭译，商务印书馆 1997 年版，第 7 页。

② 王展鹏：“宪法爱国主义与欧洲认同：欧盟宪法的启示”，载《欧洲研究》2005 年第 5 期，第 115～116 页。

③ 翟志勇：“中华民族与中国认同——论宪法爱国主义”，载《政法论坛》2012 年第 2 期，第 15 页。

体行为，并形成社会关系。具体表现为两个方面：一是人们运用法律实现权利、履行义务而形成的私权社会；二是人们基于政治认同基础上形成的公民社会。“公民身份不仅意味着法律上的权利和义务，还意味着公民伦理的建构，这一点对现代民族国家尤为重要。所谓公民伦理，简单来说，就是公民走出自由主义所强调的私人性，投身于公共之善中，表现为对公共自由和公共福祉的追求和维护，对体现公共自由和公共福祉的法律的尊重与捍卫。”① 这种尊重和捍卫公共利益的意识、情怀和行为就是爱国主义在宪法层面上的具体体现。也正是在这个意义上，我国《宪法》第54条规定：“中华人民共和国公民有维护祖国的安全、荣誉和利益的义务，不得有危害祖国的安全、荣誉和利益的行为。”

前文所述，法治文化表现为意识和制度两个层面。爱国的意识层面主要表现为公民在政治认同基础上的热爱祖国、热爱人民的民族自豪感、自尊心和强烈的国家认同感、归属感，也就是我们通常所说的爱国情怀。爱国情怀属于意识形态，在法治文化看来，爱国情怀需要运用共同的价值观进行塑造和培养，而不是通过法律强制力形成。2012年11月，党的十八大报告指出：“倡导富强、民主、文明、和谐，倡导自由、平等、公正、法治，倡导爱国、敬业、诚信、友善，积极培育和践行社会主义核心价值观。”其中，“富强、民主、文明、和谐”是目标价值，“自由、平等、公正、法治”是制度价值，“爱国、敬业、诚信、友善”是行动价值。这十二个社会主义核心价值成为当下我国社会政治认同的价值基础。目标价值通过制度价值落实为公民的行动价值，因而，制度价值成为核心价值体系的纽带和桥梁。“自由、平等、公正、法治”等制度价值，其实也是多数法治国家的法律价值，我们相信，这种具有普适性和文化力的价值观不仅对于我们凝聚社会力量、形成社会共识和政治认同具有重要意义，而且对于树立公民意识、规范公民行为也具有重要价值。这也正是法治文化制度层面要着力解决的问题。

从法治文化的制度层面看，爱国主要表现为三个维度：

（1）公民的国家责任：爱国的公民责任首先表现为《宪法》第54条对公民义务的规定：维护祖国的安全、荣誉和利益的义务，不得有危害祖国的安全、荣誉和利益的行为。不仅如此，爱国的国家责任，还包括服兵役的义务、纳税的义务，不玷污国旗、国徽的义务，等等。总之，维护国家形象和民族尊严，维护国家主权、领土完整和民族团结等所有宪法义务都属于公民

① 翟志勇：“中华民族与中国认同——论宪法爱国主义”，载《政法论坛》2012年第2期，第13页。

的国家责任，宪法责任是公民爱国的最基本责任。

（2）公民的社会责任：爱国的公民责任还表现为维护公共利益和社会稳定的社会责任。虽然，国家与社会在西方法治经验中是二元对立的，但是，西方法治也强调良好社会秩序达成中的公民责任。在我国，国家主权、政府权威与社会秩序、公民责任是密不可分的，在这个意义上，爱国就可以具象为一种公民的社会责任。

（3）公民的职业责任：爱国的公民责任还表现为爱岗敬业、忠于职守的职业责任。职业活动是人一生中最主要的社会活动，也是国家为每一位公民所创造的最主要的谋生方式，是公民与国家最直接的联系纽带。因此，在日常工作中，严格规范、兢兢业业工作，履行职业义务、承担工作责任，就是公民爱国的最主要、最具体的行为方式。

当然，爱国也具有一定的历史性和时代性，需要在意识和行为上与时俱进。爱国的时代性具体表现为对“国家利益”的不同理解、不同意识和不同行为等多层次、多方面的内容。当年，孙中山先生曾指出，爱国要爱中华国，而不能爱大清国，爱大清国，非爱国也，实害国也。孙中山所说的爱国，爱的是“民有、民治、民享”的“中华国”，在彼时内忧外患、积贫积弱的时代背景下，“爱中华国”不失为一面极具感召力和政治认同感的爱国旗帜。历史发展到今天，中国特色社会主义道路、理论和制度是为近代以来中国历史所反复证明的不二选择，是当代中国最大的国家利益。只有社会主义能够救中国，只有社会主义能够发展中国，已经成为当代中国社会的基本共识。因此，在这个意义上，爱国的当代因素就包含着对中国特色社会主义道路、理论和制度的认同与维护，这不仅对于维护国家主权、民族团结和社会稳定具有重要价值，而且对于实现千百年来中华民族的复兴之梦也具有重要意义。

总之，法治文化视角的“爱国”包括爱国情怀和爱国行为。爱国情怀是一种建立在政治认同基础上的对国家和民族的认同感、自豪感。爱国行为主要表现为：宪法义务为基础的国家责任，维护公共利益和社会秩序为核心的社会责任，爱岗敬业、忠于职守的职业责任。

行文至此，还有一个需要回答的问题：北京精神为什么突出强调爱国精神？或者说爱国精神为什么在北京精神中占有如此重要的地位？这个问题的回答，需要我们回顾历史和分析北京的城市特点、城市定位。首先，北京是一个具有悠久的爱国传统的城市，不夸张地说，爱国已经融入北京的血脉之中。“我们说爱国是北京精神的核心，是因为爱国在北京历史长河中不仅形成了一种文化，还成为北京市民突出的价值取向，凝聚为一种精神力量。”① 荆轲、于谦、顾炎武、文天祥、谭嗣同、李大钊、梅兰芳、赵登禹、张自忠等爱国名士都在北京留下了名垂青史的可歌可泣事迹，一二·九运动、五四运动、七七事变、开国大典、奥运盛会等重大事件无不激发着每一个中国人的民族精神和民族自豪感。北京的仁人志士和重大事件渗透和表达着北京人、中国人的使命感、责任感和爱国情怀。无论是爱国名士的壮举，还是历史事件的波澜，都发生在北京并波及全国，形成声势浩大的爱国运动。这也是北京之所以成为中国的政治中心和文化中心的根本原因。所以说，是历史选择了北京，是责任选择了北京，爱国精神当仁不让地成为北京精神的核心。

三、法治文化视角的“创新”

“‘创新’是‘北京精神’的精髓，即突破常规、推陈出新。创新是民族进步之魂，是城市活力之源，它体现了北京积极进取、追求进步的精神状态。”② 作为北京精神的“精髓”，正如刘淇所说：“创新体现了北京人民与时俱进、积极进取的精神状态，北京发展的历史在某种意义上就是一部创新的历史，永不停滞、改革创新，在弘扬优秀传统的同时，勇于创造，勇攀高峰。北京发展的未来更需要持续的创新精神，依靠创新赢得主动、赢得优势、赢得未来。”③

我国的历史文化具有悠久的创新意识和传统，法家代表人物韩非就是一个杰出代表。韩非把彼时影响社会发展的五种人称之为“五蠹”，也就是五种只会言说、不具有实践精神的有害之人。韩非说：“是以圣人不期修古，不法常可，论世之事，因为之备。”④ 也就是说，圣人不希望一切都学习古代，不墨守成规，而是研讨当代的情势，据此采取相应的办法。儒家经典《大学》中也有“苟日新，日日新，又日新”的说辞，强调不断变革创新的积极意义。这些创新精神皆与《易经》的“穷则变，变则通，通则久”的

① 李建平，等：《北京精神与文化》，经济科学出版社2012年版，第1页。

② 北京精神编写组编著：《北京精神》，北京联合出版公司2012年版，出版说明第1页。

③ 刘淇：“践行‘北京精神’推动首都科学发展”，见中共北京市委宣传部、北京市社会科学界联合会组织编写：《北京精神百家谈》，北京出版社2011年版，代序第2页。

④ 《韩非子·五蠹》。

思想一脉相承。所以，创新在中华民族精神内涵中一直具有重要的位置。从吸收优秀的文化传统基因角度看，我们没有理由不坚守创新精神这面大旗。从北京作为我国教育、科技和人才最集中的地区来看，北京具备创新的条件和能力，因此，我们应该对创新精神的文化力、推动北京发展的驱动力充满信心。

与爱国精神的持久性、永恒性相比，作为北京精神精髓的“创新”更富有时代意义，因为我们这个时代是一个迅猛发展、锐意改革的时代，是一个不断推陈出新，后浪推前浪的大变革时代。但是，在法治文化理论看来，创新虽然意味着新制度的建构、创新理念的汲取以及法律移植等意识和制度的发展，但是创新也意味着对既有制度的变革，对传统秩序的稳定性、连续性的解构。因此，法治文化理论告诉我们，创新需要明确的边界和度，创新需要正确把握守成与变革、传统与现代、发展与创新的关系，而这些抽象的对立统一关系需要具体的制度机制提供规范性指引。这就是法治文化对于创新精神的根本意义。

首先，北京的法律意识、法律制度领域的创新在全国具有引领和示范作用。法律意识、法律制度自身需要不断创新，不断修正滞后于社会现实的意识和制度，需要根据实践发展的需要适时推出创新制度机制来推动社会发展。1997 年，北京市率先开始了集中行政处罚权的城市管理制度试点，至 1998 年 12 月，北京市城八区城管执法队伍正式组建，这是全国行政执法改革创新的一个大亮点。这个改革不仅解决了“十几顶大盖帽，管着顶破草帽”的多头执法、重复执法、执法扰民等现象，而且还对我国其他省市的行政执法改革具有极大的引领和示范作用。此后，“北京市的行政处罚案卷评查制度”“人民调解、司法调解和行政调解相结合的‘大调解’制度”“民调进所（公安局派出所）制度”等一系列社会管理创新制度被先后创造出来，并引领了全国相关制度的建构。应该说，改革开放以来，北京市在法律制度建设、法治意识发展方面具有较强的创新能力。需要指出的是，北京市的法律制度创新在把握传统与现代的平衡方面具有较好的度，没有因为创新而引发新的社会矛盾和问题。比如，“大调解制度”就比较好地吸收和借鉴了中国共产党自延安时期以来形成的以“马锡五审判方式”为代表的人民司法传统，又揉和了现代行政调解和司法调解的一些先进理念，最终形成了三种调解共同面对社会矛盾和问题的“大调解”格局，这对于依法化解社会矛盾和纠纷具有重要意义。到 2020 年，我国基本建成小康社会，中国特色社会主义法治体系基本形成。我们深信，北京的创新法治会为此提供优化的社会环境和良好的法治氛围，并引领全国的法治创新发展。

其次，法律意识、法律制度能够规范、协调和引导“‘政府领导、社会协同’创新模式”。有学者指出，我国的文化创新模式是一种“主从模式”，“其根本的特征是在创新活动中，有一个‘主’，其他为‘从’，‘主’决定‘从’，‘从’服于‘主’，强调领导，隶属等级关系严明。”① 在一定意义上，我们也可以把文化创新的“主从模式”适用于其他创新领域。如果这个判断能够成立的话，法治文化恰恰能够规范、协调和指引这种模式的创新行为。因为法治强调规则面前人人平等，强调领导与协同的权利义务关系，也就是说，法治思维和法治方式能够通过法律的权利义务、权力责任来弥补和指引“主从模式”中各类主体的行为，从根本上保障和实现创新能力驱动社会发展的要求。

最后，法律意识、法律制度为政治、经济、文化、社会和生态文明的创新划定了边界和度，提供着明确的规范性指引。社会发展与创新离不开法律制度保障，这是当代社会的一个基本共识。但是，对于社会发展各领域的创新机制，法律意识、法律制度能够起什么样的作用呢？正如前文所说，创新需要在守成与变革中寻找平衡，而法律意识与制度提供的恰恰是这个平衡点外化的“边界”和“度”。就法律制度而言，我们的创新不能损害他国、他人的权利，知识产权制度就是一个很好的度量边界；我们的创新不能违背人类的良知和德性，联合国的人权公约和有关生化武器公约为技术创新划定了行为边界。就法律意识而言，创新规划的论证和行为实施，无时无刻不受到法律意识的约束，这方面，制度经济学和基于制度经济学发展而来的制度法学为我们提供了很好的说明。“由于制度所物化的知识共享于在同一制度中分工与协调着的人们，每个人事先就能知道其他人对他的行为会作出的反应，这就大大减少了个人决策中的不确定性。也就是说，制度的功用在于它能够降低交易成本。”②

四、法治文化视角的“包容”

“‘包容’是‘北京精神’的特征，即宽容、容纳。在统一多民族国家形成和壮大的漫长过程中，北京以自己宽广的胸怀和开放的心态吸引和融合

① 罗孝高：“创新文化的基本模式与创新文化的建设”，载《广西社会科学》2004年第5期，第154页。

② 汪丁丁：“制度创新的一般理论”，载《经济研究》1992年第5期，第195页。

着各地区、各民族的文化，古典的、现代的、民族的、世界的，京腔京韵的、五湖四海的，在今天的北京都有其展示的舞台；不同国度、不同民族、不同区域的人，都能在北京寻找到发展的机会”①。包容是文化多样性、民族多元化和制度兼容并蓄的结果，尽管宽容是一个具有悠久历史的宗教概念，但是，“就其核心要义而言，它要求人们在人格平等与尊重的基础上，以理解宽恕的心态和友善和平的方式，来对待、容忍、宽恕某种或某些异己行为、异己观念，乃至异己者本身的道德与文化态度、品质和行为”②。包容精神具体表现为包容性法律意识、多元化法律制度及其规制下的包容性行为，也包括法治精神之下的道德宽容。

首先，在一个文化多元的国家和权利多样的时代，“包容”的价值和制度必须体现在宪政制度之中。“包容”既与宪政民主制的基本价值观相暗合，也与权利宽容的时代精神相一致。我国宪法对多民族国家的民族平等原则、民族区域自治制度和民族语言习惯风俗的规定，对爱国统一战线、中国共产党领导的多党合作和政治协商制度的规定，对独立自主的外交政策的规定、对民主集中制的规定、对经济制度和分配制度的规定、对特别行政区的规定、对宗教信仰自由的规定，等等。这些宪政制度无一不体现着包容价值和包容精神。所以说，宪法不仅是政治主张的包容，更是价值观的包容。这种以宪法为基础的宪政共识是包容精神得以发扬光大的重要制度前提，需要我们进一步分析、研究和完善。

其次，包容精神还体现在我国各部门法及一些政府政策之中。我国法律制度的发展在很大意义上就是一个法律权利不断扩大、权利主体范围不断扩张的过程。包容精神在具体部门法制度中的体现，我们可以概括为：法律权利得到不断张扬，更加贴近百姓生活的法律制度越来越多，弱势群体权利诉求的途径越来越畅通。特别是实施依法治国战略以来，百姓的生活的确已经步入一个前所未有的权利时代。2008 年，北京奥运会的主题词——同一个世界，同一个梦想——展现了北京博大的胸怀和兼容并蓄的气质，这是用歌词的方式集中概括北京包容精神的典范。“奥运”前后，北京对外来务工人员的权利保护、子女教育和其他社会弱势群体权利的实现提供了更好的条件和更大的发展空间，这些政府政策在一定程度上彰显了北京的大度和包容。当然，从法治文化视角看，我们还需要把这些只具有临时性的政府政策转变为具有连续性、稳定性的法律法规，需要我们用制度固化包容精神的创新成

① 北京精神编写组编著：《北京精神》，北京联合出版公司 2012 年版，出版说明第 1 ~ 2 页。
② 万俊人：《寻求普世伦理》，商务印书馆 2001 年版，第 507 ~ 508 页。

果。在这方面，还有许多制度机制需要我们完善和发展。

再次，包容精神应该外化为市民的具体行为。从法治文化角度看，包容精神塑造我们的思维方式，凡事以包容的心态去思考和面对，包容不同社会主体的世界观、价值观和人生观，包容不同的行为方式和生活习惯，尊重不同的宗教和信仰，包容千差万别的思维方式和思维习惯。包容还建构我们的行为方式。尊重别人的权利和利益，维护社会公共利益；尊重他人的生活空间和消极自由领域；消除偏见和歧视；在利益冲突中谦让妥协，在不幸和灾害面前勇于担当。我们需要特别强调的是，包容精神包括对不同政治见解的宽宏大量，只要这些见解不危及社会秩序、公共安全和国家安全，就可以成为“百花齐放，百家争鸣”的一员。在这方面，我们的党员领导干部应该率先垂范，以身作则，包容不同的意见和建议，只有集思广益才能博采众家之长。如果这样，我们的法律和政策就会集万众智慧于一身，就会具有更加坚实的正当性和合理性，就会在实践中得到顺畅的贯彻和落实。

最后，包容精神提倡在平等的权力和权利话语基础上的合作。“包容不是把他者囊括到自身当中，也不是把他者拒绝到自身之外”，而是形成一个共同体。“这样的共同体对所有的人都是开放的，包括那些陌生人或想保持陌生的人。”① 包容意味着不同主张的人能够在一个平台上合作，这就需要不同主体之间享有平等的权利和权力话语。公民不应该因为人种、宗教、出身、受教育程度等因素而影响自己的权力话语，而影响自己的权利主张和平等交流的机会。话语霸权在任何时候、任何地方都应当被废止，公民在法律允许的范围内享有充分的表达自由，这是北京建设世界城市应有的气度和内涵。只要有了这个对话交流的基础，不同社会阶层、群体和个体的合作就会更加完善和发达。

奥运主题歌《北京欢迎你》唱得好：“我家大门常打开，开放怀抱等你。我家大门常打开，开怀容纳天地。”北京需要以海纳百川的气度，包容万象的力量，接受来自五湖四海的不同文化、不同信仰和不同生活方式，尊重他人的权利，包容别人的价值观。也只有这样，北京的政治文化中心地位才能得到充分发挥，北京也才能离世界城市越来越近。

---

① 【德】哈贝马斯著：《包容他者》，曹卫东译，上海人民出版社2002年版。

五、法治文化视角的“厚德”

“‘厚德’是‘北京精神’的品质。历史不仅赋予了北京辉煌灿烂的文化遗产，也培育了北京市民文明有礼的优秀品德。尚礼、厚道、宽容、助人是北京文化的历史传承。”① “格物、致知、诚意、正心、修身、齐家、治国、平天下”是《大学》的八条目，我们对八条目的后四条耳熟能详，但很多人对于前四条却知之甚少。其实，前四条是后四条的条件，没有前四条的准备，就没有后四条的结果。“格物”是推究事物的道理，“致知”是达致对事物的认识，“诚意”是心诚意定，“正心”就是心要正。格物才能致知，致知才能诚意，诚意才能正心。前两者是对人的知性要求，后两者是对人的德性要求，一个人只有知性、德性两个方面都齐备，才算修身，才能齐家、治国、平天下。所以说，一个人不仅要有知识，更要有德行。此所谓“厚德”方能“载物”。所以说，中国文化对人的德性要求具有历史传承性，“厚德”是一种具有深刻传统文化底蕴的人文精神。

从法治文化视角看，“厚德”是北京精神的价值基础。一个人没有“厚德”的奠基，很难爱国，即使创新，也可能离开创新的边界和限度，更不可能包容。所以说，“厚德”是北京精神重要的价值基础。

作为一种法治基础的厚德，首先应该体现在立法之中，所谓厚德者立良法。立法是法治的第一道关卡，没有良法，法治几乎无从谈起。立良法也并不是件容易的事情，因为立法就是利益分配，长官意志、部门利益和行业利益常常成为立良法的障碍。如果一部法律不是体现多数人的意志和利益，这样的法律就很难是良法，就难以得到人们的遵从和信仰，法治断难成就。从执法环节看，厚德就需要从人民利益出发，如十八大报告所言：“凡是涉及群众切身利益的决策都要充分听取群众意见，凡是损害群众利益的做法都要坚决防止和纠正。”② 以人为本，保障老百姓的权利应该成为执法的出发点和归宿，这需要执法者具有“厚德”的品质和宽容的心态。对于司法者而

① 刘淇：《践行“北京精神”推动首都科学发展》，见中共北京市委宣传部、北京市社会科学界联合会组织编写：《北京精神百家谈》，北京出版集团公司、北京出版社 2011 年版，代序第 3 页。

② 胡锦涛：《坚定不移沿着中国特色社会主义道路前进　为全面建成小康社会而奋斗——在中国共产党第十八次全国代表大会上的报告》，人民出版社 2012 年版，第 29 页。

言，“厚德”与公正紧密地联系在一起，公正司法就是最大的“厚德”，作为社会公平正义的最后一道闸门，司法承担着保障被侵害的权利、匡扶正义的社会责任，离开“厚德”的职业良心和职业义务，偏离法律和社会的基本公正，司法公信力就会越来越低，法律权威和司法形象就会离我们越来越远。在这个意义上，立法者、执法者和司法者责无旁贷，其法律和德行的示范和引领作用在当代社会愈加彰显。

当然，作为一名普通公民，“厚德”既应该是我们的价值观，也应该是我们的思维方式和行为习惯。鲁迅先生曾说过：“中国欲存争于天下，其首在立人，人立而后凡事举。”所谓“人立”就是说人要有基本的道德素养和才能，所谓“欲做事，先做人”。厚德者，容易恪守法律义务，容易遵守职业道德，容易宽以待人。所以说，厚德要求我们在处理人与人的关系时，合法合理，谦和退让；不争不抢，文明有礼。从规则层次上看，首先是要遵守法律规则，恪守法定义务；其次要遵守社会公德、职业伦理和家庭道德；最后，提倡每一位公民做一名道德高尚的人，一个脱离低级趣味和狭隘偏见的德性“圣人”。当然，从法治文化的理想性角度看，做一名品行极高的“圣人”只是一种倡导性规范，不属于强制性规范。

我们强调城市市民“厚德”品性塑造的重要性，在于对于建设世界城市而言，每一位北京市民都是我们这个城市的窗口，如孔子所说：“入其国，其教可知也。”也就是说，只要进入一个国家，通过老百姓的言行就可以知道他们的文明教化程度。但是，我们也需要强调，作为世界城市的北京，公职人员和社会公众人物的“厚德”表现可能意义更加非凡。“为政以德，譬如北辰，居其所而众星共之。”以德为政，就好比北斗星一样，只要它坚守自己的位置，众星就会围绕着它旋转。对于公职人员和社会公众人物来说，只要其遵守职业道德和社会公德，就会产生示范效应，人们就会效仿和遵从；反之，则众叛亲离，失道寡助。这就是公职人员等公众人物率先垂范的价值。

厚德精神还需要我们加强时代道德的宣传教育，“加强社会公德、职业道德、家庭美德、个人品德教育，弘扬中华传统美德，弘扬时代新风。”“培育知荣辱、讲正气、作奉献、促和谐的良好风尚”①。厚德精神的时代要求符合北京精神的创新品质，道德的时代内涵符合社会发展的规律，也与依法治国战略的基本精神相吻合。从世界法治发展前沿看，社会公德、职业道德和

① 胡锦涛：《坚定不移沿着中国特色社会主义道路前进　为全面建成小康社会而奋斗——在中国共产党第十八次全国代表大会上的报告》，人民出版社2012年版，第32页。

一些家庭道德被法治化的趋势越来越明显，道德法治化意在通过一定的国家强制力来保证道德规范的实施，这一方面能够促进道德的规范性建设，另一方面也折射出道德和法律的密切和融合。

结语：北京精神重在实践

钱穆曾经说过："一切问题，由文化问题产生；一切问题，由文化问题解决。"① 我们之所以从法治文化视角分析研究北京精神，意在发现和阐释法文化意义上的北京精神的内在属性和逻辑，其最终目的还在于法治思维、法治文化的实践性要求，把来自实践的"北京精神"运用到实践中去，把"北京精神"的精神元素转化为北京人的意识、理念和行为习惯。

"北京精神"的价值在于实践，践行北京精神的关键是公权力机关及其工作人员必须模范地践行北京精神。公权力机关及其工作人员既是北京精神的发动机和宣传员，更是北京精神的领路者和带头人。只有以公职人员为核心的社会公众人物以身作则，率先垂范，才可能带来整个社会对北京精神的认可、认同和内心确信，才可能变为每位市民的行为规范。

"北京精神"的价值还在于我们每一位北京市民的德性塑造、行为素养、规则意识和行为习惯；在于每一位北京公民在政治认同的基础上积极履行自己的国家责任、社会责任和职业责任；还在于我们每个人在传统与现代、变革与守成中掌握创新的"边界"和"度"；更在于每一个北京人的宽容大度、在权利话语平等基础上的恭顺谦让。只有这样，我们才能打造一个和谐之都、首善之区、美丽北京。

① 钱穆：《文化学大义》，中正书局1981年版，第3页。

民主的历史思考

刘培峰　邵小群*

【摘要】民主及其相关概念的讨论，近年来也已有不少成熟的见解。本文从托克维尔描述的一系列社会环境出发，回归其所表达的时空统一性下民主本质，重述处于平等化变革中的社会在作出民主实践的选择时所表达的期待与价值，进而发现距离实现民主理想最直接的民主现实应该是什么。本文通过从民主的起源分析与民主有关的社会问题，通过梳理漫长而复杂的民主制度的实践，阐释民主的真正含义，倡导积极运用制度保护民主。

【关键词】民主；社会；平等；制度

一、问题的提出

第二次世界大战之后，民主制度已经成为一种相对稳定的制度实践。① 在这样的状况下，再来讨论民主是如何产生的问题是否有必要？答案也许是肯定的。无论是从理论视角，还是实践视角来看，对这个问题的讨论都不仅是必要的，而且是紧迫的。原因在于，无论是从理论上还是从实践中，都尚不存在一种主流理论可以将这个出现在社会生活方方面面的高频词汇在一个体系中解释清楚。纵观"民主"一词从古希腊语中产生至今，其语义以及词性持续而频繁地更替都令人错愕。恐怕很难再找到第二个词汇在如此长久的

---

* 刘培峰，北京师范大学法学院教授，主要研究领域为宪法与行政法；邵小群，北京师范大学法学院2013级硕士研究生。

① 江平："为民主呐喊!"，载蔡定剑：《民主是一种现代生活》，社会科学文献出版社2010年版，序言；【美】塞缪尔·P. 亨廷顿：《第三波：20世纪后期的民主化浪潮》，欧阳景根译，中国人民大学出版社2013年版。

时间中（并且目前仍旧处于）、在世界范围内，同时饱受极高的推崇和贬损。更重要的是，持续而激烈地讨论并没有使得“民主”一词越辩越明；相反，其概念却愈发地语焉不详。① 语言学认为语言的本质即流变，语言的生存即在于如小溪般在时间与空间地共同作用下流淌，时空统一性是语言流变内在的根本性因素，而社会、心理、民族、政治、信仰、科学技术等是语言流变的条件。② 介于政治学词汇特殊的社会作用与意义，“民主”在成为一种价值观和制度实践而被学者们广泛讨论之时，其流变显然受社会、民族、政治等条件的影响过于强烈，而逐渐脱离了其时空统一性的内核。今天，人们仍在热烈地讨论没有明确所指的“民主”的问题，断言“这是不民主的”。历数“接连发生的民主倒退事件”，我们分门别类地对不同的“民主模式”进行比较和甄选……脱离了其概念内核的讨论，到头来恐怕会使我们“危险地拒绝我们并没有充分认清的东西，反而得到某些我们根本不想要的东西。”③

实践中，根据英国经济学人信息社编制的 2014 年全球民主指数报告，在被统计的 167 个国家（或地区）中，民主指数同 2013 年相比上升与下降的国家数目均为 48 个，剩余 71 个国家（或地区）保持不变。而区域范围内，亚洲与东欧地区国家的平均民主指数同 2013 年相比有微弱的提高，但是自 2006 年开始进行该项统计，欧洲地区的平均民主指数整体呈下滑趋势；北美与西欧地区国家的平均民主指数与 2013 年相同，但报告同时指出，在这两个区域，伴随着民粹主义者与保守党越来越多，人们对民主的不满情绪也越来越普遍；而中东与北非地区以及撒哈拉以南的非洲地区国家的平均民主指数则在 2006 年的较低的基础上有一定的提高，但是同 2013 年相比却也在下降。④ 因此，越来越成熟的民主制度在实践中却表现出越来越不稳定的发展趋势。

理论上，有关民主及其相关概念的讨论近年来也已有不少成熟的见解，乔万尼·萨托利《民主新论》一书就是其中最具价值的成果之一。该书认为，造成“民主”“无所不指”的重要原因是：民主本身要求一个描述性定

---

① 赫尔德和萨托利曾对民主的复杂语义和多元模式进行阐述。参见【英】戴维·赫尔德：《民主的模式》，燕继荣等译，中央编译出版社 1998 年版；【美】乔万尼·萨托利：《民主新论》，冯克利、阎克文译，上海人民出版社 2009 年版。

② 裴文：《语言时空论》，商务印书馆 2012 年版，第 114 页以下。

③ 【美】乔万尼·萨托利：《民主新论》，冯克利、阎克文译，上海人民出版社 2009 年版，第 24 页。

④ Democracy Index 2014：Democracy and its discontents. Economist Intelligence Unit.

义和一个规定性定义。① 但是笔者认为，民主的描述性定义与规定性定义契合得最为恰当的状态正是在托克维尔民主学说中。托克维尔在其主要著作《论美国的民主》和《旧制度与大革命》中描述分析了正处于社会平等化转型中的美国、法国以及英国的社会现状，敏锐地看到了社会平等化之后民主制度的必然来临，极具穿透力地发现了社会平等化之后民主制度中潜在的危机。托克维尔的民主学说形成于民主制度的实践之初，因而其对于民主的讨论必须以描述性为前提；而即便如此，其学说价值也难以为当时尚未真切感受过民主制度的社会所完全理解。基于此，本文拟从托克维尔的学说出发，对民主的历史进行深入梳理，最终给出作者的见解。

二、欧洲民主形成前的社会变迁

（一）身份平等与民主革命

现代民主政治发端于欧洲中世纪的变革。中世纪早期的欧洲，强权的唯一来源是土地，而土地完全依靠以长子继承权为基础的继承制度相传，贵族制度由此建立并长久地维系②，“所有的公民，从农民到国王，结成一条长长的锁链”③，在这条锁链之中，“权力是人对付人的唯一手段”④。在这个等级分明且相对静止的社会中，一切的权力归于国王和贵族，相应地，保护平民的义务和治理社会的责任也由其承担。因此，长久以来，在命运如此悬殊的两个阶级之间建立起了某种相互照顾的关系，“人们在不幸之中还享到一些我们这一代人恐怕难以想象和理解的幸福”⑤。密尔将贵族政治下的政府称为“引带政府的政府”，并认为贵族政治是为其所产生的社会基础所需要的，它能够将其民族最迅速地提高到社会进步方面必要的下一步所需要的文明程度。⑥ 但是，贵族制度从根源上先在地将人的价值进行区分并严格限定，其只能够在一定时期内保持活力并有益于社会，一经达到这种程度之后，这项制度就会为其内在的精神自由与个性和外在的社会进步所消解掉。

---

① 【美】乔万尼·萨托利：《民主新论》，冯克利、阎克文译，上海人民出版社2009年版，第20页。

② 【法】托克维尔：《论美国的民主》，董果良译，商务印书馆2013年版，第4页以下。

③ 【法】托克维尔：《论美国的民主》，董果良译，商务印书馆2013年版，第684页。

④ 【法】托克维尔：《论美国的民主》，董果良译，商务印书馆2013年版，第5页。

⑤ 【法】托克维尔：《论美国的民主》，董果良译，商务印书馆2013年版，第10页。

⑥ 【英】J. S. 密尔：《代议制政府》，汪瑄译，商务印书馆1982年版，第30页。

托克维尔通过梳理法国在法国大革命前七百年的历史轻易地就向我们证明了这一点。首先，随着社会的日益发展，平民通过教会、金钱、知识的力量逐渐影响政治，进入社会的权力阶层，打破了封建社会的权力垄断。其次，国王与贵族之间、贵族与贵族之间的权力斗争中，平民阶层被掌权者当作一种钳制力量引入统治阶层。再次，商业的繁荣除了使得商人和金融家对政治产生影响，更重要的是通过地方自治制度将民主的自由带进了封建的君主政体。而法国的历史只是整个欧洲世界的一个缩影，“无论面向何处，我们都会看到同样的革命正在整个基督教世界进行……身份平等的逐渐发展，是事所必至，天意使然。这种发展具有的主要特征是：它是普遍的和持久的，它每时每刻都能摆脱人力的阻挠，所有的事和所有的人都在帮助它前进”①。

在托克维尔看来，身份平等的社会趋势是一场“源远流长的社会运动”，是“一场伟大的民主革命”。在这里，托克维尔没有明确指出却无时不在表明的是，身份平等最本质、最基本的内容即在于政治权利的平等；更进一步，《论美国的民主》一书中时刻引导我们去发现的是，民主是这场“不可抗拒的革命”的原动力，是“上帝的意志”，而身份平等是且仅是这场“伟大社会革命”必经的一个关键节点。托克维尔在为其著作画下句号时写到，“现代的各国将不能在国内使身份不平等了。但是，平等将导致奴役还是导致自由，导致文明还是导致野蛮，导致繁荣还是导致贫困，这就全靠各国自己了。”② 托克维尔怀着“唯恐上帝惩罚的心情”，将“上帝之手画出的轨道”展现出来，是因为他看到整个欧洲，尤其是法国在这个节点上停留地太久了，甚至正朝着与上帝意志相反的方向，浩浩荡荡又跌跌撞撞地前行。“结果，民主革命虽然在社会的实体内发生了，但在法律、思想、民情和道德方面没有发生使这场革命变得有益而不可缺少的相应变化。因此，我们虽然有了民主，但是缺乏可以减轻它的弊端和发扬它的固有长处的东西；我们只看到它带来的害处，而未得到它可能提供的好处”③。

(二)社会平等化的社会影响

托克维尔在《论美国的民主》一书的绪论中描绘了顺应“上帝意志”的面相，“就在这里，各阶层开始混合起来，使人们互相隔开的一些屏障接连倒毁，财产逐渐分散为多数人所享有，权力逐渐为多数人所分享，教育日益

---

① 【法】托克维尔：《论美国的民主》，董果良译，商务印书馆2013年版，第7~8页。

② 【法】托克维尔：《论美国的民主》，董果良译，商务印书馆2013年版，第965页。

③ 【法】托克维尔：《论美国的民主》，董果良译，商务印书馆2013年版，第10页。

普及，智力日渐相等，社会情况日益民主。最后，民主终于和平地实现了它对法制和民情的控制”①。在《旧制度与大革命》一书中，他表述正在英国发生的这样平和的转化过程：英国的法制和民情正不动声色地通过实践来改变其精神，逐步适应身份平等的社会情况，与这场民主革命进行着良性互动。② 然而，在法国以及欧洲大陆的其他国家，托克维尔看到的却是，“今天在基督徒之间，身份平等已经扩大到以往任何时候和世界上任何地区都未曾有的地步”③，但民主只是在表面上占据了整个社会，实际上却被民情和法制抗拒。“随着差距的缩短，贫富双方好像发现了彼此仇视的新根据。他们互相投以充满恐惧和嫉妒的目光，都想把对方拉下权力的宝座。无论穷人和富人，都没有权利的观念，双方都认为权势是现在的唯一信托和未来的无二保障”④。托克维尔进一步指出，“贵族制度不能像一个人那样在一天之内便死掉；它的原则逐渐地不受人们欢迎之后，才能从法律上加以打击。因此，远在对贵族制度宣战以前，使上层阶级与下层阶级联结起来的那条锁链就已经开始断裂了。前者对后者漠不关心和表示轻视，后者对前者心怀忌妒和仇恨。穷人与富人的接触越来越少，双方的关系越来越坏”⑤。

在法国，这场正处于关键节点的民主革命打断了贵族制度下组织起所有公民的链条，使个人从传统等级制度中身份关系的束缚中脱离出来，成为自由、平等的个人；但同时，处于这场革命的人们“破坏了原来可以独自抗拒暴政的个人的存在”，整个社会结构被拆散之后散落一地，“政府却独自继承了从家庭、团体和个人手中夺来的一切特权。这样，少数几个公民掌握的权力，虽说偶尔是压迫性的和往往是保守性的，但却使全体公民成了弱者而屈服。”⑥ 自由、平等的个人脱离身份等级的束缚之后，一切的愿望和可能性都被激发出来，但是制度却并没有给实现这些可能性提供途径。社会给人们留出了自由发展的空间，但是对自由却没有保障。个人需求与社会制度之间的张力越来越大，社会情况与社会制度之间不妥协地相互碰撞最终造成了法国社会长久的动荡不安，并对整个欧洲的稳定造成了影响。而在英国，身份平

---

① 【法】托克维尔：《论美国的民主》，董果良译，商务印书馆2013年版，第11页

② 【法】托克维尔：《旧制度与大革命》，冯棠译，商务印书馆2013年版，正文第59页、第122页、第123～130页、第185～186页、第214页、第228页、第238页、第249页对于英国社会的描述，注释第256～258页所引用的材料及相关的讨论，以及第280～317页附录二《1789年前后法国社会政治状况》一文。

③ 【法】托克维尔：《论美国的民主》，董果良译，商务印书馆2013年版，第8页。

④ 【法】托克维尔：《论美国的民主》，董果良译，商务印书馆2013年版，第13页。

⑤ 【法】托克维尔：《论美国的民主》，董果良译，商务印书馆2013年版，第790～791页。

⑥ 【法】托克维尔：《论美国的民主》，董果良译，商务印书馆2013年版，第13页。

等的社会程度还不及法国彻底，但是其各个阶级却在相互渗透；贵族政治依旧存在，但是已经开放；民主在身份平等的过程中一点一滴巧妙地进入了社会古老的躯体，逐渐为法治和民情所接受。与法国最大的不同在于，联结起英国各个阶级之间的链条没有被打断，却被渐渐改变了连接和分担拉力的方式，英国的社会结构被缓慢而有力地重构，而非被拆散；因而逐渐自由、平等的个人仍旧处于一个有保障的社会环境之中，并没有变得孤单而弱小。就如托克维尔所言，“17世纪的英国已经完全是一个现代国家，在它内部仅仅保留着中世纪的某些遗迹，犹如供奉品”①。

在这样的变化之下，法国和英国走向了不同的发展道路。“14世纪……法国的政治机构和英国的政治机构存在许多相似之处；但是后来，随着时间的推移，两个民族的命运彼此分离，越来越不同。它们就像两条线，从邻近点出发，但沿着略有不同的倾斜度伸展，结果两条线越延长，相隔越远”②。托克维尔将“略有不同的倾斜度”归于政治自由的有无，英国保留着传统社会维护政治自由的社会结构，通过开放上层阶级与吸纳下层阶级来适应平等的社会情况，使得不同阶层在政治权利上趋于平等；而法国却是通过使用物质利益“回收”统治权、将上层阶级排斥于统治权之外的方式适应社会的平等趋势，使得不同阶级在政治权利上平等地处于“无权利”的状态，而在物质方面却变得更加不平等。简而言之，在英国，人民通过取得权利取得平等；而在法国，人民通过失去权利得以更加的不平等。“假如英国人从中世纪开始，便像我们一样完全丧失了政治自由和由此派生而出的地方独立，那么组成英国贵族的各个不同阶级很可能就会互相分离，犹如在法国和不同程度上在欧洲各处所发生的那样，而且所有阶级都可能与人民分离。但是自由迫使他们始终相互往来，以便必要时取得一致”③。

三、合理理解民主时代的“社会”

如前所述，托克维尔在其著述中反复强调并通过描述一系列事实试图让读者接受并且相信以下的断言：民主是这场伟大革命自然应当产生的结果，

---

① 【法】托克维尔：《论美国的民主》，董果良译，商务印书馆2013年版，第59页。
② 【法】托克维尔：《旧制度与大革命》，冯棠译，商务印书馆2013年版，第139页。
③ 【法】托克维尔：《旧制度与大革命》，冯棠译，商务印书馆2013年版，第138页。

而不可抗拒的平等趋势是这个进程中一个含有变量的关键节点。托克维尔展现了“上帝之手画出的轨道”却没有向读者明确指明“上帝的意图”，这或许才是托克维尔的民主学说在经历一百多年之后才被发现其重要价值和社会意义的根本原因。托克维尔在1840年12月与友人的通信中说到，“《论美国的民主》的下卷，在法国没有像上卷那样获得成功，我不认为现代的舆论对书刊的评论有什么不对，因此，我正在忙于检查自己犯了什么错误，结果发现一个重大失误，那就是使读者觉得似是而非。我认为，我找到的缺点在于：书中引用了一些为广大读者所不知道的不见经传和尚有疑问的材料。当我只讲美国的民主社会时，人们马上就理解了。如果我按照实际情况来谈法国的民主社会，读者也会完全理解。但是，当我要叙述美国和法国的社会使我产生的认识时，我就得描述尚无完整的模式的民主社会的一般特征……正是在这个地方，我没有考虑一般读者的要求。只有习惯于钻研一般真理和思辨真理的人，才喜欢同我走一条道路。我认为，我没有使本书产生应有的效果，主要的责任在我，特别是在于我叙述各部分所采用的方法”[①]。因而，随着时间的检验，民主社会的“一般特征”——在读者身边出现并达到全面发展之时，人们才亲眼看到了托克维尔的伟大，而对于伟大的托克维尔没有指明的其中的缘由，人们却在日益熟悉中丧失了探索的兴趣。但是，恰恰就是能使托克维尔在“‘民主的世纪’初露曙光之时”看到民主革命“事所必至、天意使然”的东西，能够再次指引人们触碰到民主的脉络，引导民主的发展。

（一）正视身份平等与社会差别

1. 差别是普遍存在的

（1）差别普遍而长久地存在于社会。

首先，无论依据何种历史观，即使在托克维尔所说的平等时代来临前的阶段，社会差别的现实存在都是毋庸置疑的，即使是长久地被奉为乌托邦《理想国》中的完美城邦，亦是建立在分明的等级制度之上的。等级制度的社会中，社会差别主要聚焦于不同等级所享有社会权利的范围和内容，以及因此而形成的不同社会状态。

其次，身份平等不等于消除社会差别。无论是身份平等已经达到“极限”的美国，还是与其“日益接近”的欧洲大陆，对于身份平等的最终表达

---

① 【法】托克维尔：《论美国的民主》，董果良译，商务印书馆2013年版，第565页。

都落在了不同身份阶层均能够同样地影响社会政治——美国不存在明显的阶级之分，身份之分归于职业的不同，而人们可以在社会条件下自由选择职业；英国不同身份阶层之间的界限愈加模糊，人们常常在不知不觉中就跨越身份的界限分享到其他阶层的光彩和好处；法国阶级之间的界限尚比较固定且明显，但是非常容易跨越。就如前文所述，托克维尔所表达的“身份平等”最本质、最基本的内容在于政治权利的平等，而并不在社会的其他方面毫无二致。法国的身份平等表现为不同阶级平等地丧失了政治权利，但是不同阶级之间的差别仍旧存在，财产利益的特权仍旧不公平地分配于不同阶级之间。英国的身份平等表现为阶级之间的界限不明，但是不同阶级的利益与好处仍有差别。与此同时，在身份平等达到“极限”的美国，不同职业之间也有着巨大的差别，例如，“老板和工人现已毫无共同之处，并且每天都在加大差距”，只不过，“虽然有富人，但没有富人阶级，因为这些富人既无公共的精神，又无共同的目标，既无共同的传统，又无共同的希望”①。简而言之，与等级制度的社会相比，平等时代的社会差别仍旧是明显存在的，只不过差别之间的大门是敞开的，人们可以通过自己的选择和努力改善自己与他人的差别关系。这一结论所适用的社会不仅局限于托克维尔所描绘的“民主世纪”之初的国家，同样适用于我们今天已发展成熟的民主国家。

最后，这一结论是否适用于未来的社会？也许涂尔干的回答可以给出答案。涂尔干指出，分工不仅仅是基于人类理智和意志的社会制度，而是生物学意义上的普遍现象，是事物发展的必然规律；这一规律在社会存在之前就长久地存在，并且遍及整个生命世界；而社会劳动分工不过是普遍发展的一种形式，并且随着社会的进步，劳动分工会越来越发达。② 遵循这一在我们预见能力之内的理论，社会将总是存在劳动分工，即不同的社会职业。不同的社会职业会要求不同的能力和知识，而出于酬劳或者工作内容的考虑，人们相似的本性会倾向于选择某些职业而逃避另一些，这样在职业之间就自然地产生等级之分，人们只能凭借能力、知识等差别来进行竞争——进而人与人之间在社会生活状况方面的差别也就无法避免。而在比这更远的未来，即卡尔·马克思所预见到的共产主义社会，“劳动上的差别不会引起在占有和

① 【法】托克维尔：《论美国的民主》，董果良译，商务印书馆2013年版，第756～757页。

② 【法】埃米尔·涂尔干：《社会分工论》，渠东译，生活·读书·新知三联书店2000年版，第1～4页、第217～218页、第233页。

消费方面的任何不平等，任何特权”[1]，看起来社会差别是真的不存在了；但是，“共产主义只有作为占统治地位的各民族‘一下子’同时发生的行动，在经验上才是可能的，而这是以生产力的普遍发展和与此相联系的世界交往为前提的”[2]，即共产主义社会的实现要以世界性的、普遍的、统一的“物质极大丰富”为前提。我们作出一个终极的假设，即这一人类最高理想的社会确实能够实现，那么从我们现在的发展水平到达那样一个无法预见的目标的漫长过程中，社会仍旧是存在差别的。因此，社会差别已经并将继续长久而普遍地存在于社会中，社会平等化并不意味着社会差别的不存在，而是开放了社会差别之间的交互渠道，所有人都有通过合理途径改善自己社会状况以及与他人差别状况的可能。

（2）差别是社会进步的基础。

在民主与平等时代，社会差别对社会进步具有积极的意义。差别是社会进步的基础，而社会长久、相对稳定地发展离不开社会进步，也离不开将社会差别控制在合理的限度内。进步是“一种人对其智力进行组合和修正的进程，亦即一种调试和学习的进程”。简单来说，进步需要两个进程，先是取得新知识，然后通过长期调试和学习的过程充分应用新知识以从中获益。具体到个人而言，取得新知识的过程依赖于个体间的差异；而在调试和学习新知识的长期进程中，“始终有人在他人尚未获益于新成就之前便已从中获益了”，即这一进程中常常产生个体间差异。社会的进步依赖于个体不断习得新知识以更为有效地利用社会资源，这一过程依赖于个体差异的同时又会产生新的差异，新的差异又会促进新的进步。[3] 从效果而言，这是一个良性循环的社会进步过程；从结果而言，差异中较低水平的个体也能够从社会的整体进步中取得利益或者相对于个体自身的进步。当然，这个进程中有可能扩大双方的差距，但即使如此，也无法否认社会进步依赖于社会差别的事实。

然而，社会差别的扩大不利于社会的稳定和个体的精神发展，也同样是不能忽视的事实。那么，我们是否能够为了防止社会差别的扩大而放弃社会进步？人们必须面对以赛亚·柏林常常回述的引语：“如果进步是目标，那

① 【德】卡尔·马克思、弗里德里希·恩格斯：《马克思恩格斯全集（第三卷）》，中央编译局编译，人民出版社 2002 年版，第 637 ~638 页。

② 【德】卡尔·马克思、弗里德里希·恩格斯：《德意志意识形态（节选本）》，中央编译局编译，人民出版社 2003 年版，第 30 ~31 页。

③ 【英】弗里德里希·冯·哈耶克：《自由秩序原理》，邓正来译，生活·读书·新知三联书店 1997 年版，第 42 ~60 页。

么我们在为谁工作？……你真的希望将活在今天的人们贬抑为一种柱子般的悲惨角色，以撑起一层地板供未来的某一天其他人可在上面起舞？”① 显然，进步并不是社会的目的，我们不能为了社会进步而置个体幸福于不顾；但是，在社会达到以世界性的、普遍的、统一的“物质极大丰富”为前提的共产主义之前，完全地放弃社会进步会产生基本物质生活难以普遍保障、难以抵御强权者侵略等情形，因而并不能比追求进步更能保障社会稳定和个体的发展。只有将社会进步的速率限定在一定的范围内才能够谋得社会整体与个体的共同幸福（非所有人获得等量的利益，而是每个人都能从得到的利益以及获取利益的方式中获得慰藉和希望），放缓社会差别中优势地位群体的进步步伐即可兼顾不利地位的群体不会被社会进步抛弃。因此，这并不是一个非此即彼的是非题，而是需要在两个极端之间达到一种平衡的开放性课题。而这个平衡点不但不是已知的，更不是确定的，会随着环境的改变而持续产生变化，寻找平衡点并维持平衡的方法只有在两个选项之间不停地调试、评价、改变。

2. 社会相对稳定发展需要容忍社会差别的存在

如前所言，一者，从有文字记载的人类历史到可以预见到的未来，社会差别已经并将继续长久而普遍地存在于社会中；二者，差别是社会进步的基础。因而，社会以及处于社会中的个人需要容忍社会差别。而另一方面，社会差别的过分扩大会损害社会的稳定和个人的发展，因而需要在社会稳定与社会进步之间找到一个平衡点（或安全区域），构建一套容忍社会差别存在的体系才能使社会在这个安全区域内长久、稳定地发展。

要达到社会长久地、相对稳定地发展，构建容忍社会差别存在的体系就需要从国家与社会以及个人两个维度达到以下两个条件：（1）将差别控制在可容忍的合理限度内；（2）具有容忍合理限度内社会差别的能力。“合理限度”这个极不确定的词汇将这两个条件联系在一起，并诠释了这个体系的内在关系，即客观方面的社会差别与主观方面的容忍差别的能力应当达到平衡状态。当第一个条件突破了平衡状态，即社会差别超出了其社会的容忍能力，社会的稳定就只能依靠权威或者暴力维持，而使用权威和暴力的整体效果会随着这种状态的持续在使用中递减，社会革命最终将会爆发，托克维尔在《旧制度与大革命》一书中描述的法国社会即是典型；当第二个条件突破

① 【美】艾琳·凯利：“一个没有狂热的革命者”，载【美】马克·拉里、罗纳德·德沃金、罗伯特·西尔维斯主编：《以赛亚·柏林的遗产》，刘擎、殷莹译，新星出版社2006年版，第20页。

了平衡状态，即社会或者国家对于合理限度内的差别没有容忍能力，社会中个人的基本权利就会受到侵害，向极端发展就会走向纳粹德国或者极端斯大林主义的状况；而只要这两个条件处于平衡状态，无论它们分别处于一种我们今天看来多么不可思议的状态，社会就能够稳定、有序地发展、进步，就如托克维尔在《论美国的民主》一书的绪言中所表达的，“当王权在贵族阶级的支持下平安无事地统治欧洲各国时，人们在不幸之中还享到一些我们这一代人恐怕难以想象和理解的幸福”，“社会上虽有不平等和苦难，但双方的心灵都没有堕落”。因而，“合理限度”的不确定性并不仅仅出于未知，更重要的是会随着社会进步过程中的任一内容的改变而改变。这也正是进步的应有之义，我们可以用今天自诩文明的价值观否定历史上某个繁盛时期所广为推崇或习以为常的理念，却不可能否定那个时期的繁盛以及当时人们的自得其乐；就像我们今天自诩文明的价值观也有可能在未来遭到否认和批评一样。

显然，身份平等化打破了贵族制度中社会差别与差别容忍能力的平衡；那么，我们凭借什么去寻找平等时代的“合理限度”？如何在身份平等化的背景下达到社会差别主客观的平衡？托克维尔在其著作中给出了答案。

（二）社会平等化使人们产生消除差别的倾向

“随着身份日趋平等，大量的个人便出现了。这些人的财富和权力虽然不足以对其同胞的命运发生重大影响，但他们拥有或保有的知识和财力，却可以满足自己的需要。这些人无所负于人，也可以说无所求于人。他们习惯独立思考，认为自己的整个命运只操于自己手里。”① 另外，“当不平等是社会的通则时，最显眼的不平等也不会被人注意；而当所有人都处于几乎相等的水平时，最小一点不平等也会使人难以容忍。”② 社会平等化使得个人在物质和思想上都变得独立、崇尚个人理性；而个人的理性能力毕竟有限，因而每个人都会更加喜好形式化、笼统的一般观念；同时，崇尚个人理性又唤醒人们人可无限完善的观念，极易滋生个人主义；进而，人们难以容忍与自己平等的他人与自己的社会生活状况有差别，于是会产生消除差别的倾向。许多思想家都指出过平等所带来的这一倾向，“按照托克维尔的说法，平等散发着一股‘邪’气，‘它使弱者把强者贬低到自己的水准’。齐美尔进一

① 【法】托克维尔：《论美国的民主》，董果良译，商务印书馆2013年版，第684页。

② 【法】托克维尔：《论美国的民主》，董果良译，商务印书馆2013年版，第728页。

步补充说，对许多人来讲，平等仅仅意味着‘和比自己优越的人平等’”①；哈耶克也在《自由秩序原理》一书中引用霍姆斯大法官的话表达了其对于平等的观点，“对于那种追求平等的热情，我毫无尊重之感，因为这种热情对我来说，只是一种理想化了的妒忌而已”②。

当时的法国，就像我们在前文所论及的，以金钱利益赎买社会差别中处于优势地位一方的政治权利，以使双方在政治权利方面平等地处于无权的状态，意图以此安抚一下不利地位一方争取平等权利的欲望，但是这样的方式扩大了双方财产利益的差别，更使得已经存在的差别失去了可被接受的依据，同时，不利地位一方又不能找到改变这一状况的有效途径，因而其对于社会差别的容忍能力也在下降，最终，一个体系内背道而驰的两个条件突破平衡状态，社会只能依靠暴力和强权予以维持，平静之下是暗流涌动，终究归于革命。革命中，原本处于社会差别不利地位的一方终于取得了改变社会差别状况的可能，消除差别的本能倾向使得他们在这个暴烈迅猛的过程中“不可能不毁掉一切”，旧制度所包含的坏东西和好东西同归于尽了。③ 而这样造成的结果是，整个社会结构被拆散、破坏，人们除了自由和平等什么都没有了，每个人都能够自由行动，但是却无法保护自己在他人的自由行动中不受伤害，人们站在社会结构散落一地的废墟之上，无所依傍，慌乱地在满地狼藉中寻找救命稻草，急切地想要恢复社会秩序并保有自己与他人之间的平等地位。而此时，“由于中央政权已经摧毁了所有中间政权机构，因而在中央政权和个人之间，只存在广阔空旷的空间，因此在个人眼中，中央政权已成为社会机器的唯一动力，成为公共生活所必需的唯一代理人……大家都认为，若是国家不介入，什么重要事务也搞不好”④。

于是，托克维尔说到，“看到中央集权制在本世纪初如此轻而易举地在法国重建起来，我们丝毫不必感到惊异。1789 年的勇士们曾推翻这座建筑，但是它的基础却留在这些摧毁者的心灵中，在这基础上，它才能突然间重新崛起，而且比以往更为坚固。”⑤ 但是，此时的中央集权无论如何也不可能使社会回归到一种有序的平衡状态。从托克维尔的描述中可以看到，即使这样

① 【美】乔万尼·萨托利：《民主新论》，冯克利、阎克文译，上海人民出版社 2009 年版，第 374 页。

② 【英】弗里德里希·冯·哈耶克：《自由秩序原理》，邓正来译，生活·读书·新知三联书店 1997 年版，第 102 页。

③ 【法】托克维尔：《旧制度与大革命》，冯棠译，商务印书馆 2013 年版，第 206 页。

④ 【法】托克维尔：《旧制度与大革命》，冯棠译，商务印书馆 2013 年版，第 109 页。

⑤ 【法】托克维尔：《旧制度与大革命》，冯棠译，商务印书馆 2013 年版，第 112 页。

的中央政府尽力地缩小着社会的差别，讨好着人民，但是已经存在的巨大社会差别在其“一已之力”下也难以在短期内有明显的改善；而人们将中央政府视为社会机器唯一动力的同时，也将其视为自己生活中所有不满的唯一责任人，其对于社会差别的容忍能力在下降，消除社会差别的倾向就愈加强烈。因此，短暂的希望之后，人们又陷入躁动，社会再次动荡不安。最终，这一切造就了这场突然、彻底、迅猛，然而又充满反复、矛盾和对立的革命。

而此时的英国，则通过向处于差别中不利地位的人们开放更多的权利，一方面使得他们有机会改善自己的状况进而缩小社会差别，另一方面也因为提供了更多的可能性而提高了他们对社会差别的容忍能力，两个方面在动态中重新逐渐归于平衡状态。即使英国社会的平等程度尚不如法国，却也没有经历法国社会的苦难，其正温和地向一个民主社会过渡，处于其社会的人民不卑不亢，并且相互信赖与尊重。“实际上，平等可产生两种倾向：一种倾向是使人们径自独立，并且可能使人们立即陷入无政府状态；另一种倾向是使人们沿着一条漫长的、隐而不现的、但确实存在的道路走上被奴役的状态。”托克维尔指出，人民容易看清并抵制第一种倾向，却会因难以察觉第二种倾向而误入歧途。[①] 托克维尔所指的第二种倾向就是消除社会差别之后的结果，而在此之前，消除社会差别的努力必然会侵犯个人的基本权利，而其实现状态只能是所有人无差别地成为奴隶。因此，消除社会差别是不可行的，而托克维尔的最伟大之处就在于，在几乎所有人都处于令人心情澎湃的平等幻想中的时候，他就敏锐地看到了平等的两面性。也就是说，在托克维尔看来，只有民主能够使平等时代的个人既不陷入无政府状态，又不至于走上被奴役的道路：“如果我们不逐渐采用并最后建立民主制度，不向全体公民灌输那些使他们首先懂得自由和随后享用自由的思想和感情，那么，不论是有产者还是贵族，不论是穷人还是富人，谁都不能独立自主，而暴政则将统治所有的人。”[②]

（三）唯有民主可以调和平等时代的社会差别

经济发展、知识普及等带来了平等时代，平等时代的人们崇尚个人理性，并认为人具有无限完善的可能。他们不认为任何人比他们自己更有智慧，因而，除非被承诺消除社会的一切差别，人们已经不可能接受少数人统

---

① 【法】托克维尔：《论美国的民主》，董果良译，商务印书馆2013年版，第914页。

② 【法】托克维尔：《论美国的民主》，董果良译，商务印书馆2013年版，第402页。

治社会的制度，这一点也是欧洲贵族制度逐步解体的主要原因。然而，就如前文已经反复论及的，社会差别不能够被消除，且任何尝试消除社会差别的努力都会给社会带来灾难，社会终究陷入动荡不安之中。因此，人们最终将不得不共同投入到社会治理之中。

同时，只有真正让平等时代的人民理解并容忍“合理限度”的社会差别才有可能为社会重建秩序。这也正是英国能够通过普遍开放权利而使社会有序地处于社会转型之中的重要原因：平等会使人产生消除差别的倾向，自由会扩大社会差别，但是民主下的自由却可以缩小社会差别到平等时代的个人可以容忍的合理限度，并能够培养平等时代个人对社会差别的容忍能力。托克维尔在《论美国的民主》和《旧制度与大革命》两本书中都用浓重的笔墨和强烈的感情论述过自由与平等的关系，在托克维尔看来，人们内心同时存有对自由和平等的热爱，但是他们常常基于眼前的物质利益而更倾向于追求平等并放弃自由，人性中的弱点使他们在作出选择时会本能地趋向平等，平等时代更是如此，“他们希望在自由之中享受平等，在不能如此的时候，也愿意在奴役之中享用平等。他们可以容受贫困、隶属和野蛮，但不能忍受贵族制度”①，进而，托克维尔认为，在这样的社会，自由制度至关重要：一来，自由制度可以帮助人们正确地理解自由，进而培养、强化人们对于自由的认识和追求；二来，在人们不可避免地选择为了其他什么利益而放弃自由时，自由制度仍能够保障人们不会彻底地失去自由。“人们绝不能保证永远自由，因为他们绝不能保证永远要求自由。有些时候，即使最热爱独立的民族也甘愿将独立视为他们努力的次要目标。自由制度的最大用途在于，当人类精神不关心自由时，继续当自由的后盾，并给予自由它固有的某种植物性生命，以便人类精神到时候能回到它那里来。这些制度的形式保证人们即使一时厌恶自由，也不会丧失自由。我认为这是自由制度的主要优点。当人民执意要当奴隶时，谁也无法阻止他们成为奴隶；但我认为，自由制度能使他们在独立中支持一段时间，而无须他们自助。”②

综上所述，在平等时代，唯有民主可以使得社会差别的存在与国家和社会对差别的容忍能力达到平衡状态，进而使社会长久相对稳定地发展。

---

① 【法】托克维尔：《论美国的民主》，董果良译，商务印书馆2013年版，第681页。

② 【法】托克维尔：《旧制度与大革命》，冯棠译，商务印书馆2013年版，第315页。

四、结语

近代民主制度是以平等和自由为基础的社会文明的产物。漫长而复杂的民主制度的实践，告诉我们民主绝不是简单的“人民的统治”。民主不是单线的，其内容（制度安排）的复杂性，内因（人性）的易变性（对制度的讨论不能离开“人”，制度的目的是人，它的运行也依赖人），以及两者相互之间的影响关系，都要求有一系列相辅相成、环环相扣的制度为其保驾护航。良性运转的民主国家并不要求人人绝对的平等，而是使人人都有平等的机会，这样的社会会有不同的阶级，但其成员不是固定不变的，更不是完全割裂的，他们相互交流、融入，甚至可能是亲人，人们所享有的特权是自己努力而得来的，并会随时因为自己的不努力而失去。同时，因智力等先天或历史原因而来的不平等就很容易通过这些制度而被放大。此时，舆论会为社会创造出假想的平等，保证我们的社会有差别，但是没有歧视。所以在这个民主时代，制度最重要的是为人们留出理性的空间：全体的归全体，个人的归个人；国家的归国家，地方的归地方；政治的归政治，法治的归法治，行政的归行政……建立合理的坐标体系，让人们能够在制度中自主的生活。

美国酒流通的入宪与判例的历史镜鉴

尚　铮*

【摘要】 美国的清教徒文化使美国人对酒的态度是矛盾的和保守的。其中宪法第 18 条修正案中全面禁止酒的流通。美国宪法第 21 条修正案授权各州具有管理和监督酒流通的职责。而美国宪法中的商业条款和平等条款则有促进各州酒流通的功用。联邦最高法院在不同时期对宪法中涉及酒流通的条款的理解和运用也是不同的。早期在美国社会对酒的保守态度的影响下，美国联邦最高法院的司法判决一般都运用第 18 条修正案和第 21 条修正案趋向禁止和限制酒的流通，随着美国科技的发展和社会对酒的态度改变，联邦最高法院的判决则多运用美国宪法中的商业条款和其他条款朝着促进和发展酒流通改变，文中所列举的四个著名案例正反映了这一趋势。

【关键词】 美国宪法；酒流通；联邦最高法院；司法判决

由于早期美国人清教徒移民的背景，美国文化与欧洲相比对酒带有更加复杂和矛盾的态度，一方面喜爱喝酒，另一方面又排斥酒。这一文化态度直接影响了其法律对于酒流通的规定，甚至影响到了宪法的相关条款。随着历史的发展，其与酒相关的宪法条款有些因为不符合时代需要最后被废除，有些则继续存在。不同时期美国对酒不同的文化态度交互占据主流地位，法院的判决既要依据法律，又要符合当时的主流民意和文化价值，主流价值和民意在不同时期有所不同，为了追求法治和法律的稳定性，美国人一般不轻易删除或修改宪法条款，而是对其条款作出符合其时代要求的解释和应用，美国宪法的弹性规定给法官的判决带来了相关的依据，美国联邦最高法院对酒流通的判决带有极为明显的时代印记，美国联邦最高法院的法官们在不同历史时期依靠不同的宪法条款进行判决，既解决了时代的需要，又使美国的宪政和法治得以维护。

---

* 尚铮，首都经济贸易大学法学院副教授，研究方向为法律史。

一、美国文化中对酒流通复杂的历史态度

酒，在一些国家和其他商品没有太大的不同，而在美国对酒却有着更加苛刻和复杂的感情。美国是西方国家具有强烈的禁酒情绪的国家之一，一般并不将酒作为可以完全自由流通的商品。这一方面是受其宗教文化的影响，另一方面也是基于公共健康的考量。殖民地早期，大量的基督教新教徒来到美国，他们敬畏上帝，主张过清廉、简朴、实在、清心寡欲的生活方式。一些新教徒相信酒有令人腐败的力量，将酗酒作为一种罪恶（Sin），将饮酒作乐视为“堕落之源”，甚至称其为“魔鬼的甜酒”。到了18、19世纪，新教中的社会福音改革派又兴起，他们看待酗酒不仅是个人的罪恶，也是社会的罪恶。饮酒摧毁了人们的心智及其对上帝的爱心，使人失去对上帝的敬畏感。他们反对酒的流通，甚至主张全面取缔酒的流通。19世纪中期以后禁酒运动声势浩大，甚至资本家也支持禁酒。理查德·曼德尔森（Richard Mendelson）在其专著《从邪恶到可爱：美国葡萄酒法律史》中就指出：“美国富有的资本家也支持戒酒，推崇清醒自制和节俭。对于他们来说，这种节制性格或者生活方式就是有纪律、有秩序、勤奋工作、节俭、有责任心、道德正确、自我控制。这些都是彻底的新教伦理和资本主义的文化精神。”① 在禁酒思潮的推动下，1851年缅因州率先通过禁酒法，1905年有3个州宣布的买卖酒水是非法的，1912年增加到9个，1914年已经有14个州制定了不同形式的禁酒令。第一次世界大战的爆发进一步推动了美国禁酒运动。1913年美国国会通过《韦伯·凯尼法》（Webb-Kenyon Act），授权各州可以禁止酒水输入本州。到1918年末，48个州已有26个州禁止酒的买卖，事实上已经有四分之三以上的美国公民生活在禁酒的州或镇里。这为禁酒的最后入宪奠定了基础。1919年，美国国会通过第18条宪法修正案，在全国范围内实行全面禁酒。开始了美国历史上长达13年的禁酒时期，直到1933年美国才废除了宪法第18条修正案，并公布了宪法第21条修正案，将酒的监督权和管理权授权给州政府。在此之前，美国反酒人士都是以宗教和道德作为依据来反对酒流通的，禁酒令废除后，维护公共健康（public health）成为反对酒

---

① Richard Mendelson, From Demon to Darling: A Legal History of Wine in American, University of California Press, 2009, p. 13.

精的最大依据。其主要代表人物是斯道姆·瑟姆德（Strom Thurmond）先生，他是后禁酒令时代的戒酒改革家。他警告消费者饮酒的风险并且力图减少美国的酒精消费的整体水平。他积极推动立法来保护公共健康，推动在酒包装上书写健康警告标识，终于在1988年国会通过了《酒精饮料标识法》（Alcohol Beverage Labeling Act）。在许多对酒的新的攻击中，酒精甚至与毒品相关联，这种反酒文化使美国成为对酒的流通控制较严的国家之一。

另一方面，美国又是一个喜爱酒的国家。殖民地时期，1621年英国国王指示弗吉尼亚州州长督促农民种植大量葡萄树。1623年殖民地第一个立法机构要求每一个男人要种四分之一英亩的葡萄园。定居在新英格兰和大西洋沿岸的清教徒和其他派别的清教徒都接受酒精饮料的消费。他们把发酵的饮料作为“令人崇敬的礼物”，比喝水更安全。早期清教徒坚信适度消费酒精具有恢复活力的力量，酒被医生评价为具有御寒、助消化和退热的功能，酒精也是体力劳动的刺激物。18世纪随着美国工业化和城市化的加深，各种城市问题开始显现，城市人口激增，联邦政府采取了放任自由的政策，大量的农业人口迁移到城市，入城的农民发现与原有的农业生活截然不同，节奏快、工作时间长、工薪低都使许多底层的工人在酒馆沙龙中寻找安慰，在工人群体中喝酒的数量迅速增加。内战后的芝加哥，酒馆比杂货店和食品店加起来还多。[①] 具有讽刺意义的是在美国全面禁酒时期，美国的葡萄酒的消费事实上是增加的。[②] 在全国大禁酒时代美国社会就分成了“干”“湿”两派，“干”派（The Drys）支持禁酒运动，“湿”派（The Wets）抵制禁酒运动，最后湿派终于取得胜利，废除了禁酒令。今天虽然美国对酒的保守文化态度仍然在一定范围内存在，但是目前美国社会对酒的文化态度已经有所发展和改变。那种认为所有酒都是罪恶的观念已经过时，美国的年轻人更愿意把酒作为一种普通的商品，这是一个比美国历史上任何时代都能接受酒的时代。著名的美国葡萄酒企业家罗伯特·孟大维（Robert Mondavi）就是大大提升美国葡萄酒的品质和传播葡萄酒文化的人，他使美国人第一次意识到在用餐过程中，选择一瓶好的葡萄酒搭配是何等重要。他认为葡萄酒是文化、传统和优雅生活不可缺少的一部分，他相信葡萄酒让人变得稳健、知书达理、浪漫。美国社会文化对酒态度的改变，已经使酒的管控更加宽松，越来越多的立法者和消费者赞成增长酒类的自由贸易。到目前为止，大约四十个法官审

---

① “Introduction” in Dannis Nishi, ed., Prohibition, Greenhaven Press, 2003, p. 14.

② Mike Veseth, Wine Wars: The Curse of the Blue Nun, the Miracle of Two Buck Chuck, and the Revenge of the Terrorists, Rowman & Littlefield Publishs, Inc., 2011, p. 80.

理了20多个州际酒类贸易的案件，越来越多的法官在审理酒类案件的问题上采取了支持跨州自由贸易的立场。

二、美国宪法中与酒流通相关的条款

与酒流通相关的美国宪法条款大致有美国宪法第18条修正案、美国宪法第21条修正案、美国宪法商业条款、美国宪法平等保护条款、美国进出口条款和美国宪法第1条修正案，下面具体介绍其相关的内容。

1. 宪法第18条修正案（1919）［1917年12月18日提出，1919年1月16日批准］

该修正案第1款就规定："本条批准一年后，禁止在合众国及其在合众国管辖下的一切领土内酿造、出售或运送作为饮料的致醉酒类；禁止此类酒类输入或输出合众国及其管辖下的领土。"第2款规定："国会和各州都有权以适当立法实施本条。"第3款规定："本条除非在国会将其提交各州之日起七年以内，由各州议会按本宪法规定批准为宪法修正案，不得发生效力。"这是1919年美国国会通过的1920年生效的禁酒法。这一法案的实施使美国进入了一个长达13年之久的全面禁酒时期，一直到了1933年美国罗斯福总统当政时推动国会宣布了废除令，并公布宪法第21条修正案替代此修正案。

2. 宪法第21条修正案（1933）［1933年2月20日提出，1933年12月5日批准］

第1款规定，美利坚合众国第18条修正案现予废除。第2款规定，宣布在合众国任何州、准州或属地内，凡违反当地法律在当地发货或使用而运送或输入致罪酒类，均予以禁止。第3条规定："本条除非在国会将其提交各州之日起七年以内，由各州修宪会议依本宪法规定批准宪法修正案，不得发生效力。"这一修正案的作用是取代并废除了宪法第18条修正案。解除了全国范围内的禁酒，将管理和限制酒流通权力转交给地方州政府。

3. 美国宪法商业条款［1787年宪法第1条第8款，第3项］

美国宪法第1条第8款赋予了国会诸多的权力，其中第3项为国会有权管理外国的，州与州间的，以及对印第安部落的贸易。这一条款就是著名的宪法商业条款（commence clause）。这是美国宪法赋予国会最重要的权力。1824年吉本斯诉奥格登案（Gibbons v. Ogden）是联邦最高法院审理的关于宪法商业条款的第一个案子。通过这一个案子，联邦最高法院对联邦管制州际商业条款进行了广义解释，即商业一词不仅仅是“买卖”或“物物交换”（the interchange of commodities），而应是一种“流通”（intercourse）。它涵盖的是国与国之间、不同国家或地区之间所有形式的商业流通，确认航海应属于“商业”范畴，也是联邦政府的管辖范围。联邦最高法院确认在管理对外商业时，国会的权力不受这些州的司法管辖限制，州法如果与国会的法律相冲突，州法就是无效的，因此判决纽约州的判决与宪法相冲突而归于无效，从而扩大了联邦的权力。此案判决的直接后果是水域开放，航线增加，船票价格降低，交通更为便利。以后联邦最高法院对“商业条款”的解释越来越宽，从商品的生产和流通、交通运输、工资、工时、工会到公民权利和犯罪行为，只要影响州际商业，联邦都有权管制，其深远的意义为打破地方保护主义提供了自由的空间和牢固的法律保障，也为后来促进酒流通提供了重要的宪法依据。

4. 美国宪法第14条修正案（1868）［1866年6月13日提出，1868年7月9日批准］

第1款规定凡在合众国出生或归化合众国并受其管辖的人，均为合众国和其居住州的公民。任何一州，都不得制定或实施限制合众国公民的特权或豁免权的任何法律；不经正当法律程序，不得剥夺任何人的生命、自由或财产；对于在其管辖下的任何人，亦不得拒绝给予平等法律保护。美国宪法第14条修正案之所以与酒流通有关系，是因为这是一个平等保护条款，特别是最后一句“（任何一州）对于在其管辖下的任何人，亦不得拒绝给予平等保护”为酒流通中反对各州之间的歧视性法令提供了宪法依据。

5. 美国宪法进出口条款［1787年宪法第1条第10款，第2项］

任何一州，未经国会同意，不得对进口或出口货物征收任何输入税或关税，但为执行本州检查法令所绝对必需者除外。这一条款为美国联邦政府干预和平衡各州之间酒流通的税收冲突奠定了宪法的依据。

6. 美国宪法第1条修正案

国会不得制定关于下列事项的法律，确立国教或者禁止信教自由；剥夺言论自由或出版自由；或剥夺人民和平集会和向政府请愿申冤的权利。此条与酒流通发生联系是由于酒价格广告被一些州禁止，而这一保护言论自由的条款为保护酒价格广告提供了宪法依据。

三、联邦最高法院依据宪法对于酒流通案例的判决

联邦最高法院涉及酒流通的判例大致可归为两大时期，区分两大时期的依据是其对于酒流通立场和态度的转变，这一转变直接影响到其判决中对于宪法条款的解释和应用，从而指导和规范了政府和社会对酒流通管理的法令和政策。

1. 联邦最高法院禁止和限制酒自由流通的时期（1920—1960年）

19世纪20年代，美国开始了清教徒式的禁酒时期。在全面禁酒令时期，联邦最高法院基本都是依照宪法第18条修正案进行判决。宪法修正案第18条生效后因对其质疑使不少诉讼发生了，但是联邦最高法院在1920年6月通过拒绝审理几个挑战第18条修正案的案件坚定地支持了宪法第18条修正案的合宪性。① 1933年12月5日美国国会通过美国宪法第21条修正案。根据第21条第2款，事实上联邦政府将管理酒流通的责任授权给了地方政府，这就留给各州在管理酒流通问题上很大的立法权限。有些州宗教传统力量比较大，其立法就在不同程度上禁止酒类流通，一些州创办了州所有的酒类垄断性企业，其他州给私企发执照但是严格管理其交易以防止供应商支配，并对酒流通中的价格、广告、销售和税收都有很多限制性的规定。为了使州内酒商免于外来的竞争，一些州制定了歧视外州的法律，比如规定更高的执照费、对进口酒征收高消费税等。另一些州虽然采取支持自由流通的法律政策，而对于禁止或歧视本州酒类流通的州，也会采取报复性的措施禁止其酒类流通。这样就产生了州际的贸易歧视和摩擦，而根据宪法跨州之间的商业条款或者平等条款，联邦政府有权出面管理和协调，联邦最高法院就要在宪法第21条修正案授予的州酒类管理自主权和宪法商业条款或平等条款中予以抉择。而在19世纪60年代以前，联邦最高法院都是采取了宪法第21条修正案的立场，放任各州自行管理酒流通。

---

① Michael A. Lerner, Dry Manhattan: Prohibition in New York City, Harvard University Press, 2007, p. 46.

在这一时期所做的涉及酒流通的司法判决大多遵循了联邦大法官路易斯·布兰代斯（Louise Brandeis，1856—1941）的先例。如1936年州公平委员会诉青年市场公司案（State Board of Equalization v. Young's Market Co.）就是第一个由布兰代斯作出的案例。① 青年市场公司是加利福尼亚州的酒类批发商，从州外进口酒然后分别卖给加利福尼亚州的零售商。加利福尼亚州酒法规定，需要获得执照来进行州外啤酒的进口，而加利福尼亚州对进口外州啤酒的执照需要征收500美元的执照费。青年市场公司认为既然自己可以销售州内产品，同样应该也能够销售州外啤酒，主张对进口执照收费违反了美国宪法的商业条款和平等保护条款。联邦最高法院作出了支持加利福尼亚州对进口州外啤酒的进口商征收执照费的裁决。布兰代斯大法官指出地方州可以施加对进口酒精的任何限制。因为宪法第21条修正案的第2款可推导出州有权禁止所有不遵守它所规定条件的进口，无论这一规定是否合理。布兰代斯大法官在这个判决中和以后的酒类案件中都依赖对宪法第21条修正案的一般解释，而拒绝探究这一修正案的历史和目的。

1938年三个案件如马奥尼诉约瑟夫垂讷公司案（Mahoney v. Joseph Triner Corp.），印第安纳波利斯啤酒制造公司诉密歇根州控酒委员会案（Indianapolis Brewing Co. v. The Liquor Control Commission of the State of Michigan），约瑟夫·芬奇公司诉梅克垂克案（Joseph S. Finch & Co. v. Mckitrick）都是由布兰代斯大法官主持审理的，都坚持了依赖宪法第21条修正案判决的立场。如在马奥尼诉约瑟夫垂讷公司案中，明尼苏达州禁止进口任何没有在美国专利局注册的酒精。而其对当地所售卖的酒精却没有登记专利的要求。联邦最高法院支持了明尼苏达州的规定，称第21条修正案允许州对进口酒采取歧视性的政策。在印第安纳波利斯啤酒制造公司诉密歇根州控酒委员会案和约瑟夫·芬奇公司诉梅克垂克案中，联邦最高法院支持了密歇根法的报复行为，密歇根法禁止州内经纪人销售对密歇根啤酒给予歧视政策的州的酒。布兰代斯大法官在判决中指出州对致醉饮料禁止或管理的权力不为宪法的商业条款所限制。

以后若干年里，联邦最高法院都是采用宪法第21条修正案授权各州管理酒类商品的立场，对其立法一般不予干涉。如1958年加利福尼亚州起诉了华盛顿州，因为其对加利福尼亚州葡萄酒有明显的歧视法律。华盛顿州要求加利福尼亚州葡萄酒以固定价格卖给华盛顿州的批发商，并且禁止加利福

① 299 U.S. 59 (1936).

尼亚州制酒商向华盛顿州的零售商直接推广他们的产品，而与之对照的是华盛顿州的制酒商可以直接向其零售商销售和推广他们的红酒，并且可以以不定价格推销。加利福尼亚州在向联邦最高法院争辩的摘要中指出华盛顿州的歧视不是为了戒酒而是一种典型的地方经济保护主义，然而联邦最高法院沿袭布兰代斯大法官判决的立场拒绝审理此案，因为一旦这个案子审理并支持了加利福尼亚州的立场，那么可能会引发大规模的相似案件的上诉。①

2. 联邦最高法院逐渐支持酒产品自由流通时期（1964 年以后到今天）

20 世纪 60 年代联邦最高法院的立场开始转变，开始逐步脱离原来大法官布兰代斯所确立的惯例，不再坚持适用宪法第 21 条修正案，而开始适用宪法的其他条款判决。下面列举四个案例来说明这一变化。

第一个案例为 1964 年霍斯泰特诉爱德怀尔德酒类公司案件②。

爱德怀尔德酒类公司在肯尼迪国际机场向国际旅客销售免税的酒精饮料，纽约州管理酒当局认为这违反了纽约的法律。爱德怀尔德酒类公司提出纽约州法律禁止机场的商店经营酒类产品是与联邦法律授权免税酒类销售的规定相冲突的。联邦最高法院在此案中并没有依据联邦宪法中的至上条款宣布联邦法律高于州法，而是依据加利福尼亚州的案例即柯林斯诉沃色梅特（Collins v. Yosemite Park Co.）的案例运用宪法的商业条款作出判决即州禁止酒类产品进入或者经过联邦所拥有的土地上沃色梅特（Yosemite）国家公园的销售是无效的。在霍斯泰特（Hostetter）一案中，联邦最高法院虽然承认州有权禁止酒类产品的非法转运，但是这一案件显示并不存在非法转运的风险。纽约州依据美国第 21 条宪法修正案和布兰代斯的先例判决酒类公司败诉。但是联邦最高法院认为这是荒谬的过分简单化的解决办法。大法官斯德沃特（Stewart）认为宪法第 21 条修正案和商业条款都是同一宪法的一部分，每一部分必须以另一部分作参照，应在具体案件中考察其利害关系。最终联邦最高法院判决爱德怀尔德酒类公司胜诉。

第二个案例为 1984 年巴克斯进口公司诉迪阿斯案③。

这是一个联邦最高法院反对夏威夷地方保护主义者的酒税案。夏威夷州对于白兰地酒和葡萄酒征收 20% 的消费税，然而却对两种当地产品奥克乐毫

---

① Richard Mendelson, From Demon to Darling: A legal History of Wine in American, University of California Press, 2009, p. 124.

② 377 U. S. 324 (1964).

③ 468 U. S. 263 (1983).

白兰地（Okolehao brandy）和菠萝葡萄酒（pineapple wine）给予税收豁免。联邦最高法院依据美国宪法中的平等保护条款、进出口条款和商业条款宣布这种歧视性的税收是无效的并且重申第21条修正案并非意味着州的酒类法令不受宪法商业条款的制约。宪法第21条修正案的中心目的并不是授权州通过立法设置竞争障碍来保护本地酒企业，而是推进禁酒，保护公共健康。然而夏威夷州的歧视性税收政策的目的并非如此，而只是为了保护地方经济，构成经济保护主义的州法并不具有合宪性。这里联邦大法官第一次探究了宪法第21条修正案的中心目的，承认了宪法商业条款具有同等重要性，这是一个非常明显的突破和转折。

第三个案例是1996年的四十四酒市公司诉罗得兰岛州案①。

在1956年罗得兰岛州立法机构通过了禁止任何制造商、批发商和货运商以任何形式做酒精饮料价格广告和禁止任何媒体刊登酒价格广告。四十四酒市公司因为发布了一个广告暗示了价格很低，被罗得岛州控酒管理局罚款。四十四酒市公司提起诉讼，联邦地区法院裁定禁止酒价格广告的州立法是违宪的，但是上诉后这一裁决被联邦第一巡回上诉法院推翻。最高法院裁决基于美国宪法第1条修正案的保护言论自由裁定完全禁止酒价格广告的法律是违宪的，而且美国宪法第21条修正案的运作不能削减宪法其他条款对于州权力的限制。

大法官斯蒂文（Stevens）指出州确实有管理商业言论的广泛权力，然而罗得兰岛州走得太远了。管理商业言论的禁令伤害了消费者的利益，而且阻碍了对公共政策中心要旨的辩论。尽管酒价格广告禁令对于促进戒酒是有作用的，但可以用其他更有效的办法比如说通过指导性法规或增加税收、划分定额，或举行针对酗酒难题的教育运动来达到这一目标。因此联邦最高法院最终裁决罗得兰岛州的法律是无效的。

第四个案例是2005年的格拉赫姆诉希尔德案②。

该案例是一起关于酒产品直邮售卖的案例。虽然直邮销售（direct shipment）只占美国酒类销售的2%，但是却被看作是一个促进酒类销售增长的重要机会。在一些州的法律中，制酒商只能卖给批发商，而零售商被要求只能从批发商的手中购买，这就是通常所说的三级体系。这就使批发商权力很大，也就是说如果批发商不购买某个制酒商的酒，那么就意味着当地市场的大门向制酒商关闭了，因此小型葡萄酒厂家是反对这样立法的。这一案件的缘由是

① 517 U. S. 484（S. CT. 1996）.

② 544 U. S. 460（2005）.

密歇根和纽约州在直邮售卖渠道上，区别对待州内州外的酒庄。州内的酒庄允许直接售卖给消费者，而州外的酒庄必须通过三级流通体系。最终联邦最高法院推翻了纽约州和密歇根州的直邮销售法，因为他们歧视了外州贸易并且违反了宪法的“商业条款”。州可以扩展州内直销特权给州外酒类制造商，或者消除所有制酒商的特权。

格拉赫姆（Granholm）案的判决具有持久和深远的影响，这一判决挑战了三级流通体系。许多州允许本州酿酒企业直接卖葡萄酒给零售商，也可以直接卖给州内消费者而不需要批发商作为中介，州外零售商也可以直接面对州内消费者，或者州外批发商直接面对州内零售商销售。州与州之间的酒类流通已经逐步确立了宪法商业条款的无歧视原则。

结　语

美国是一个宪政国家，以法治国，以宪治国深入人心。美国宪法自立国至今两百多年来其基本精神和原则基本没变，保持了长久的稳定性，美国宪政的常态不是大破大立，而是平稳中庸。之所以能够在复杂多变的社会环境中保持其稳定性，与联邦最高法院对于宪法审时度势地谨慎而又灵活地运用有着很大的关系。联邦最高法院在运用和解释宪法上在理想性和现实性、在原则性和妥协性上保持着微妙的平衡，其中对于酒流通的判决就能比较典型地反映了这样的平衡。比如在整个社会对酒流通态度非常负面的时期，其判决采取的立场就比较保守。如19世纪二三十年代基本上采用宪法第18条修正案进行判决，禁止酒流通。自19世纪30年代到60年代，联邦最高法院坚持遵守第21条修正案，对地方州政府限制酒流通的法律和政策并不加以干预。而到了19世纪60年代以后，情况渐渐发生改变，随着美国酒文化的改变，酒类产品和消费激增。电子商务的扩展使小型酒类加工厂数量增长，他们在州际经销商三级营销网络上并不容易，但能直接在网上向消费者直接推销其产品，州的互惠运输法有利于一些直接面对消费者的贸易。这些情况的改变最终使联邦最高法院顺应形势，不再固守宪法第21条修正案，而是对其立法目的进行更灵活的解释，并更多地适用美国宪法中的商业条款、平等无歧视条款等作出有利于酒流通的判决。

美国酒流通管理的法治建设，对于我国建立酒流通管理法治有着一定的借鉴意义。虽然中国和美国国情不同，我们没有美国那种保守的酒文化，我国的法律对酒流通的管理是宽松的，我国的基本方针也是促进酒流通的，但是美国法治管理的手段确实是可以学习和借鉴的。我们应当学习借鉴美国联邦最高法院对于法律的谨慎态度，一方面要坚守依法断案，不要朝令夕改，另一方面也要顺应形势，与时俱进，灵活地运用和解释法律，解决时代的难题，最终建立起一个良好的法治国家。

专题研究

……

政府董事：我国国有企业内部治理结构重建的切入点

肖海军*

【摘要】在国家直接投资情形下，政府董事作为国家股权的代表，由政府直接委任到公司制国家出资企业的董事会中任职，为典型的公司股东董事和内部董事。通过统一政府董事任命主体、控制委任权限、规范委任流程，由国务院或地方政府分别对中央或地方国家出资企业的政府董事进行分级的统一任命或委派，并把政府董事分设为政府非执行董事和政府执行董事两类，使其相互之间既有适当的分工、配合，又产生一定程度的制约、监督效应。如此，公司制国家出资企业的内部治理结构才可按照既合乎资本权源逻辑、又适应现代企业竞争的要求而规范地建立起来。

【关键词】国家出资企业；政府董事；国家股权代表；董事会

国有企业源于国有资产投入营业领域而衍生的经营主体和企业法人，其表现形式可分为政府以国家名义直接投资设立的国家出资企业和国有企业以企业国有资产进行转投资设立的国有企业投资企业两种典型形式；由此政府或国有企业就由国家国有资产或企业国有资产的所有人，转变为国家出资企业或国有企业转投资企业的出资人，在公司制企业的语境与制度下，其身份与称谓则为国家股股东或国有法人股股东。在公司制国家出资企业或国有企业转投资企业的治理机构组建和构架中，就必然存在由政府（国家股股东）或国有企业（国有法人股股东）委派的董事问题。但是，作为国家股股东代表的政府或授权机构所委派到公司制国家出资企业中的董事，其性质、法律地位、权限、行权、控权、责任等到底如何界定，制度上作何通盘安排和顶层设计，2015 年 8 月 24 日中共中央、国务院联合发布的《关于深化国有企

* 肖海军，湖南大学法学院教授、博士生导师，湖南大学商法事与投资法研究中心主任。本文为国家社会科学基金项目“我国商事登记制度统一化改革研究”（文号：11BFX036）的阶段性成果。

业改革的指导意见》第8条，只对健全公司制国有企业的“法人治理结构”作了原则性规定，具体措施则语焉不详；而其他既有政策性文件和规范性文本，则更无明确、具体、清晰的说法和规定。鉴于国家出资人及委派的董事，作为公司制国有企业“法人治理结构”的源头性问题，其制度设计和立法安排，在新一轮国有企业改革中具有关键性和基础性，对其研究并提出切实的解决办法，无疑具有极其重要的理论价值与实践意义。据此，本文试就此问题提出一些看法，以供参考。

一、我国现行公司制国有企业国家股董事制度的检讨与改革路径

（一）我国现行公司制国有企业国家股董事制度的检讨

我国自1992年启动国有企业公司制改革、特别是1993年《公司法》通过以后，逐步在国有企业引入了董事会制度。但有关国家股董事的设置却一直未在规范、清晰的道路上运行。究其缘由，我国现行公司制国有企业中有关国家股董事制度的制度安排与立法设计，具有如下一些明显缺陷：

1. 国家股董事代表的缺位

既然在公司制国有企业中，国家的地位被界定为出资人（股东），国家股就应有自己的董事代表人选。但是我国现有由政府或国有资产监督管理委员会、财政部门及其他履行国家出资人职能的机构或部门（下称政府履行国家出资人职责的机构）所任命和委派到国家出资企业任职的董事，或称为外部董事；或称为非执行董事；或与一般非国家股董事毫无区别，尚无国家股董事代表这一制度设立和立法规定。如《企业国有资产法》（2008年）对涉及由履行国家出资人职责的机构任免、提名董事的性质与所代表的国家股权利益，就没有加以明确规定和特别限定[①]；国务院国资委《董事会试点中央企业专职外部董事管理办法（试行）》则把国资委任免的董事称之“专职外部非执行董事”[②]。

---

① 《中华人民共和国企业国有资产法》（2008年）第22条。

② 国务院国有资产监督管理委员会：《董事会试点中央企业专职外部董事管理办法（试行）》（2009年）第3条。

2. 法律定位上的外部性

在既有的研究成果中，理论界普遍认为由政府委任董事的权力产生于公司之外，把国家股董事代表归类为外部董事的范畴，理论上的误读导致我国国有企业制度和立法上的模糊，因此，在立法文本和具体执行层面上，也就一再把本属股东董事范畴的国家股董事代表划入外部董事的类别，作出让人啼笑皆非的规定。如国务院国资委于 2004 年 6 月 7 日发布的《关于中央企业建立和完善国有独资公司董事会试点工作的通知》（国资发改革［2004］229 号），就把建立所谓“外部董事制度”（其实应为国家股董事制度）解读为制度创新，进而在《董事会试点中央企业专职外部董事管理办法（试行）》中把国资委任免的董事定性为“专职外部非执行董事”。

3. 委任主体的庞杂与混乱

目前，根据《企业国有资产法》第 22 条和其他相关法律、行政法规的规定，在公司制国有企业董事的委任过程中，涉及国家股背景董事的委任主体比较庞杂，且极其混乱，既有由政府委任的，也有由政府履行国家出资人职责的机构任免和委派的；更有授权特定的政府投资机构负责委任的。委任主体的不统一，导致其隶属关系、管辖事权、委任路径、监管内容的各自为政。

4. 职能定位上的模糊

国家股董事代表本为代表国家股东行使权利（力）、履行义务的董事代表，他属于股东董事代表的范畴乃当然之理、应有之义，但现行公司制国有企业董事会也好，在其中任职的董事也好，是代表股东在行使权利（力）、执行业务？还是代表公司或其他股东的利益？还是代表社会的公共利益？法定的、授权的职能并不十分清晰。职能上的模糊，导致现有公司制国有企业中董事的职权与职责、权利与义务、风险与责任极不明晰；易言之，由国资委和其他机构委任到现有公司制国有企业中任职的董事，到底应为谁服务？对谁负责？应承担什么样的责任？立法文本和具体任命书并不具体、明了，而只笼统地要求他们保证国有资产的保值、增值，所设定的目标自然过于宏大而又宽泛。

5. 授权路径极不清晰

国家股董事代表与一般股东出任或委派的董事代表一样，也存在由股东的委任权在公司内部治理机制契合下向公司内部权利（力）转换的过程，这其中经过多次授权与行权的转换、行权与控权的制衡。但由于国资委和其他机构委任到现有公司制国有企业任职的董事没有定位为国家股董事代表，从而导致国资委和其他机构委任到现有公司制国有企业任职的董事具有先天的非正当性。源头性上授权的不清晰，导致其后续授权的不规范，因此，整体而言，董事的委任、任职、行权、执业、代理等不同阶段、不同层面的董事任职履历，其授权路径均是不清晰、不规范的。

6. 权利（力）配置上的严重失衡

现有公司制国有企业中董事会的集权和内部人控制现象十分普遍，早已为公众、社会和国际上所诟病，究其原因在于国有独资公司、国有资本控股公司内部治理结构中董事会与监事会、董事会内部、政府机构委任的董事与其他董事、政府机构委任的董事之间权利（力）配置严重失衡，而失衡又缺乏监督的权利（力），无异于为国有企业内部的集权、腐败提供了制度上的便利。

7. 内部监督机制设置的不合理

在现有国有独资公司、国有资本控股公司内部治理结构的制度安排和立法设计中，负责监督董事会的监事会及监事地位、权威、权力低于董事会；此外，在董事会内部，权力又集中在政府机构任命的个别或少数董事身上，这样一种制度安排和立法设计，其后果只能导致公司内部监督乏力和失效，董事会个别成员是否集权和腐败，就仅仅决定于其是否有道德的自觉和人品的高尚了。

（二）我国公司制国有企业国家股董事制度的改革路径

综上所述，我国现有公司制国有企业董事会整体上被纳入一般公司法予以调整，而没有考虑到国家股东这一特殊情况，本已是一个方向性的错误。但即使是这样一个方向性的错误，国家这一特殊股东地位和所持有的股权却没有像其他一般股东那样得到应有的肯定和尊重，这才是目前公司制国有企业董事会制度陷于尴尬境地的根本原因。笔者认为，解决的路径为：一方面，必须把公司制国有企业从一般公司法中抽出来，对其单独立法，引入双层制公司治理结构；另一方面，就是旗帜鲜明地亮明国家股东和国家股权的身份，把政府委任代表国家股行使职权的董事代表确定为政府董事，建立以政府董事为核心的全新的公司制国有企业董事会制度。

二、政府董事的界定与分类

（一）政府董事的界定与法律意义

1. 政府董事的意义厘定

在国家直接投资的情形下，在公司制国家出资企业的制度框架内，本着国家股权代表中的国家股监事代表和国家股董事代表分别由中央与地方分级分类委任的制度构想，国家股董事代表则由中央政府和地方政府分级任命或委派。笔者认为，由于国家股董事代表均是以政府的名义委任到国家股所在公司中任职，我们可以更为直接地把其称为政府董事。因此，政府董事的准确含义应是：在国家直接投资情形下，作为具体履行国家出资人职责的政府及其所设立或授权的履行国家出资人职责的机构，依照法律、行政法规、公司章程和其他特别授权，委任特定的自然人代表到国家股所在公司董事会担任董事并行使公司经营管理决策权或执行公司具体营业事务的国家股董事代表。

从公司实践层面看，最为典型的政府董事为德国大众汽车公司中的政府董事，德国大众汽车公司为德国下萨克森州政府持有国家股并占全部公司股权 20% 的“混合公司”，国家股东为该公司最大股东，下萨克森州政府两名官员代表国家股东进入大众汽车公司监事会和董事会①。又如，在美国，由联邦全资拥有的公司，董事会中的董事成员也大部分甚至全部由联邦雇员担任；而在诸如联邦年金利益保证公司等混合股权公司里，也有近 40% 的董事由联邦雇员担任②。在立法上，我国台湾地区“公司法”（2013 年）对“政府指派之董事”有明确规定，即在“政府或法人为股东时，得当选为董事或监察人，但须指定自然人代表行使职务。”“政府或法人为股东时，亦得由其代表人当选为董事或监察人。”“政府或法人股东一人所组织之股份有限公

---

① 鲁利玲：“德国国有企业股份化的成功案例——大众汽车股份公司的考察报告”，载《经济研究参考》1993 年 Z3 期，第 16～30 页；赵景华主编：《公司制与现代企业制度》，南海出版社 1994 年版，第十章。

② 赵旭东：“美国的国有企业——联邦公司”，载《中外法学》1996 年第 2 期。

司”之董事、监察人，“由政府或法人股东指派”[①]。

需要特别强调的是，笔者所提出的政府董事，与某些学者所论的所谓“政府董事”不是同一概念。如有学者把2005年国务院国资委向“宝钢”等7家中央企业派驻的5位以央企退休人员为主的外部董事，界定为“政府董事”[②]。有学者认为，“政府董事”应从狭义和广义上区分，狭义上的“政府董事”主要是指进入国有企业董事会中具有一定级别的、由政府支付其薪酬的外部董事；广义上的“政府董事”主要是指政府选派的国有企业董事会人员，包括企业董事长、部分董事等[③]。有学者认为“政府董事”是国务院国资委及地方各级政府国资委派到国有独资企业或国有控股企业董事会的董事，其职责是代表国资委行使股东权利，防止国有资产流失，促进国有资产保值、增值，监督国有企业经理人员经营行为[④]，其内涵相当于国家股东与国有企业的监督者。有学者则从2009年6月23日华伦集团向四川金顶“空降”董事这一案例，把“政府董事”阐释为有“政府背景”的董事[⑤]。有学者认为“政府董事”在本质上属于外部董事的范畴，是政府供给主导型董事的一种制度安排[⑥]。也有学者认为“政府董事”是由作为出资人代表的政府直接向国有公司董事会派出的董事，这类董事虽然进入到国有公司管理机构，但在身份上仍然是公务员，为使其不被公司管理层“俘获”，他们不从国有公司领取报酬，对其奖罚措施完全依照公务员标准进行，是相对于独立董事、内部董事、执行董事和职工董事之外的董事类型，属非执行董事的范畴[⑦]。

就我国国有企业董事会实践层面而言，政府董事在我国现行董事会试点中央企业中也被称为专职外部董事和非执行董事。如国务院国有资产监督管

---

① 我国台湾地区“公司法”（2013年）第9条、第27条、第128－1条。

② 郭大鹏、杜亮：“央企董事会革命”，载《中国企业家》2006年第4期，第79～85页；余玉苗、周莹莹、潘珺：“聘请退休政府官员背景独立董事给上市公司带来好处了吗？”，载《经济评论》2015年第1期，第129～139页。

③ 王树文：“完善我国大型国有企业政府董事制度建设的途径”，载《中国行政管理》2008年第11期，第74～77页。

④ 温丛岭、董昭江：“完善国有企业政府董事制度的思考”，载《商场现代化》2008年第18期，第85～86页。

⑤ 林喆：“政府背景董事‘空降’四川金顶”，载《中国证券报》2009年6月25日，第B1版；余玮：“我国董事的专业性与政府背景分析”，载《华东经济管理》2011年第5期，第110～114页。

⑥ 冯梅：“国有独资企业外部董事、外派监事会制度：一种政府供给主导型的制度安排”，载《生产力研究》2006年第3期，第192～193页。

⑦ 胡改蓉：《国有公司董事会法律制度研究》，北京大学出版社2010年版，第78～79页。

理委员会于2009年10月13日发布的《董事会试点中央企业专职外部董事管理办法（试行）》就规定："专职外部董事，是指国资委任命、聘用的在董事会试点企业专门担任外部董事的人员""专职外部董事在任期内，不在任职企业担任其他职务，不在任职企业以外的其他单位任职。"①

笔者所定义的政府董事，其本质意义为政府委任的国家股董事代表，与既有规范性文本和代表性学者的上述观点相比较，具有以下特定内涵：(1) 政府董事首先是国家股权的代表。政府董事产生于国家直接投资情形下，在国家直接投资设立国家出资企业后，国家与企业的关系为出资人（股东）与企业（公司）的关系，国家就是该公司的股东，国家出资的权益即为由国有资产出资转换而来的国家股权。又由于国家的具体投资均是由政府代表国家履行国家出资人职责，为更具体地行使国家出资权益，使国家股权得到实现，政府就必须通过委任特定自然人代表作为董事人选到该国家股所在公司中任职，名义上是代表政府、实质上是代表国家以具体地行使国家这一特殊股东在公司内部的一系列权利。(2) 政府董事并非一般意义上的外部董事。政府董事虽为政府外派，但它是国家这一股东的委任通过政府委任的具体实现，除国有独资公司外，其作为公司正式董事的资格与身份，须经公司内部股东（大）会等机构的选举或表决确认，其合法性和有效性必须符合公司内部的组织构建和治理制度的基本程序。因此，政府董事是典型的公司内部董事，而并非外部董事。(3) 政府董事是典型的股东董事。政府董事是国家股的董事代表人选，其提名、委派、产生和任命的法理逻辑依据为股东有权被当选为公司董事。国家既然为公司的直接出资人，当然就是公司的原始股东，就应当委任特定的自然人作为公司的董事人选。由于国家只是一个主权的拟制体，其具体权利（力）只能通过其具体的国家机关来行使，其中其绝大部分权利（力）是由其行政机关即政府来行使的。因此，政府委任的董事人选，实质就是国家股东委任的董事人选；自然政府董事就是国家股董事，是典型的股东董事。(4) 政府董事并不一定就是非执行董事。一般认为，执行董事（Executive Director）和非执行董事（Non-Executive Directors）的区分标准是其是否在公司经理层担任职务。政府董事在经法定程序得到正式任命和确认后，就必须在国家股所在公司中任职，在其任职时，如果有一部分政府董事在董事会的委托授权下，继续在公司经理机构中任职，就应为执行董事；只有部分不在经理机构中任职的政府董事，才是非执行董事。(5) 政府董事

① 国务院国有资产监督管理委员会：《董事会试点中央企业专职外部董事管理办法（试行）》第3条。

更非政府官员。政府董事是政府委任进入国家股所在公司董事会中任职的董事，为典型的公司经营管理人员，与政府公务员应该实行严格的任职回避。

足见，政府董事与国家股董事、国家股董事代表，实质是同一概念和意思，只是为了更直观地反映其委任的权利（力）逻辑关系，把其称为政府董事而已。

2. 政府董事概念提出与边界厘清的法律意义

政府董事概念的提出与边界的厘清，具有重要的理论意义和实践价值。

（1）有利于厘清国家直接投资与国家出资企业的法律关系。从法律关系的逻辑建构而言，原生意义上的国有企业，是国家直接投资的副产物，是国家股东发起设立而衍生的营业主体，国有企业成立后，国家与企业的关系则由成立前的国有资产所有关系转变为国家股权控制关系（国家股东与公司）关系。国家就是该国家出资企业（公司）的唯一（国有独资企业、国有独资公司）、控股（国有资本控股公司）、参股（国有资本参股公司）出资人或股东。但在现有国有企业特别是公司制国有企业里，政府所派董事和国资委系统、财政部门所委派的董事，前者为外派董事，给人一种与公司资本权益完全无关的印象；后者虽然本质上为国家股董事代表，但因表征意义不强，给人以与其他普通董事无异的感觉。而政府董事概念的提出，本着“国家对国有资产的所有权→国家直接出资→国家拥有因国有资产转化而来的国家股权→国家通过政府行使其在公司制国家出资企业中的国家股权→政府通过委任特定自然人代表担任政府董事参与公司内部事务以具体行使国家股权并维护、实现其资本权益”这一理论逻辑和实践流程，则可完全厘清国家直接投资与公司制国家出资企业之间的各种法律关系，对目前理论上、政策上、立法上有关国家投资、政府代表、企业自主、股东权益等问题上的模糊认识和混乱关系，能正其本而清其源，从而解决公司制国家出资企业的源头性投资、股东、股权、股权代表等问题。

（2）有利于表征国家股董事代表的身份。如前所述，已有理论和规范性文本中的外派董事、国有股背景的董事代表均不能亮明或表征其国家股董事代表的身份，而政府董事系由政府代表国家委任，其为国家这一特殊出资人（股东）的代表，则名正言顺，理所当然。提出政府董事这一概念，恰恰使公司制国家出资企业中国家股东、国家股权回归到权利原本意义上的状态，这既是对实然事实与法律关系状态的回归，更是国家直接投资与公司制国家出资企业关系理性的回归。

（3）有利于弄清国家股所在公司的真正权源。权利（力）源是公司内部权利（力）配置与运行的逻辑起点，以往我国政策性文件和立法文本把国家授权国有企业自主经营，视为国有企业享有独立经营权的政策依据与法理依据，其实无论从法人制度的应然逻辑还是从公司权利（力）建构的法律关系上，均是一种莫大的误读。从法人主体的独立性和意思的自治性角度看，法人企业包括国有企业法人，只要依法成立并获得法人资格，就享有独立的民事权利能力和民事行为能力，其行为就不受政府、其他法人主体甚至其出资股东的管辖、干预、约束和控制，因此，法人型企业享有独立的经营自主权乃应然之权、当然之理、法权之义，它与政府是否授权无关。过去包括法人型企业在内的所有企业之所以没有经营自主权，不是因为政府没有授权，而是因为政策、立法没有定位政府的职能，摆正政府的位置，把本该属于市场主体的自主经营权给截留或限制了，久而久之，人们就真地认为企业的经营权就是政府给的了！现在由民间资本发起设立的企业与公司，其享有独立的自主经营权已经没有人有疑问了，但国有企业特别是公司制国有企业的自主经营权的逻辑依据何在，如何解决企业经营自主权与国家、政府在企业中的必要角色的问题，则长期困惑着学者们。而如果提出政府董事这一概念并使制度化，就可廓清公司制国家出资企业的真正权源。

笔者认为，企业特别是公司制企业的主要权利（力）源于其出资人的权利[①]，就公司而言，公司制企业为典型的资本本位企业，其主要权利（力）源为股东的股权，股东之股权的契合，构成公司股东（大）会的最高权力机关，公司在股东（大）会的基础上通过资本民主与资本表决的选举、授权，产生董事会、监事会，分别授权其负责公司经营管理与营业监督，董事会则代表公司，依照法律、章程行使对公司的自主经营管理权，并代理公司对外营业。这样，通过公司内在的治理机制、组织构建和授权流程，单一的股东权利就契合为公司内部机构的权力，并转化为公司集中的权力和对外的代理能力，股权与公司法人财产权、经营自主权之间的关系就这样合乎逻辑地定位、转换和行使着。就公司而言，最终权利（力）的末端就是公司权利（力）的实际行使者或经营者，他可能是股东或股东代表，也可能是股东之外的职业经理人，但不管是谁，这个时候他们代表的已不是股东或股东代表，或者职业经理人自己，而是代表公司，所代表的已不是作出决策或执行事务的某一股东或股东代表，或者职业经理人自己的利益，而是代表整个公

① 肖海军：《企业法原论》，湖南大学出版社2006年版，第171～176页。

司、全体股东的利益。

可见，如把国家股董事代表界定为政府董事，则政府此时所行使的是资本私权利，而非管理性的公权力，其委任董事在公司董事会或经理机构中任职，又完成了政府资本私权利向公司内部治理机构权力的契合与转换，进而政府董事无论是作为非执行董事在董事会中的决策，还是作为执行董事在公司经理机构执行营业事务，此时均不仅仅是代表国家股东的利益，而是代表整个公司、公司全体股东的利益。这样一来，作为代表国家履行出资人职责的政府与政府设立、授权的机构，其管理思维就必须由之前的管事向之后的选人、管人转变。如此，“国有资产所有权→国家直接投资→国家出资企业→国家股权”之关系才能理顺，国家出资企业内部权利（力）配置与运行才符合法理与逻辑。以此观之，党的十八大政治报告、十八届三中全会决议和中共中央、国务院《关于深化国有企业改革的指导意见》中所提的国有资产应由过去的“管资产”向今后的“管资本”转变，其思路还是一种传统计划经济时期的管事、截权、限权思维，因为无论是“管资产”，还是“管资本”，均是十分专业的经营问题，而这些正是政府及政府设立、授权的机构的短板，但选人、管人则是政府及政府设立、授权的机构完全可以做得到的，而且也是政府及政府设立、授权的机构的强项，因此，对公司制的国家出资企业，十分有必要实现由现在的“管资产”“管资本”向选人、管人转变。

（4）有利于构建规范的国家股所在公司内部治理机制。明确了国家直接投资与公司制国家出资企业的上述法律关系和权利（力）逻辑之后，把国家股董事代表定位为政府董事，更有利于处理好政府与公司制国家出资企业之间的关系，政府通过委任政府董事而非通过截留、限制企业事权的方式，使政府董事内化为公司董事会、经理机构的主要成员，从而实现政府对公司制国家出资企业的影响。而政府董事被委任到国家股所在公司后，其地位已不纯粹是国家股东代表，更非政府官员，而是国家股所在公司内部治理机构董事会和经理机构的核心成员，在保持其国家股权代表身份的同时，其处事思维、权利（力）范围、行权程序和表决方式，必须受公司法、公司章程的制约，政府董事的这一双重身份和职位内置化的制度安排，无疑有利于国家股所在公司内部治理结构的建立和公司内部权力规范、有序运行。

（5）有利于明确担任国家股董事代表的职位性质与法律责任。目前国有企业中最大的问题是其法定代表人、经营者的地位不明与权利（力）配置的严重失衡，这是导致国企领导人腐败、渎职的根本原因。如引入政府董事这一概念，则现有国企领导人，对国家而言，是代表国家股东的政府董事；对公司而言，则为接受股东（大）会授权的董事会核心成员和公司的决策者、经营者。政府董事这一双重代理的身份，使其既应对国家、政府尽谨慎代理之职；也应对公司和其他股东尽善良管理义务，无论哪一方面的违法、渎职、擅权、贪腐，均属未尽代理之职或滥用代理权，无论是给国家股权还是对公司、其他股东造成损失，均须对国家、政府、公司、其他股东负损害赔偿责任。如果在民事上对政府董事、也就是对国企领导人既授予明晰的权利（力），又明确其具体的职责、责任范围，则完全可以把政府董事进而国企领导人之违法、渎职、擅权、贪腐行为压缩至最低程度。很显然，引入政府董事这一概念并对其在制度上进行通盘设计，有利于根本改变现有某些国企领导人违法、渎职、擅权、贪腐这一民众、社会严重不满而党、政府又苦无良策的制度困境。

（二）政府董事的分类

既然政府董事是国家股董事、内部董事，则可按其是否在公司经理机构中任职，分为政府执行董事和政府非执行董事。

（1）政府执行董事。政府执行董事是政府委任到国家股所在公司董事会任职董事之外、还在公司经理机构任职并具体执行公司营业事务的董事。典型的如政府董事兼任公司董事长、总经理、副总经理、部门经理、分公司经理或财务负责人等。

（2）政府非执行董事。政府非执行董事是政府委任到国家股所在公司董事会任职董事之外、不再在公司经理机构任职或具体执行公司营业事务的董事。政府非执行董事虽然不具体执行公司营业事务，但因为是公司董事会的当然成员，有权并应当出席董事会会议且行使表决权，事实上对公司经营决策的作出会产生不同程度的影响。

三、政府董事的法律地位与制度功能

（一）政府董事的法律地位

政府董事的法律定位，应从两个视角去考察，其一，必须从国家直接投资的角度，把政府董事定义为国家股东董事代表；其二，应从公司内部治理和委托经营的角度，把政府董事界定为国家股所在公司董事会的主要成员，接受包括国家股东在内的全体股东共同委托，对公司重要经营事项进行决策，并在董事会的授权下执行公司营业事务。不难看出，政府董事具有既代理国家股东利益、又代理国家股所在公司利益的双重代理人地位。

1. 政府董事是国家股权代表人

从本质意义上讲，政府董事是国家股董事代表，只是因为国家出资的职能是由政府及政府设立、授权的机构来具体履行和组织实施的，其董事也就由政府代表国家进行委任。因此，政府董事实质上就是国家股董事代表，更直接体现着政府与董事之间的委任关系。但即使如此，政府董事与国家、政府之间的关系，不是公权力意义上的上级与下级、机构与成员的隶属关系，而是一种基于国家直接投资而形成的国家股权和依据特别委托授权契约（委任书）而产生的国家股权委托与代理关系，是一种典型的商事契约和股权代理关系。

2. 政府董事是国家股所在公司董事会的成员

需要特别强调的是，政府董事虽然可以由政府官员担任，但在担任政府董事的任职期间，则已不是特定行政机构职位上的官员，而是被派驻国家股所在公司董事会的董事成员，他们和公司股东（大）会选举产生的非国家股董事、公司聘请的独立董事、职工代表大会选举的职工董事，共同组成国家股所在公司的董事会。政府董事虽然具有国家、政府出资的背景，其理所当然要代表国家股权的利益，维护国家股权的权益；但是，政府董事一旦进入公司董事会，所接受的是公司和全体股东的委托，所代表的就不仅仅是国家股权的利益，而应是公司和全体股东的利益，其在董事会的表决行为和经理机构的事务性工作，就应当遵循公司利益和全体股东利益最大化原则，严格按照法律、行政法规、公司章程和特别委托契约所规定的权限范围、规范程序、行事方式，履行其忠实于公司利益、勤勉于公司事务的义务。因此，相对于公司、公司全体股东而言，政府董事仅仅只是公司董事会成员，其职位和职责决定了他们同时属于公司的代理人。

（二）政府董事的制度功能

政府董事的上述法律地位，决定了其制度功能为双重代表或者代理。

1. 作为国家股权代表人代理国家股东行使、维护国家股权各种权利或权益

国家股权是国家直接投资后在公司制国家出资企业中的财产、资产、权益转换形式，其权利的标的已不是原来、具体的财产或资产，而是表现为一定资本份额、并按照此资本份额享有对公司的内部参与、资本表决、被推选为公司内部常设治理机构成员（如董事、监事）、执行公司事务（如经理、财务负责人）、按照资本份额分取公司利润以及其他一系列权利。与自然人投资人（股东）不同的是，国家股东、法人股东均须通过委任特定自然人代表，代理其行使所持有的股权。对国家这一特殊股东而言，其股权的代理人就是笔者所主张设立的国家股监事代表和国家股董事代表（即政府董事），他们均是国家股东的自然人代表，其中国家股监事代表所代理行使的是国家股东的监督性权利（力）；而政府董事，所行使的是国家股东实质性地参与、决策、执行公司内部事务的权利，具体表现为参与公司经营决策的表决、公司日常事务的执行、对外营业交易的代理和国家股权利润的分享等。

2. 作为公司代理人受托决策公司重大经营事项、执行营业事务

政府董事自其正式任职公司董事会之后，其身份和地位就具有双重性，但董事职位决定其接受公司和全体股东的委托后，就必须依照法律（公司法和国有企业特别法）、行政法规、公司章程和特别委托契约所规定的组织构架、权限范围、会议程序、议事规则、表决方式、行事程式，正当地、谨慎地行使其表决权、决策权、执行权和代理权，理性地、妥当地对公司经营事项进行决策，努力提高公司的管理效益和市场竞争力，使公司生产、经营的收益达到最大化。

四、政府董事的基本职能和主要任务

（一）政府董事的基本职能

在我国现有关于国有企业董事会的规范性文件中，只有国务院国资委2004年6月7日发布的《关于国有独资公司董事会建设的指导意见（试行）》（国资发改革［2004］229号）、2009年3月20日下发的《董事会试点中央企业董事会规范运作暂行办法》（国资发改革［2009］45号）、2009

年10月13日印发的《董事会试点中央企业专职外部董事管理办法（试行）》等部门规章中，涉及具有政府董事性质的专职外部董事的委任、产生与聘请，但对处于政府董事地位的专职外部董事之职能则没有更为具体的规定。

笔者认为，政府董事的基本职能应从两个方面来分析：一是作为国家股权代表的政府董事所应当负有的基本职能；二是作为国家股所在公司董事会成员的政府董事所应当负有的基本职能。但不管从哪一角度来分析，政府董事只能是一个个体，而政府董事只有借助于董事会，才能发挥其应有的制度功能，因此，确定政府董事的基本职能，就必须结合董事会来进行综合考察：

（1）股权代理职能。即代表国家股东参与公司内部事务，行使由国家股东应当行使的各项股东权利，维护国家股权的合法权益。

（2）受托经营职能。政府董事虽由政府委任，但除国有独资公司外，须经公司内部股东（大）会选举、表决等法定程序后，方可任职；即使如国有独资公司，政府董事的委任无须公司内部确认程序，但唯有和职工董事、其他外部董事一起，在董事会的机制下才可正式履行职务或开展工作。因此政府董事与公司、公司全体股东的关系就是一种委托经营关系，政府董事是最主要的受托经营者，接受公司与全体股东的委托，借助董事会与经理机构负责公司的经营管理。

（3）参与决策职能。公司董事会最为重要的职能就是对公司经营事务进行决策，政府董事作为国家股所在公司董事会最为重要的成员，其参加董事会会议并谨慎地行使表决权，使董事会作出合理、妥当、有效的各种投资、经营和交易决策，形成各种有利于公司利润、股东利益最大化的经营方略。

（4）交易代理职能。政府董事中的执行董事如董事长、总经理，在法律、公司章程和董事会授权的范围内，代表公司对外开展营业活动，与其他商事主体进行交易。

(二)政府董事的主要任务

政府董事的主要任务应是通过经常性的内部参与，保证国家股所在公司经营决策的正确、理性和管理效益的最大、最优，通过确保公司收益、利润的最大化以实现国有资产、国家股权的保值、增值。

五、政府董事的分级委任与任职

(一)已有国有企业国家股董事委任的评价

现行国有企业中没有典型的国家股董事，类似于国家股董事的是专职外部董事，且均设置为非执行董事。此外，专职外部董事的任免和委派权也是由政府设立、授权的履行国家出资人职责的机构分别行使，如国资委、财政部门、国有资产经营公司等，只有极少数企业是政府直接委任的。《企业国有资产法》（2008 年）第 22 条也只涉及有关国有独资公司、国有资本控股公司、国有资本参股公司董事长、副董事长、董事的任免或者建议任免，即履行出资人职责的机构依照法律、行政法规以及企业章程的规定，任免国有独资公司的董事长、副董事长、董事，向国有资本控股公司、国有资本参股公司的股东会、股东大会提出董事人选；但此处所规定的董事到底是国家股董事还是一般公司的董事，则不甚清楚①；而根据国务院国资委 2010 年在中央国家出资企业大力推行的董事会规范与试点工作中对其委任董事的界定，如国务院国资委《董事会试点中央企业专职外部董事管理办法（试行）》（2009 年）第 12 ~ 14 条规定，则可推定现行国务院国资委所委任的董事即为非执行的专职外部董事。

由于中央或地方国家出资企业有相当部分尚不属于国务院、地方政府国资委管辖，特别如金融类的中央国家出资企业，基本上是由财政部、银监会代表国务院履行其出资人职责，并负责对国家股董事代表的委任与派出。足见，既有国家股董事代表的任命或委派，存在着国家股董事代表定位模糊、委任主体不统一、委任程序不规范等诸多值得改进的地方。考虑到短时期内，我国金融类国家出资企业划归国务院、地方政府国资委管辖的可能比较少，因此，为统一任命程序和委派流程，规范国家股董事代表的任命、委派权限，笔者建议以后到中央、地方国有独资公司、国有资本控股公司、国有资本参股公司中董事会任职的国家股董事代表，应在现行由国务院、地方政府或国务院国资委、财政部等机构以任命、委派等方式上作必要的、适当的改革，即应从构建全新的政府董事制度入手，按照中央与地方的分级代表权

---

① 《中华人民共和国企业国有资产法》（2008 年）第 22 条。

限，由国务院与地方政府（一般限于省、地或市两级）分级委任。（1）统一国家股董事代表的名称。即所有到国务院、地方政府出资企业中任职的国家股董事代表，统一改称为政府董事或政府董事代表。（2）统一政府董事任命主体和权限。即所有中央、地方国家出资企业的政府董事，统一以国务院或地方政府的名义进行任命或委派。（3）规范委任流程。即先由国务院、地方政府国资委、财政部门或其他授权的部门、机构进行公开招聘、考察、提名人选，然后提请国务院或地方政府以常务会决议形式作出决定，并以国务院或地方政府的名义进行统一任命或委派。

（二）政府董事的分级委任

政府董事应按照中央与地方投资的限定领域和管辖范围，由中央与地方分级委任。

1. 中央国家直接出资企业中政府董事的委任与职位数

首先由国务院国资委、财政部或其他授权的部门、机构提名到特定中央国有独资公司、国有控股公司、国家参股公司拟任政府董事的人选，国务院以常务会议表决的方式，进行任命或委派，并进行公告。

中央国家直接出资企业中政府董事以每家国有独资公司或国有资本控股公司5名为限，其中政府非执行董事3人，政府执行董事2人，政府执行董事中1人作为中央企业董事长，1人出任总经理，被派驻的中央企业应当为政府执行董事配备足够的辅助工作人员。如把中央国家出资企业数量控制在30～50家的话，则由国务院负责委任的政府董事人数为150～200人，从管理的对象和绩效来看，是完全可以做到的。

2. 地方政府直接出资企业中政府董事的委任

首先由地方政府国有资产监督管理机构、财政部门或其他授权的部门、机构提名到特定地方国有独资公司、国有控股公司、国家参股公司拟任政府董事的人选，地方政府以常务会议表决的方式，进行任命或委派，并进行公告。

地方政府出资企业中政府董事以每家国有独资公司或国有资本控股公司5名为限，其中政府非执行董事3人，政府执行董事2人，政府执行董事中1人作为地方政府出资企业董事长，1人出任总经理，被派驻的地方政府企业应当为政府执行董事配备足够的辅助工作人员。如果通过改组把省级地方政府出资企业数量控制在10～15家的话，则由省级政府负责委任的政府董事人数为50～75人，从管理的对象和绩效来看，是完全可以做到的。至于市（地）级政府如果只有3～5家公用事业类国有企业的话，则市（地）级政府负责委任的政府董事人数则为15～25人，其管理对象更加纯粹，管理起来就更具针对性和有效性。

（三）政府董事的任职与工作机构

被任命或委派的政府董事人选，在国有独资公司内部，依照《公司法》和国有企业特别法的程序，则可直接到董事会任职；在国有控股公司或国家参股公司内部，则经股东（大）会进行必要的选举或表决程序后，到董事会任职。

被任命或委派的政府董事，与特定国有独资公司、国有控股公司内部股东（大）会产生的非国家股董事代表、职工代表大会或代表会议所产生的职工董事代表或其他方式所产生董事代表（如上市公司的独立董事）组成公司董事会（以9人为限）。政府董事作为公司制国家出资企业董事会的当然成员或经理机构的主要负责人（如总经理、财务负责人等），和其他非国家股股东董事、职工董事、独立董事，利用董事会这一决策机构或经理这一经营事务性机构，依法在授权范围内，对公司制国家出资企业进行独立的经营、管理和资本运营。

国有独资公司、国有控股公司的政府董事，通过行使董事职权和履行董事职责，利用董事会这一公司常设机构，选择公司的职业经理人到公司经理机构中任职，授权其负责国有独资公司、国有控股公司的经营管理和资本营运，并对其经营管理和资本营运进行代理监督。

（四）政府董事内部的适度分工

笔者认为，在5名政府董事中，按照其职能的需要，之所以要设置为3名政府非执行董事和2名政府执行董事，是使政府非执行董事和政府执行董事相互之间有适当的分工，其中政府非执行董事主要侧重于公司经营决策，而政府执行董事则侧重于公司的经营管理。在董事会闭会期间，政府执行董事应与政府非执行董事保持经常性的联系，以沟通信息，并接受政府非执行董事的质询与监督。在涉及重要问题产生争议时，政府董事之间可以通过协商或表决等方式，作出初步决议。政府董事的职位、职数、职能、分工作如此定位，既能明确其国家股权代表的职责，又能在适度分工中彰显出政府非执行董事和政府执行董事的不同价值和功能，并达到既相互配合又有一定程度的制约、监督效应。

六、结论

在国家直接投资情形下，政府董事作为国家股权的代表，由政府直接委任到公司制国家出资企业的董事会中任职，为典型的公司股东董事和内部董事。政府董事虽然为政府委任，但其法律身份却为具私权意义的国家股股权代表人与公司受托经营者，而非具行政隶属关系的政府官员。政府董事概念的提出与性质、边界的厘清，对表征、明确国家直接投资与国家出资企业的法律关系、国家股董事代表的身份、国家股所在公司的真正权源、国家股所在公司内部治理机制的规范构建、国家股董事代表的职位性质与法律责任，具有正本清源的基础意义。通过统一政府董事任命主体、控制委任权限、规范委任流程，由国务院或地方政府分别对中央或地方国家出资企业的政府董事进行分级的统一任命或委派，并把政府董事分设为政府非执行董事和政府执行董事两类，使其相互之间既有适当的分工、配合，又能产生一定程度的制约、监督效应。这样，以政府董事为中心，结合其他非国家股董事、职工董事、独立董事共同组成公司制国家出资企业的董事会，依照公司法、国有企业特别法、公司章程和特别授权契约所规定的组织构架、权限范围、会议程序、议事规则、表决方式、行事程式，再结合严格的企业内部监督制度和政府董事经常性的工作报告制度，公司制国家出资企业的内部治理结构才可按照既合乎资本权源逻辑、又适应现代企业竞争的要求而规范地建立起来。

论共同代理*

汪渊智　赵　博**

【摘要】共同代理是两个以上的代理人共同行使一项代理权的代理，不仅适用于意定代理，也可适用于法定代理。在代理人为数人时，如果法律没有特别规定或者当事人没有明确约定时，在法定代理下应推定为共同代理，在意定代理下应推定为单独代理。共同代理权的行使应由共同代理人一致的意思表示为之，但在消极代理时例外。共同代理必须由数个代理人共同行使代理权，若其中一个代理人单独行使代理权的，构成无权代理；数个代理人共同行使代理权给他人造成损害的，应由行为人承担连带责任。

【关键词】代理；复数代理；共同代理；连带责任

代理依其代理人数是否为二人以上，可分为单独代理与复数代理两种，前者是代理人为一人的情形，后者是代理人为数人的情形。在后者，又以数个代理人所行使的代理权是否为一个代理权，可分为集合代理与共同代理。其中，集合代理为数个代理人各自拥有自己独立的代理权，每个代理人均可独立实施代理行为；共同代理为数个代理人共同拥有一项代理权，并且必须共同实施代理行为。共同代理不仅具有复数代理中汇聚贤才、各尽所能的共同优点，而且自身还具有集思广益、避免专擅的独特优点，因而在各国的立法中普遍对此作了明确规定。我国《民法通则》未对共同代理作出任何规定，但在司法实践中承认共同代理。最高人民法院《关于贯彻执行〈中华人民共和国民法通则〉若干问题的意见（试行）》第79条第1款规定："数个委托代理人共同行使代理权的，如果其中一人或者数人未与其他委托代理人

---

* 本文为汪渊智主持的2013年国家社科基金项目"我国民法典总则中代理制度立法研究"（13BFX086）的阶段性成果。

** 汪渊智，山西大学法学院教授，主要研究方向为民商法；赵博，山西大学法学院2014级民商法专业硕士研究生。

协商，所实施的行为侵害被代理人权益的，由实施行为的委托代理人承担民事责任。”但是这一规定也存在诸多问题，例如，未明确共同代理的概念，将共同代理仅局限在委托代理之内，对共同代理人中的一人或数人擅自行使代理行为侵害被代理人权益的责任进行了规定，但是未对该代理行为的法律后果进行规定，司法解释的效力层次低，等等。鉴于上述问题，有必要在理论上给予深入研究，以便为我国民法典总则中明确规定共同代理制度提供参考。

一、共同代理的含义与特征

所谓共同代理，属于复数代理之一种，是指两个以上的代理人共同行使一项代理权的代理。构成共同代理的要件是：第一，须有数个代理人，若只有一个代理人则为单独代理，而非共同代理；第二，须只有一个代理权，如果数个代理人有数个代理权，此乃集合代理，亦非共同代理；第三，须数个代理人共同行使一个代理权，如果可以各自单独行使时，亦为单独代理，而非共同代理。此之所谓共同行使，是指代理权平等地属于数个代理人，由数个代理人共同享有，只有经过全体代理人的同意，才能行使代理权。如果其中一个代理人未经其他代理人的同意而擅自行使代理权，均属于逾越权限的无权代理，该代理行为无效。共同代理可以有效防止各代理人之专擅，也可以免去各代理人间之矛盾，对于被代理人更有利。正是从这一意义上讲，共同代理是对代理权的限制。

共同代理是与单独代理相对的概念。单独代理是代理制度中常见的代理形式，具体指被代理人将代理权授予一个代理人，并由该代理人单独实施代理行为的代理。共同代理与单独代理的区别在于：共同代理须有两个以上的代理人，而单独代理的代理人只能为一人；共同代理中，各代理人相互之间对外具有连带性，而单独代理因只有一个代理人，不存在对外的连带性；共同代理要求数个代理人共同行使代理权，目的在于制约代理人滥用代理权，以避免侵害被代理人的利益，而单独代理下代理人可以独立行使代理权，目的在于发挥代理人的优势，灵活决定代理事项，以便提高代理的效率。

共同代理也不同于集合代理。在复数代理中，被代理人虽然同时委托数人为其代理人，但是各个代理人各自都被授予独立的代理权，他们相互之间的关系也是独立的，这种情况仅仅是数个单独代理的集合，所以又被称为集合代理。从代理人数来讲，集合代理和共同代理都有两个以上的代理人，但二者的区别在于：集合代理中，数个代理人分别享有自己的代理权，而在共同代理中，数个代理人共同享有一项代理权；集合代理中，代理人各自独立行使自己的代理权，无须征得其他代理人的同意，而在共同代理中，行使代理权必须由各代理人形成共同的意思，否则属于无权代理；集合代理中的各个代理人对内、对外均为独立的代理人，相互之间不存在连带性，但是在共同代理中，由于代理行为实施的共同性，决定了数个代理人相互之间对外具有连带性。

二、共同代理的适用范围

共同代理，可以是法律的明确规定，也可以是本人的授权表示，实践中以后者居多。通常情况下，特别代理以共同代理的方法、概括代理以单独代理的方法进行。此外，共同代理可以适用于法定代理，也可以适用于意定代理。如《日本民法典》第818条第3项规定："父母于婚姻中，亲权由父母共同行使。"①《意大利民法典》第316条规定："子女在成年以前或者解除亲权以前处于亲权之下，亲权由父母双方协商行使。"②《德国民法典》第1627条规定："父母必须以自己的责任并彼此一致地为子女最佳利益进行父母照顾。在意见不一致的情况下，父母必须力求达成一致。"③ 这些都是关于法定共同代理的规定。《瑞士债法典》第460条第2款规定："经理权可以授予数个人共同行使，未与约定的其他经理人合作的单个经理人的行为对委托人不具有拘束力"。④ 我国台湾地区"民法典"第556条规定："商号得授权于数经理人。但经理人中有二人之签名者，对于商号即生效力。"此即意定代理权的共同行使。最高人民法院《关于贯彻执行〈中华人民共和国民法通则〉若干问题的意见（试行）》第79条第1款规定："数个委托代理人共同行使代理权的，如果其中一人或者数人未与其他委托代理人协商，所实施的行为侵害被代理人权益的，由实施行为的委托代理人承担民事责任。"该条

① 王书江译：《日本民法典》，中国人民公安大学出版社1999年版，第144页。

② 费安玲、丁玫译：《意大利民法典》，中国政法大学出版社1997年版，第92页。

③ 陈卫佐译：《德国民法典》（第四版），法律出版社2015年版，第504页。

④ 吴兆祥、石佳友、孙淑妍译：《瑞士债法典》，法律出版社2002年版，第143页。

规定表明，我国法院在司法实践中承认了共同代理可以适用于意定代理，至于是否可以适用于法定代理，虽无明确规定，但在解释上应当允许。因为在法定代理中，被代理人或者是未成年人，或者是心智不健全者，需要对其利益给予特殊的保护，设定数人代理其处理相关事务，主要目的在于促使数个法定代理人共同关照和维护被代理人，防止代理人独断专行损害被代理人的利益，因而法定代理与意定代理相比，更适用共同代理。

三、共同代理的认定

在复数代理时，究竟是单独代理还是共同代理，对于代理人、被代理人以及相对人的权利与义务都有很大的影响，如果对此问题既无被代理人明确的授权意思，也没有法律的直接规定，就存在一个是否为共同代理的认定问题。对此，无论是立法还是学说判例一直存在争议，未能作出统一的规定或者形成一致的认识。本文认为，是否为共同代理，不能一概而论，应当区分法定代理和意定代理进行分别认定。

（一）法定代理下应推定为共同代理

在法定代理下，如果代理人有数人时，每个代理人是单独行使代理权，还是与其他代理人共同行使代理权，通常由法律直接作出规定，但有时法律未作出明确的规定或者不便作出具体规定时，在实践中应当如何确定不无问题。法定代理中，主要是监护人的代理、财产代管人的代理、遗嘱执行人的代理以及家事代理等，其中家事代理是夫妻相互之间为了日常生活的方便所产生的代理，由于此种代理仅限于夫妻相互之间，因而不存在共同代理的问题。只有监护人的代理、财产代管人的代理、遗嘱执行人的代理才有可能出现代理人为数人的情形，此时会存在是否为共同代理的问题。由于这些代理，或者是为了弥补未成年人或心智障碍者行为能力的不足而建立，或者是为了处理特定情形下的财产管理事务而建立，在本质上都是对意思自治的补充，其目的主要是为了维护被代理人的财产利益，因而如果存在数个代理人时，除非存在紧急情况，一般应当推定为共同代理，以防止代理人的专擅，损害被代理人的利益。换言之，在法定代理下，代理人有数人时，通常应推定为共同代理，只有在紧急情况下才可以单独行使代理权。此之所谓紧急情况，是指由于其他代理人因急病或通讯中断等特殊原因，无法取得联系，或者情况紧急来不及相互联系的情形。不过，如果共同代理人之间无法形成一致的意见时，应当按照最有利于被代理人利益的意见决定。对此，我国台湾地区“民法典”第1089条规定：“对于未成年子女之权利义务，除法律另有规定外，由父母共同行使或负担之。父母之一方不能行使权利时，由他方行使之。父母不能共同负担义务时，由有能力者负担之。父母对于未成年子女重大事项权利之行使意思不一致时，得请求法院依子女之最佳利益酌定之。法院为前项裁判前，应听取未成年子女、主管机关或社会福利机构之意见。”这一规定无疑是正确的。

（二）意定代理下应推定为单独代理

在意定代理下，如果代理人为数人时，通常由被代理人在授权意思表示中确定是单独代理还是共同代理，如果没有作出表示或者意思表示不明确时，同时法律对之也没有明确规定，那么在实践中究竟应该认定为共同代理还是单独代理，各国的立法体例以及学界的认识并不一致。

1. 各国的立法例

从各国的代理立法来看，主要有两种体例：

一是推定为单独代理。如，依照《法国民法典》第1857条的规定：“合伙事务执行者有数人时，只有在合伙契约另有规定时，始为共同代理。”《意大利民法典》第1716条第2款规定：“如果在委任没有申明诸受任人共同进行活动的情况下，他们中的每一人均得完成该事项。在该情形下，被告知结果的委任人应当立即通知其他委任人；在没有立即通知的情况下，委任人要承担因疏忽或迟延而导致的损害赔偿责任。”①《荷兰民法典》第三编第65条规定：“除另有规定外，代理权被一并授予两个或两个以上的人的，每个代理人均有权独立实施代理行为。”②《马耳他民法典》第1877条第2款规定：“除非委任人已经明确命令受任人未与其他人一起不得单独行事，或者委任人已经通过其他方式明确规定了受任人各自的义务，否则，各受任人均得有效执行委任而无须其他受任人的同意，或者即使其他受任人反对，亦得为之。”③《巴西民法典》第672条规定：“在同一文件里任命了两个以上的

① 费安玲、丁玫译：《意大利民法典》，中国政法大学出版社1997年版，第442页。

② 王卫国主译：《荷兰民法典》（第3、5、6编），中国政法大学出版社2006年版，第29页。

③ 李飞译：《马耳他民法典》，厦门大学出版社2012年版，第383页。

受托人的，如他们没有明确地宣布为共同委托，也没有按人分派不同的委托事宜，也没有指定某人先执行委托，另一人后执行委托，他们中的任一人都能行使被授予的权力。”① 《欧洲民法典草案》在第2－6：110条也规定：“数个代理人有代理权限为本人为法律行为的，得单独为法律行为。”②

二是推定为共同代理。如《奥地利普通民法典》第1011条规定：“如果多个受托人被同时委托处理一项事务，则法律行为的有效和委托人的义务都以所有受托人的共同行为为必要，但在委托书中明示地给予其中一个或数个受托人完全代理权的除外。”③《瑞士债法典》第403条第2款规定：“数人接受一个委任的，数个受任人应当承担连带责任，只有他们共同的行为对委任人有约束力，但他们依授权派代表对第三人行为的除外。”④ 《埃及民法典》第707条规定：“如数个代理人由同一合同任命且未被授权分别实施委任，他们应共同实施行为，但受领给付或履行债务等不需要交换意见的行为，不在此限。”⑤《阿根廷共和国民法典》第1900条规定：“为使所有被指定者或其中某些人共同行动而为指定的，委托不得被分别承诺。”⑥ 我国台湾地区“民法典”第168条也作出了类似的规定，“代理人有数人者，其代理行为应共同为之。但法律另有规定或本人另有意思表示者，不在此限。”

2. 学界的认识

从学界的认识来看，也有两种态度：

一是认为应推定为单独代理。例如，日本有学者认为，“代理人有数人时，是共同代理还是单独代理，依法律规定或者授权契约的解释而定。一般应认为是单独代理。”⑦ 我国有学者赞同此种观点，如中国社会科学院民法典立法研究课题组草拟的《民法总则（建议稿）》第217条规定：“代理人为数人的，每个代理人都可以单独实施代理行为，但是当事人另有约定或者法律另有规定的除外”。⑧ 又如，厦门大学徐国栋教授主持起草的《绿色民

---

① 齐云译：《巴西民法典》，中国法制出版社2009年版，第95页。

② 欧洲民法典研究组、欧盟现行私法研究组：《欧洲民法典草案：欧洲私法的原则、定义和示范规则》，高圣平译，中国人民大学出版社2012年版，第173～174页。

③ 周友军、杨垠红译：《奥地利普通民法典（2012年7月25日修改）》，清华大学出版社2013年版，第166～167页。

④ 吴兆祥、石佳友、孙淑妍译：《瑞士债法典》，法律出版社2002年版，第126页。

⑤ 黄文煌译：《埃及民法典》，厦门大学出版社2008年版，第111页。

⑥ 徐涤宇译注：《最新阿根廷共和国民法典》，法律出版社2007年版，第416页。

⑦ 【日】我妻荣：《新订民法总则》，于敏译，中国法制出版社2008年版，第319页。

⑧ 中国法学网：http：//www. iolaw. org. cn/showNews. aspx？id =49193，登录时间：2016年3月6日。

法典草案》“序编”第224条规定：“如果有多个代理人而未指明他们应共同行动，他们中的任何人都可分别实施代理。”①

二是认为应推定为共同代理。例如，由中国法学会民法典编纂项目领导小组和中国民法学研究会草拟的《中华人民共和国民法典·民法总则专家建议稿（提交稿）》第156条规定：“代理人为数人的，除非法律另有规定或者被代理人表示相反的意思，代理人应当共同实施代理行为”。② 梁慧星教授主持草拟的《中国民法典草案建议稿（总则编）》第179条规定：“数个代理人同时为同一被代理人的利益而分别行使同一代理权时，代理人可以单独实施代理行为。数个代理人共同行使一个代理权时，代理人应当共同实施代理行为，但法律另有规定或被代理人另有表示的除外。”③ 又如，北京航空航天大学龙卫球教授主持草拟的《中华人民共和国民法典·通则编（草案建议稿）》第184条规定：“就同一代理事项有数个代理人的，代理人应当共同作出意思表示，但法律另有规定或者被代理人另有意思表示的除外。违反前款规定单独作出意思表示的，构成超越代理权。”④

本文赞成第一种观点，即在共同代理权授予并不明确时，应推定为单独代理，因为：第一，在意定代理中，存在数个代理人时，共同代理的成立应以被代理人明确表示授予共同代理权为其成立基础，若无被代理人的明确表示，由法律强制规定为共同代理，则会导致被代理人的意愿得不到尊重，从而面临权益被侵害的风险；第二，共同代理有可能在一定程度上使得数个代理人之间发生矛盾，从而降低代理效率；第三，意定代理的实质是扩张行为人的意志自由，主要目的在于使其代理人能够放开手脚，充分发挥其聪明才智和社会资源的作用，灵活处理代理事务，如果在约定不明时推定为共同代理，无疑不利于行为人利用代理制度积极创造财富。

四、共同代理行为的实施

共同代理须以数个代理人共同行使同一代理权为要件，这是共同代理区

① 徐国栋主编：《绿色民法典草案》，社会科学文献出版社2004年版，第34页。

② 中国民商法律网：http：//www. civillaw. com. cn/zt/t/？30198，登录时间：2016年3月6日。

③ 梁慧星主编：《中国民法典草案建议稿附理由·总则编》，法律出版社2013年版，第339页。

④ 中国法学创新网：http：//lawinnovation. com/html/xjdt/15061_ 2. shtml，登录时间：2016年3月6日。

分于其他复数代理的关键。此之所谓共同行使，“是指代理权平等地属于数个代理人，由数个代理人共同享有，只有经过全体代理人同意，才能行使代理权”。[①] 可见，共同行使应以数个代理人共同一致的意思表示为之，换言之，只有数个代理人形成一致的意思表示，才为“共同行使”。理解共同行使需要注意以下几个问题：

（1）代理分为积极代理和消极代理，积极代理又称主动代理，是代理人代被代理人作出意思表示的代理；相应的，若代理人仅仅代被代理人受领意思表示，则是消极代理。共同代理的宗旨是要求数个代理人积极地为意思表示，以防止专擅，所以共同代理应当止于积极代理，如果消极地受领意思表示也要求必须是共同受领，未免会产生许多不便，不仅增加交易成本、降低效率，而且还会不适当地增加代理人的负担。所以，有学者认为，“所有的共同代理都适用这样的规则，即任何一个共同代理人都有权接受意思表示，即进行消极代理”[②] “在共同代理中，每个代理人都有权自己受领第三人所作出的意思表示”。[③] 除了受领意思表示外，那些无须交换意见的行为也可以单独实施，无须共同为之，例如《埃及民法典》第707条第2款规定：“如数个代理人由同一合同任命且未被授权分别实施委任，他们应共同实施行为，但受领给付或履行债务等不需要交换意见的行为，不在此限。”[④]

（2）共同代理中的代理行为须数个代理人共同为之，并不意味着须数个代理人同时为之，先后为之也可。也就是说，当数个代理人先后作出构成代理行为的意思表示且这些意思表示一致时，最后一个意思表示生效的时间，即为代理行为发生效力之时。在这种情况下，“共同代理人单独作出的表示构成整体法律行为的一部分”。[⑤]

（3）若数个代理人之间已经订立内部协议，达成一致的意思表示，然后由全体共同代理人推举其中一人作为代表对外行使代理权，该代理行为是否属于此处之“共同行使”，存在肯定说和否定说两种观点。[⑥] 本文赞成肯定说。因为，若采否定说，严格按照“共同”之字面含义，仅仅是刻板地对共同代理概念进行理解，有教条主义之嫌。在这种情况下，既然数个代理人之

① 汪渊智：《代理法论》，北京大学出版社2015年版，第243页。

② 【德】卡尔·拉伦茨：《德国民法通论》，王晓晔、邵建东等译，法律出版社第2013年版，第837页。

③ 【德】维尔纳·弗卢梅：《法律行为论》，迟颖译，法律出版社2013年版，第935页。

④ 黄文煌译：《埃及民法典》，厦门大学出版社2008年版，第111页。

⑤ 【德】维尔纳·弗卢梅：《法律行为论》，迟颖译，法律出版社2013年版，第932页。

⑥ 王泽鉴：《债法原理》，北京大学出版社2013年版，第285页。

间已经形成一致的意思表示，那么推举出的人仅仅是传达该意思表示而已，当然不影响共同代理行为的成立及生效。

（4）若享有共同代理权的数个代理人一致同意授权其中一名代理人单独实施代理行为，是否属于“共同行使”呢？这的确是一个值得讨论的问题。德国法学界多采肯定说，例如，弗卢梅认为，“当下人们已经承认，在所有共同代理的情形中，享有共同代理权的人可以授权其中一名共同代理人单独实施行为”[①]。《德国商法典》第125条第2款规定：“在公司合同中可以规定，全体或数名股东只应有权以共同方式代表公司（共同代表）。有共同代表权的股东可以授权其中的各个人实施一定的业务或一定种类的业务。应向公司作出意思表示的，向有权共同代表的股东中的一人作出即可”。[②] 本文认为这种观点值得商榷。首先，如果允许数个共同代理人授权其中一名代理人实施代理行为，本质上还是单独代理，已经不属于“共同行使代理权限”；其次，被代理人之所以选择数个代理人为自己进行代理，或者是为了更大程度地利用各个代理人的优势，或者是希望各个代理人彼此之间进行监督以维护本人利益。总之，是为了使自己的利益得到最大程度的保护与实现，才采取共同代理这一手段。如果代理人将被代理人的此种考虑弃之不顾，委托其中一名代理人实施代理行为，无疑是对被代理人意愿的违背；最后，《德国商法典》之所以认可“有共同代表权的股东可以授权其中的各个人实施一定的业务或一定种类的业务”也属于共同代理，实际上是因为这些有共同代表权的股东同时也是被代理人。类似的情形还有合伙事务的执行，如果数个有合伙事务执行权的合伙人共同委托其中一人执行合伙事务，也同样符合共同代理，究其原因，是因为有合伙事务执行权的合伙人不仅是代理人，同时也是本人（或被代理人）。所以，除非被代理人同意，共同代理人授权其中一人为代理行为时，不构成共同代理，应为无权代理。

五、共同代理行为的效力

共同代理人在代理权限内共同实施代理行为的，该代理行为的效力直接归属于被代理人，此点与一般代理无异。有问题的是，由于共同代理强调必

① 【德】维尔纳·弗卢梅：《法律行为论》，迟颖译，法律出版社2013年版，第932页。

② 杜景林、卢谌译：《德国商法典》，法律出版社2010年版，第51页。

须是由数个代理人共同行使，因而凡是出现了制约共同行使的情形，都可能影响代理行为的效力，不产生代理的法律后果，这些情形主要有以下几种：

（1）共同代理权欠缺。共同代理是数人共享一个代理权，该代理权即为共同代理权。如果共同代理人没有代理权、超越代理权或者代理权终止之后以被代理人的名义实施代理行为的，就属于共同代理权欠缺的情形，应构成无权代理行为，此时只有经过被代理人的追认才能产生代理的效力。如果被代理人不予追认，在符合表见代理要件时，善意的行为相对人可以向被代理人主张表见代理责任。

（2）共同意思表示欠缺。共同代理要求数个代理人对于代理事项形成一致的意思，如果数个代理人中一人之意思表示因其意思欠缺、被欺诈、被胁迫或明知其事情或可得而知其事情，就说明共同意思表示有缺陷，该代理行为或者不成立，或者属于可撤销，或者属于无效的行为。

（3）代理人代理能力欠缺。数个意定代理人中有一人是无行为能力人时，该代理行为无效；数个法定代理人中有一人是限制行为能力人或者无行为能力人时，该代理行为无效。这是因为，在意定代理下，代理人无须具有完全行为能力，即使是限制行为能力人也可以担任代理人，但是代理人必须具备一定程度的理智和判断力，如果属于无行为能力人时，就无法进行理智的判断和正常的行为，当然就不能产生代理的后果；在法定代理下，由于法定代理人通常就是被代理人的监护人，只有完全行为能力的人才能正常履行监护职责，如果是限制行为能力人或者无行为能力人就难以胜任监护义务。

（4）代理人未能共同行使代理权。共同代理必须由数个代理人共同行使代理权，若其中一个代理人单独行使代理权，该行为的效力如何？本文认为，如果其中一个代理人未经其他代理人的同意而擅自行使代理权，均属于逾越权限的无权代理。只有当其他的共同代理人或者被代理人对该意思表示追认（同意）之后，该行为才对本人生效。该代理行为于其他所有共同代理人完成事后授权或事后追认时生效，且该生效溯及法律行为成立之时。若有一人对行为的实施加以反对，那么该代理行为的效力也会受到影响，成为无权代理。其他共同代理人的同意需要注意两个问题：第一，这样的同意不以必须向表示相对人作出为要件，只要同意向实施行为的共同代理人作出也可；[1] 第二，这种同意不以明示为要件，如果共同代理人已知其中一人所进行的单独代理行为而没有对之表示反对，那么这种默示也构成对行为的同

---

① 【德】维尔纳·弗卢梅：《法律行为论》，迟颖译，法律出版社2013年版，第933页。

意。当然，如果该行为既未得到其他共同代理人的同意，也未得到被代理人的追认，在符合表见代理的构成要件时，对被代理人也会产生表见代理的责任。不过，类似情形在日本有特殊规定，此即《日本民法典》第 825 条规定："于父母共同行使亲权情形，父母的一方，以共同名义代替子女实施法律行为或同意子女实施法律行为，其行为虽违反他方意思，亦不因此而妨碍其效力。但是，相对人系恶意者时，不在此限。"日本学者我妻荣认为，这一规定与《日本民法典》第 110 条关于表见代理的规定在效果上是完全一致的。①

六、共同代理人的责任

共同代理人的责任与一般代理人的责任无异，主要有两种情形的责任：一是对被代理人的责任，即共同代理行为构成无权代理，被代理人不予追认，在符合表见代理时，被代理人对善意第三人承担了表见代理责任后，有权向共同代理人追偿，此时便发生了共同代理人对被代理人的损害赔偿责任；二是对第三人的责任，即共同代理行为构成无权代理，不仅被代理人不予追认，而且也不构成表见代理，或者虽构成表见代理，但第三人不予主张，此时共同代理人应对善意第三人的损害负赔偿责任，此即无权共同代理人对第三人的责任。

由于共同代理中存在数个代理人，如果责任人为共同代理人中的一人时，由其承担单独责任；如果责任人为共同代理人中的数人时，对外是否承担连带责任，各国立法不尽统一，主要有两种立法模式：

（1）承担连带责任。此种立法模式规定，共同代理人基于共同过错应承担连带责任。例如，《埃及民法典》第 707 条规定："代理人为数人的，如代理不可分或委任人遭受的损害是由于他们共同的过错引起的，他们应承担连带责任。但承担连带责任的各代理人，对其共同代理人超越权限或滥用其代理权的行为，不承担责任。"

（2）不承担连带责任。此种立法模式规定，除非当事人有明确约定，否则不承担连带责任。例如，《法国民法典》第 1995 条规定："用同一委托书

① 【日】我妻荣：《新订民法总则》，于敏译，中国法制出版社 2008 年版，第 348 页。

选任数个经授权的人或受委托人（代理人），仅在有明文规定他们负连带责任时，各受委托人（代理人）相互间始负连带责任。”《菲律宾民法典》第1894条规定：“没有明确约定连带责任的，两个或多个代理人即使被同时选任，其责任也不具有连带性。”《马耳他民法典》第1877条规定：“在同一文书中指定数个代理人或受任人的，他们并不承担连带责任，但明确约定如此的除外。”类似的规定还有西班牙民法典、阿根廷共和国民法典、路易斯安那州民法典等。①

上述两种立法模式，各有利弊。第一种模式中，基于共同代理人的共同过错规定承担连带责任具有合理性，但其不足之处是规定过错责任的归责原则将加重受害人的举证负担，导致获得救济的难度增加；第二种模式中，一方面笼统地规定复数代理责任，未能区分集合代理责任和共同代理责任，另一方面除了当事人的预先约定外，一律不允许承担连带责任也是错误的。因为在复数代理中，如果是集合代理，仅仅是单独代理的集合，每个人只对自己的行为负责，不存在连带责任的问题，但如果是共同代理，当数个代理人共同实施了有损被代理人或第三人利益的行为时，基于行为的共同性应当承担连带责任。所以，本文认为，代理人为数人时，如果代理人单独行使代理权给他人造成损害的，由行为人负责；如果数个代理人共同行使代理权给他人造成损害的，应由行为人承担连带责任，除非法律另有规定或者当事人另有约定。

七、结论与立法建议

综上所述，共同代理是两个以上的代理人共同行使一项代理权的代理，此种代理既可集思广益、各尽所能，又可相互制约、避免专擅，因而具有极大的制度价值。共同代理不仅适用于意定代理，也可适用于法定代理。在代理人为数人时，究竟是单独代理还是共同代理，如果法律没有特别规定或者当事人没有明确约定时，在法定代理下应推定为共同代理，在意定代理下应

① 《西班牙民法典》第1723条规定：“即便是同时任命的两个或多个受托人，若无明确说明，受托人之间无连带关系。”《阿根廷共和国民法典》第1920条规定：“同时委任数人的，除有相反约定外，不发生连带责任。”《路易斯安那州民法典》第3009条规定：“多数代理人对其共同本人不承担连带责任，除非代理合同另有约定。”

推定为单独代理。共同代理权的行使应由共同代理人一致的意思表示为之，但在消极代理时例外。共同代理必须由数个代理人共同行使代理权，若其中一个代理人单独行使代理权的，构成无权代理；数个代理人共同行使代理权给他人造成损害的，应由行为人承担连带责任，除非法律另有规定或者当事人另有约定。

基于以上认识，建议我国民法典总则中应当明确规定共同代理制度，具体条文设计如下：

第1条　被代理人将一个代理权授予数人时，数个代理人应共同行使。被代理人授权不明时，各代理人可单独实施代理行为，但法律另有规定的除外。

第2条　数个代理人共同行使代理权给他人造成损害的，应由行为人承担连带责任，除非法律另有规定或者当事人另有约定。

我国私法代理制度重构的理念与原则

段　威　张善古*

【摘要】大陆法中的代理，内涵清晰，外延明确，偏重于被代理人与第三人间的外部关系，导致代理制度调整的片面性，立法显得零散，且无法涵盖许多代理形式，具有不周延性；英美法中的代理涵盖广泛，具备相当的灵活性和开放性，代理制度系调整因代理活动而产生的被代理人、代理人、第三人三方之间法律关系的全面、统一的法律制度。代理的本质同占有一样，是存在于被代理人、代理人和第三人之间的事实状态意义上的一种关系。我国代理制度之重构，一方面要全面考察并真正反映社会现实，另一方面还要求法律突破旧有的观念上及制度上的束缚，发挥其能动性和包容性的特点，给社会关系以切实的调整。同时，应坚持统一原则、公平原则与开放原则。

【关键词】代理；代理人；私法

施米托夫曾言："在国际贸易法中，没有哪一个分支中的法学理论与商业现实之间的区别像代理这样大。"① 理论与现实的偏差，我们只能归咎于理论自身。鉴于代理在现代社会中对交易进行、商业流转的巨大促进作用，在制定我国民法典的过程中，对代理有正确、全面的把握无疑具有极其重要的理论和现实意义。

---

* 段威，中央民族大学法学院教授、博士生导师、副院长，主要研究方向为民商法；张善古，中央民族大学法学院2015级民商法学硕士研究生。

① 【英】施米托夫：《国际贸易法文选》，赵秀文译，中国大百科全书出版社1993年版，第368页。

一、两大法系关于代理的不同定义及其评价

在大陆法，“代理者，以他人之名义为他人对于第三人自已为意思表示，或为他人由第三人自已受领意思表示，因之直接使行为效力归属于该他人之行为也”[①]。“代理指代理人于代理权限内，以本人名义向第三人所为意思表示或由第三人受意思表示，而对本人直接发生效力的行为”[②]。代理是指“代理人在授权的范围内，以被代理人的名义同第三人独立为民事法律行为，由此产生的法律效果直接归属于被代理人的一种法律制度”[③]。

在英美法，“代理是存在于两人之间的一种信任关系，其中一方明示或默示地同意由另一方代表自已实施法律行为，另一方也同意实施该法律行为”[④]。“代理指被授权并同意以委托人的身份行事的代理人与另一人，即本人之间的法律关系”[⑤]。《美国代理法重述》第1条第1款规定：“代理是一种信任关系；这种关系产生的理论基础在于，一方表示同意由另一方代表自已实施法律行为，并受自已控制；另一方也表示同意实施该法律行为。”[⑥]

不难看出，两大法系关于代理的定义主要存在三点区别：第一，大陆法特别强调代理人在从事代理行为时须以被代理人的名义进行。[⑦] 代理行为发生效力的一个要件即是，表意人（代理人）必须表明其意思表示的法律后果由他人承担。[⑧] 而英美法却未把“以被代理人名义”作为代理的必要条件。第二，大陆法将代理定义为一种行为，甚至为一种法律制度，进而在定义中纳入使此行为生效或法律制度适用的诸要件，包括从事代理行为的权限（在授权范围内）、名义问题（以被代理人的名义）、代理适用的范围（为意思

---

① 史尚宽：《民法总论》，中国政法大学出版社2000年版，第510页。

② 王泽鉴：《民法总则》，中国政法大学出版社2001年增订版，第440页。

③ 佟柔：《中华法学大辞典·民法学卷》，中国检察出版社1995年版，第96页。

④ F. M. B. Reynolds, Bostead on agency, fifteenth edition, Sweet & Maxwell, London, 1985, p. 1.

⑤ 【英】戴维·M. 沃克：《牛津法律大辞典》，光明日报出版社1989年版，第29页。

⑥ Restatement of Agency, second edition, American Law Institute, American Law Institute Publisher, 1958.

⑦ 值得注意的是，我国著名民法学家梁慧星教授认为，代理指一人代另一人为法律行为，其所产生的法律效果直接归属于所代的另一人。似并未要求代理人必须以被代理人名义从事代理行为。见梁慧星：《民法总论》，法律出版社1996年版，第206页。

⑧ 【德】迪特尔·梅迪库斯：《德国民法总论》，邵建东译，法律出版社2000年版，第669页。

表示和受意思表示)、代理的后果（法律效果直接归属于被代理人)。英美法则视代理为一种关系（relationship)，尽管英美法学者关于此种关系的性质意见不一，或为合意关系，或为权限关系，或为权力责任关系，[①] 但代理仅是一种当事人间的关系，则是得到普遍肯定的。第三，在被代理人、代理人、第三人之间因代理产生的三方关系中，大陆法代理定义更注重强调因代理人的代理行为而导致的被代理人与第三人之间的直接法律关系，这也是学者们认为大陆法代理制度建立在“区别论”基础上的原因。而在英美法，尽管学者也认为代理指涉及被代理人、代理人和第三人之间的所有法律关系。[②] 但其代理定义中更注重强调的是被代理人与代理人之间的关系，此种关系的实质就在于代理人可以通过其行为改变被代理人与第三人之间的法律关系而被代理人则必须接受这种改变。

比较言之，大陆法关于代理的定义十分纯粹，内涵清晰，外延明确，这也有助于司法实践中对代理的认定及其解决。但不可避免地，其也有自身的缺陷。其一，由于大陆法代理定义更注重被代理人与第三人的外部关系，而被代理人与代理人的内部关系则让诸委托制度等加以规制，导致代理制度调整的片面性，表现在立法上则显得零散。以德国法为例，其关于代理活动开展诸方面的规定，如意思欠缺、代理的法律效果、禁止自己代理和双方代理等规定在德国民法典总则法律行为章中，而关于受托人（代理人）的归还义务、委托人（被代理人）的预付和偿还费用义务以及委托人（被代理人）死亡或丧失行为能力及受托人（代理人）死亡时委托（代理）关系视为继续存在等则规定在债的关系法编委托一节。同时，由于适用不同的法律调整代理的内外部关系，会导致许多现实社会关系无法纳入代理法律规制范围。例如，甲刚受雇于乙公司，公司尚未对甲有明确的授权范围以使其代公司缔结合同。但甲却代表公司同丙公司缔约，乙公司未表异议并接受合同，如此反复数次。突然一次，乙公司拒绝接受，表明甲无权代理公司缔约。就乙丙两公司间关系言，争议不大，应发生代理效果自属无疑。惟甲乙间之内部关系，是甲乃无权代理，从而应向乙承担法律责任？抑或乙通过自己的行为向甲授予代理权，从而属有权代理？问题的处理似不是委托等制度所能胜任的。其二，按逻辑学原理，概念的内涵与外延之间存在反向关系，内涵越大，外延则越小。[③] 大陆法代理定义内涵清晰又全面，使得其无法涵盖许多

① 徐海燕：《英美代理法研究》，法律出版社2000年版，第1～4页。

② Powell, The Law of Agency, Sweet & Maxwell, 1961, pp. 31～32.

③ 诸葛殷同等：《形式逻辑原理》，人民出版社1982年版，第33页以下。

代理形式，如受人委托却以自己名义行事的间接代理以及商业实践中出现的保付代理、信用担保代理等，足见其代理法理论和代理法律制度具有不周延性。

反观英美法关于代理的定义，其内涵十分模糊，既没有代理人行事时的权限、名义等要求，也没有代理行为的法律效果的规定，从而代理的外延自然也就不确定。但如此定义亦有其可取之处。其一，将代理定义为一种关系，包括代理人因被代理人明确授权或法律规定而有权通过自己行为改变被代理人与第三人之间法律关系的全部情况。它不问代理人行事时是以谁的名义进行的，也不问代理人在其中是否也需承担一定的责任。这样就使得代理涵盖广泛，具备相当的灵活性和开放性，能随着实践的发展，纳入新的代理类型。其二，其在代理定义中注重被代理人与代理人之间的关系，而在代理实践中把第三人又涵括进来，从而使得代理制度能够全面地兼顾各方利益而加以调整。如前举案例，它不仅关注第三人的合法权益是否得到满足，也注意调整被代理人与代理人间的权益关系。这样，代理制度真正成为调整因代理活动而产生的被代理人、代理人、第三人三方之间法律关系的全面、统一的法律制度。

综上，如同占有一样，代理仅是作为一种事实状态而存在的关系，即因一人代他人与第三人进行活动从而在三方之间产生一定的关系，这种关系被纳入法律调整的范围后，即产生了各方的权利义务关系。而各法系、各国因历史传统、法律视角的不同，也使得这种关系进入法律调整的方式、程度有所不同。

二、重构我国私法代理制度须树立的两个理念

任何一种法学理论的提出、法律制度的设计，首先要基于两个考虑：一是此种理论、制度是否源于社会生活实践，尊重其规律并符合其发展趋向；另一是此种法律制度的立法理念、价值取向是怎样的，具体在操作层面上，即表现为对社会实践调整范围的广狭、程度的深浅。两个问题紧密相关，但侧重点不同。

首先，一切认识均来源于实践，代理理论的提出及对代理的法律调整无疑应正视实践、尊重实践。市场是最好的老师，作为市场主体的人的无限的、巨大的创造性决定了市场活动必然是丰富多彩、纷繁复杂的。而“从某

种程度上讲，生活本身就含有它们自身的标准和它们自身的内在秩序。”①代理法律理论与代理法律制度自然要考虑实践中出现的各种具体的代理形式，并把它们及蕴含于其中的内在秩序纳入自身体系。社会实践的发展也是无情的，它会迫使与之不相适应的理论对自身加以修正，否则只会为实践所抛弃。一个很典型的例子就是间接代理，它本不属于典型的代理定义范畴，但它在商业实践中迸发的勃勃生机，为它自己争得一定的地位。如梁慧星教授认为代理应区分狭义代理与广义代理，后者包括直接代理与间接代理。②王利明教授也认为直接代理与间接代理同样构成代理制度的内容，但在代理制度中的地位应是有区别的，间接代理只适用于特殊情况，是例外的规定。③其实依笔者看来，间接代理并非那么“特别”，只适用于特殊情况，而是在实践中广泛地存在着，法律理应给其以应有的地位，但这并不否认其与直接代理在具体法律处理上会有所不同。另一个很明显的例子就是商业实践中发展起来的保付代理人、佣金代理人、信用担保代理人及其他承担专门责任的代理人等。严格地讲，它们均不符合传统的代理理论，但法律必须对其进行调整，强大的实践力量迫使传统代理理念向前发展。正如学者指出的那样，现代商业代理的新概念正在形成，它最终将使传统形式的代理相形见绌，发展的结果将使代理理念发生实质上的改变。④

其次，如前文所述，代理作为涉及三方关系的事实状态，法律在对其进行调整的过程中应该扮演什么样的角色。试举一例予以说明，被代理人委托代理人购买一批货物并将货款交给代理人，代理人与第三人洽谈购买合同并将货款交付之，但代理人并未说明其是为被代理人购买货物。现不知何故，代理人消失，问被代理人可否向第三人请求交付货物。如依传统代理理念，由于被代理人与第三人间无直接的法律关系，故被代理人无请求权，而这也是被代理人因自己的选择所可能带来而他必须自己承受的风险。笔者认为，此时法律突破传统的代理思维而进入到当事人实际的关系领域予以调整似更可取，从而，若被代理人有证据证代理关系的存在，应赋予其请求权。这样一方面在不违背各方根本意志的情况下，兼顾各方利益，另一方面又符合整

① 【美】博登海默：《法理学：法律哲学与法律方法》，邓正来译，中国政法大学出版社1999年版，第458～459页。

② 梁慧星：《民法总论》，法律出版社1996年版，第207页。

③ 王利明：《民商法研究》（第5辑），法律出版社2001年版，第79页。

④ 【英】施米托夫：《国际贸易法文选》，赵秀文译，中国大百科全书出版社1993年版，第416页。

个法律的发展趋势。在德国，学者基于间接代理中实际的利益格局和法律所做的安排不一致的认识，也通过各种努力使间接代理的法律效果接近于直接代理的法律后果，如有学者建议类推适用直接代理的法律规定，① 现在绝大多数情况下利用“为事所关涉之人作出行为”这一词条进行处理以使代理有效。② 在日本，代理人不显名时，为能够妥当地调和关系当事人的利益，若对方当事人毫不重视代理人个人的交易，应解释为显名主义的例外，仍然对本人发生效果。③ 不同历史条件下，法律对社会生活尤其私关系领域的干预范围及程度是不同的，其具体表现是法律制度的不断修正、消灭及创新。随着“权利社会化”、建立“福利国家”观念的兴起和不断强化，“法律愈来愈倾向于以各种利害关系和义务为基础，而不是以孤立的个人及权利为基础。”④ 可见，现代社会中法律对私关系领域干预的范围和程度不断提高，其甚至根据社会条件决定的公平理念直接依据人们间的关系而不是其意志来设定权利义务。具体在代理领域，弗里德曼认为：“应由法律来决定什么是以及什么不是代理。”⑤ 即法律要发挥积极能动的作用，如在前举案例中，将其纳入代理法调整范围从而赋予被代理人请求权，并未违反当事人的最初意志，也有效地维护了各方的合法权益，避免了不公正现象的出现。这正是法律在现代社会中应该起到的作用。

总之，在构建代理法律制度时，我们必须一方面要全面考察并真正反映社会现实，另一方面还要求法律突破旧有的观念上及制度上的束缚，发挥其能动性和包容性的特点，给社会关系以切实的调整。“这时，最引起我们注意的不是把法律看成既成的抽象的法则来对待，而是要研究把法律适用到活生生的社会事件中去，要着眼于如何使社会实际生活关系依据法律得到处理而去研讨法律”⑥。

---

① 【德】卡尔·拉伦茨：《德国民法通论》（下册），王晓晔等译，法律出版社 2003 年版，第 821 页。

② 【德】迪特尔·施瓦布：《民法导论》，郑冲译，法律出版社 2006 年版，第 531 ~ 534 页。

③ 【日】我妻荣：《新订民法总则》，于敏译，中国法制出版社 2008 年版，第 324 ~ 325 页。

④ 【美】伯纳德·施瓦茨：《美国法律史》，王军译，中国政法大学出版社 1990 年版，第 213 页。

⑤ G. H. L. Fridman, The Law on Agency, fifth edition, London Butterworths, 1983, p. 12.

⑥ 【日】我妻荣：《债权在近代法中的优越地位》，王书江等译，中国大百科全书出版社 1999 年版，第 346 页。

三、重构我国私法代理制度应该坚持的三项原则

（一）统一原则

第一，应坚持内部关系与外部关系统一调整的原则。代理必将涉及三方关系，包括被代理人与代理人间的内部关系和被代理人及代理人与第三人间的外部关系。在大陆法，一般区分内部关系和外部关系，即区分代理权授予及其基础关系，这被誉为法学上之伟大发现。① 进而，大陆法国家立法一般由委任等制度调整内部关系（基础关系），代理制度仅调整外部关系。而在英美法，一般认为，内部关系和外部关系尽管可以分开来讨论，但千万不能忘记它们相互作用、相互影响。② 所以在其立法中把代理定义为存在于被代理人与代理人间的一种关系，而在安排具体权利义务时，又把第三人纳入其调整范围之内，可见其代理制度是综合调整内外部关系的。我国亦有学者认为，“代理的内部关系是外部关系得以产生和存在的前提，而代理的外部关系是内部关系的目的和归宿”③。我国立法中也多次规定了代理三方中两方对另一方的连带责任。④ 有学者认为，“这种规定，突破了传统民法中代理的内部关系和外部关系的划分界限，而从代理关系三方当事人的客观联系中确定他们相互间的法律责任，堪称代理立法中的创新之举”⑤。

笔者认为，代理之内部关系和外部关系实为相互依存、不可分割的整体。代理的发生，或源于被代理人的授权，或源于法律的直接规定，而后者仍是基于当事人间的特殊关系而发生，所以当事人间的内部关系对代理的产生、进行直至消灭都有至关重要的影响。大陆法学者区分内部关系与外部关系的目的主要在于确定代理权的存在，即作为代理人活动而后果由本人承担的权限⑥，从而保护善意第三人的合法权益。其实，这一目的完全可以通过已深深植根于现代私法中的“权利外观原则”来实现。而把内部关系和外部

---

① 王泽鉴：《民法学说与判例研究》（第4册），中国政法大学出版社1998年版，第4～9页。

② G. H. L. Fridman, The Law on Agency, fifth edition, London Butterworths, 1983, p. 17.

③ 佟柔：《中国民法学·民法总则》，中国人民公安大学出版社1995年版，第264页。

④ 《中华人民共和国民法通则》第65、66、67条。

⑤ 张艳：《商事代理法》，人民法院出版社2000年版，第16页。

⑥ 【德】罗伯特·霍恩等：《德国民商法导论》，楚建译，中国大百科全书出版社1996年版，第248页。

关系共同作为代理制度调整的对象，无疑具有其优点。其一，代理三方关系是一个不可分割的统一整体，从发生的时间先后上讲可分为两个阶段，第一阶段为内部关系，第二阶段为外部关系，将两个阶段进行统一调整，可以纠正理论界一直忽视代理人在代理活动中的权利的现象，从而使得代理制度真正成为调整某一类社会关系的统一的、独立的法律制度。其二，对代理三方关系进行全面、统一的调整，可以一次性地解决法律纠纷，避免出现矛盾裁决，并有利于节省社会成本。

第二，应坚持直接代理与间接代理统一为代理制度的原则。大陆法国家民事立法一般仅承认公开代理，即代理人必须以被代理人的名义活动，如《德国民法典》第164条第1款、《法国民法典》第1984条、《日本民法典》第99条第1款，均对此有明确规定。而对于间接代理，认为其是特殊情况，民商分立国家规定在商法典行纪章中，民商合一国家规定在民法典债编行纪合同中。学者认为，显名（即以被代理人名义）是代理作为特殊法律行为所应具备的特殊成立要件①，从而将间接代理（即代理人以自己名义行事）排除在代理之外。其理由在于，惟有明示以本人名义，方可依法律行为的效力模式，令意思表示的法律效果归属于本人。但此一原则明显机械僵化，不符合生活实践，所以德国、法国的判例学说出现了否定显名主义的主张，认为除非有相反的证据，强调显名与否并无实益，代理的实质在于为被代理人计算，而不在于是否以被代理人名义。② 在英美法中，学者对这种代理人仅以自己名义行事的现象争议颇多。许多学者斥之为异端邪说，认为其违背基本法理。他们主张，既然第三人对本人的存在一无所知，那么按照逻辑，合同的相互关系只能建立在第三人和代理人之间。③ 但主流观点认为其具有合理性，为代理的一种。英美代理立法中未规定名义标准，其基本态度是，只要代理人在授权范围内行事，不公开的被代理人与公开的被代理人的地位在很多方面是相同的。学者们也寻找各种理论来证明其合理性，或为信托关系论，或为默示受让说，或认为源于商业便利。④

在我国，学者对间接代理的态度始终莫衷一是，尤其是《合同法》颁布后，针对其第402条、第403条，更是意见分歧。有学者认为其规定首次在

① 龙卫球：《民法总论》，中国法制出版社2002年版，第571页。

② 张俊浩：《民法学原理》（上册），中国政法大学出版社2000年版，第304页注［1］。

③ B. S. Markesinis, R. J. C. Munday, An outline of the Law of Agency, London, 1986, pp. 125 ~ 126.

④ G. H. L. Fridman, The Law on Agency, fifth edition, London Butterworths, 1983, pp. 221 ~ 223.

法律上承认了间接代理制度,[①] 更有学者指出第403条仅适用于非行纪的间接代理,[②] 还有学者认为，“直接”是对代理后果的描述，第403条规定的不披露本人的代理，虽然原则上为间接代理，但在被代理人或者相对人行使介入权或者选择权时，实际上也是直接代理。[③] 在笔者看来，认为第402条、第403条规定了间接代理制度的观点似不够准确。其一，第402条的“第三人在订立合同时知道受托人与委托之间的代理关系的”规定，似更像大陆法的直接代理而与间接代理的特征不符。其二，第403条的“受托人因第三人的原因对委托人不履行义务”及“受托人因委托人的原因对第三人不履行义务”时才负披露义务的规定，似乎也有些保守。而关于委托人行使介入权的限制条件的规定也不够明确、全面。

实际上，代理乃涉及三方关系的事实状态，代理法律必须面对现实，发挥其能动的调整作用，而不应该拘泥于名义问题，否则只会作茧自缚。如前举代理人代被代理人以自己名义购买货物并将货款交付第三人一案，假如代理人并非消失而是破产，在不承认间接代理一般原则的德国，在向第三人要求交付货物的请求权转移给被代理人时，自不待言。请求权未发生转移时，针对代理人的其他债权人，依据法律规定被代理人可以受到保护。[④] 问题是，代理人在第三人已将货物交付于他后破产，此时其债权人即可就此货物行使债权。为避免此种不公现象出现，或者由被代理人与代理人就货物的所有权与占有预先达成协议，或者由法律作出特殊规定。[⑤] 但不管怎样，这一方面给当事人造成诸多不便，增加交易成本；另一方面在法律体系内设置大量的例外规定，造成体系的混乱。足见这种处理办法是不合理的、得不偿失的，解决之道只能是承认间接代理。难怪法国法学界惊呼间接代理是“一项十分实用、有效的法律制度”，认为其为大陆法系解决代理中的难题提供了一把金钥匙。德国法学界更是把该制度视为德国代理法改革的样板，认为其是具有广泛的实用性和较高价值的法律制度，这一制度在不少方面都是德国法理进一步发展的目标取向。[⑥] 尽管我国有学者认为，因为无法确切考证其在现

---

① 王利明：“货币所有权规则适用的例外”，载《判解研究》2002年第1辑，第132页。

② 尹田：“民事代理之显名主义及其发展”，载《清华法学》2010年第4期，第24页。

③ 尹飞：“代理：体系整合与概念梳理——以公开原则为中心”，载《法学家》2011年第2期，第74页。

④ 杜景林等译：《德国商法典》，中国政法大学出版社2000年版，第392条第2款。

⑤ 【德】罗伯特·霍恩等：《德国民商法导论》，楚建译，中国大百科全书出版社1996年版，第256～257页。

⑥ 徐海燕：《英美代理法研究》，法律出版社2000年版，第161页。

实民事生活中适用的几率，民法典中不应规定英美法隐名代理和不披露被代理人身份的代理;①“如果将一种并没有表达出来的意思表示作为成立广义代理的基础，则整个大陆法最辉煌的成就——民事法律行为制度就将坍塌瓦解”②。但更多学者主张，我国是否在代理制度中借鉴和吸收隐名代理的规定，实际上就是“经验与逻辑”的关系协调问题，即如何处理社会实际需求与民法固有体系关系的问题;③ 间接代理在实际社会生活尤其商业活动领域中甚为重要，所扮角色与日俱重，足见民法规定、学说所重与社会生活有所脱节;④“代理既源于法律行为，又不同于法律行为，代理之发生应以代理权为唯一的根据，而不必以是否显名为标志”⑤；否认显名主义、在民事代理制度中引入英美法系代理制度中的隐名代理和不公开本人身份的代理，是我国民事代理法律制度改革的必然。⑥ 而我国司法实践也有为求公平而采间接代理原理判决的案例。⑦ 可见，我国代理立法不应逆潮流而动，而是要顺应此趋势，给间接代理以应有的地位。当然，这并不否认间接代理有其特殊之处，即使在承认这种代理人以自己名义行事的代理类型的英美法国家，也认为其是“反常的”（anomalous)，因此必须受到法律的严格控制，以免出现不合理的后果。⑧

第三，应坚持民事代理与商事代理统一为代理制度，不予严格区分甚至对立的原则。民事代理与商事代理相区分，源于大陆法系商法不同于民法，是民法的特别法的法律理念。最突出表现在于，其民事代理中并不承认间接代理，仅在商事代理中做类似间接代理的特殊规定。而在英美法系中，即使有民法一词，其也没有大陆法系那种专门的含义，商法这一用语也无专门的含义，民法和商法相对而存在也就无从谈起⑨，自然也就没有民事代理与商事代理的区别。我国学者对商事代理尤其是其与民事代理的区别作了相当多

---

① 佟占军:“中国代理法律制度的解析与重构”，载《天津市政法管理干部学院学报》2008 年第 4 期，第 12 页。

② 刘宏华：“从外贸代理制看民事代理制度若干问题”，载《现代法学》1997 年第 5 期，第 44 页。

③ 张驰:“论代理制度的适用范围”，载《法学》1999 年第 7 期，第 35 页。

④ 曾世雄:《民法总则之现代与未来》，中国政法大学出版社 2001 年版，第 244 页。

⑤ 江帆:《代理法律制度研究》，中国法制出版社 2000 年版，第 127 页。

⑥ 黄英：“从《合同法》看我国的代理制度”，载《当代法学》2000 年第 6 期，第 58 页。

⑦ 最高人民法院中国应用法学研究所:《人民法院案例选编》，人民法院出版社 1997 年版，[1992—1996 合订本（上)] 所载“李香爱诉陈鹃隐名代理购买的股票所有权纠纷案”。

⑧ G. H. L. Fridman, The Law on Agency, fifth edition, London Butterworths, 1983, pp. 221 ~ 223.

⑨ 【美】阿瑟·库恩:《英美法原理》，陈朝璧译，法律出版社 2002 年版，第 103 页。

的论述。[①] 然在笔者看来，学者们论述的两者的诸多区别中，或不具实益，或不甚准确。如代理关系主体、实施代理目的的不同，比较起来并没有什么意义；而“显名”与否的差别根据前文所述也不应存在；至于说商事代理中没有法定代理的主张似也不准确，如《德国商法典》中明确规定了经理权（第49条）、代办权（第54条）以及店铺或仓库职员的出卖和受领权（第56条），并明确规定对经理权的范围进行限制的，限制对第三人无效（第50条第1款），其法定色彩相当浓厚。不可否认，由商事关系的特殊性质所决定，商事代理在某些具体方面有其独特的规定。但在更基本或者说更重要的方面，如代理的构成、代理权的性质、代理权行使的要求等方面，民事代理和商事代理并没有太大的不同。所以德国学者也把行纪和居间等称为特殊形式的代理。[②] 正如有的学者所言，“在大陆法之所以出现商事代理和民事代理的划分，其实更多的是基于人为的归纳和设计”[③]。可见，在我国构建代理基本法律制度时，似不应过于区分民事代理和商事代理，而应作统一的安排，至于说商事代理的特殊规定应让诸特别法完成。而且，这也符合国际代理统一立法的趋势，由国际统一私法协会制定的《代理统一法公约》就没有对普通民事代理和商事代理作出区分。[④]

（二）公平原则

代理必将涉及被代理人、代理人、第三人三方关系，代理法律必须对这种关系予以调整，其表现即为三方的权利义务，而权利义务的规定即意味着利益、风险的分配。在这一活动中，法律必须以公平为原则，兼顾各方利益。学者认为，法律之基本功能在于保障社会生活之安全，法的安全又分为两种：静的安全与动的安全。前者着眼于利益的享有，不使他人任意侵夺，又称“所有的安全”；后者着眼于通过行为获得新利益，不轻易使之无效，又称“交易的安全”。此两种安全并行不悖，比比皆是；而相互抵触、两不相容，也常常有之。发生后种情形，法律必须权衡利弊，进行取舍，具体表

---

① 徐学鹿：《改革开放中的商法理论与实践》，中国法制出版社1991年版，第96～97页；张楚：“论商事代理”，载《法律科学》1997年第4期；刘一粟、宋连斌：“商事代理论纲”，载《法学评论》1996年第5期；张艳：《商事代理法》，人民法院出版社2000年版，第28～31页。

② 【德】罗伯特·霍恩等：《德国民商法导论》，楚建译，中国大百科全书出版社1996年版，第236页。

③ 江帆：《代理法律制度研究》，中国法制出版社2000年版，第204页。

④ 【英】施米托夫：《国际贸易法文选》，赵秀文译，中国大百科全书出版社1993年版，第447页。

现即为使一方承受不利益之后果。而法律进行取舍的标准及其结果会随着社会历史条件、社会公平观念的不同而有所变化。[①]

具体在代理中，静的安全更多地表现在被代理人希望代理人的代理行为无效，从而其不需向第三人承担任何法律责任；动的安全则更多地表现在第三人主张代理人的代理行为有效，所以被代理人须承担其法律后果。这种冲突比较激烈、明显，所以引来各国理论界和立法界的更多关注。在现代市场社会中，商业流转、交易安全受到更多注重，“权利外观”“表示主义”原则盛行，所以对第三人利益的保护更为周全。如大陆法系各国一般均有关于表见代理的规定，英美法系也有“不容否认代理”，以保护善意第三人的合法权益。同时，各国还规定了代理人无权代理时第三人的催告权、撤销权，以及向代理人要求履行义务或赔偿损害的请求权。英美法系国家也规定了代理人的代理权默示担保义务（implied warranty of authority），违反之也要承担相应的法律责任。而在承认间接代理或类似制度的国家一般也规定了第三人选择代理人或被代理人履行合同义务的选择权。[②] 我国《民法通则》规定，委托书授权不明的，被代理人和代理人向第三人承担连带责任，对第三人的保护更可谓“无微不至”。

与此同时，在现代私法关系意思自治原则下，代理人未经授权以被代理人名义行事，因未经被代理人参与以行使私法自治权，自然此行为一般对被代理人无效，除非有对于表见事实之信赖进行保护的必要。[③] 所以各国一般均规定表见代理之构成须以第三人之善意为要件之一，学者进而主张第三人在特殊情况下对代理人的代理权负有调查义务[④]，以避免轻易就使被代理人承受其本不希望的法律行为的后果。但同时，各国一般均承认被代理人对代理人无权代理行为的追认权，以使其可以享受该行为的法律后果。而且，在承认间接代理或类似制度的国家，与第三人的选择权相对应，被代理人享有介入权，以使其可以向第三人直接行使请求权，当然介入权的行使受到一定的限制。另外，在被代理人与代理人的关系上，一般认为被代理人处于弱势地位，所以学者对代理人向被代理人应负的义务多有论述，有的国家立法也

---

① 郑玉波：《民商法问题研究》（一），三民书局1991年版，第39～41页。

② 何美欢：《香港代理法》（上册），北京大学出版社1996年版，第268页。

③ 黄茂荣：《法学方法与现代民法》，中国政法大学出版社2001年版，第484～496页。

④ 王利明：《民商法研究》第4辑（修订本），法律出版社2001年版，第158～159页；B. S. Markesinis，R. J. C. Munday，An outline of the Law of Agency，London，1986，p. 38.

有明确规定。[①]

笔者认为，与对第三人和被代理人的利益倾注较多的精力相比，学者们对代理人利益的关注明显不够，所以本文试图给代理人的利益加以较多笔墨。代理人的利益主要体现在代理权上，其中涉及如下问题：第一，对代理权应有正确的认识。关于代理权的性质，学者意见不一，主要有资格说[②]、能力说[③]、权限说[④]、权力说[⑤]以及权利说[⑥]。笔者持权利说，因为“权利的基础在于个人的人格以及他能取得并实现的那种尊重上”[⑦]，其突出表现一方面在于不受侵犯和行使过程上，另一方面更重要的是行使的后果上，而不应该过分强调其中的利益因素。就此而言，代理权完全具有权利的一切特征。因为一方面，代理人对代理权的是否行使、行使的时间、地点、对象和方式等拥有决定权；另一方面，代理人一般仅具有一个“局限的合约角色”[⑧]，即代理权行使的后果是在被代理人与第三人之间直接建立起法律关系，而代理人却可以全身而退，不必负担因代理行为产生的法律责任。对此问题，我国学者存有错误的认识。如有学者认为，“表见代理与无权代理有质的区别。……法律为维护交易安全及第三人利益仍然赋予表见代理人代理权。表见代理人之代理权，与一般有权代理人之代理权，并无差别”[⑨]。其实，在表见代理中，仅对于第三人发生有效之代理行为的法律后果，被代理人在向第三人承担代理行为的法律后果后，仍可向代理人追究相应的法律责任。可见，表见代理属于无权代理自属无疑，而造成学者以上错误认识的原因就在于对代理权的性质及其行使的法律后果没有正确的认识。

---

① 董安生：《英国商法》，法律出版社1991年版，第198～201页；沈达明等：《国际商法》，对外贸易教育出版社1985年版，第293～295页。

② 佟柔：《中国民法学·民法总则》，中国人民公安大学出版社1995年版，第280～281页；郑玉波：《民法总则》，三民书局修订10版，第292页。

③ 张新宝：“代理权若干问题研讨”，载《法学研究》1987年第6期。

④ 史尚宽：《民法总论》，中国政法大学出版社2000年版，第537页；张俊浩：《民法学原理》，中国政法大学出版社1997年版，第266页。

⑤ Black's Law Dictionary，West Publishing CO.，1979，p. 1053；梁慧星：《民法总论》，法律出版社1996年版，第215页；张开平：《英美公司董事法律制度研究》，法律出版社1998年版，第48～49页。

⑥ 【苏联】格里巴诺夫：《苏联民法》（上册），法律出版社1984年版，第196页；赵旭东等：《民法硕士论文集》，群众出版社1988年版，第383页。

⑦ 【德】海因里希·德恩堡：《罗马法制度》，1991年版，第65页；转见于【奥】凯尔森：《法与国家的一般理论》，沈宗灵译，中国大百科全书出版社1996年版，第88页。

⑧ 杨良宜：《国际商务游戏规则—英国合约法》，中国政法大学出版社2000年版，第107页。

⑨ 梁慧星：《中国民法经济法诸问题》，中国法制出版社1999年版，第88页。

第二，不应轻易否认代理权的存在。如前举甲无明确授权却多次代乙公司缔约而该公司不作反对一案，表面看来甲似无代理权，因为其毕竟没有经过公司的明确授权，但笔者认为，从公平角度言，该公司多次默许甲之行为并接受其法律后果，这一事实本身已使甲产生代理权已授予的合理信赖，此时似不应允许公司否认代理权的存在，而使其可以向代理人追究法律责任。德国司法实践中也认为，如果被代理人知道并容忍代理人重复进行无权代理行为，而不主动进行干涉，则产生“容忍委托代理权”，即“推断赋予委托代理权”。① 再如我国《民法通则》第65条第3款规定，委托书授权不明时，代理人应与被代理人一起向第三人承担连带责任。笔者认为，授予代理权系法律行为，发生授权不明时，自应依法律行为解释方法予以阐明。在此情况下，应从代理人角度出发，依一个合理人的标准，结合当事人具体情况，本着诚信原则，根据授权用语、当事人的目的、习惯等，对代理权的内容作合理的解释或补充。② 换言之，若代理人根据以上的标准理解代理权并依此行事，他不应承担任何法律责任。但有学者认为，被代理人与代理人对于授权不明有过错，应使其承担连带责任合理。③ 更有学者明确提出，代理人对于代理行为是否属于代理权范围及授权界限是否明确负有注意义务，怠于此义务，令其与被代理人负连带责任，并非于理不合。④ 对此，有学者明确地指出，在有权代理，仅由被代理人承担代理后果；在无权代理，第三人只能向代理人追究法律责任，若能构成表见代理，第三人可以选择被代理人或代理人承担法律后果，但须以第三人善意为条件；而在授权不明，即是否为有权代理存有疑问时，法律却规定被代理人和代理人承担连带责任，而且并未明确提出须以第三人善意为条件。法律的这种规定，明显超出了第三人的正常合理的预期，即由被代理人承担代理后果，这种厚此薄彼的做法不可取。同时，授权不明时，通说认为被代理人应向第三人承担有权代理的法律后果，而且被代理人可以通过追认达到同样的效果，但此时代理人无疑被免除了法律责任。不管怎样，被代理人都要承担代理后果，但其对自己利益没有任何影响的选择，对代理人及第三人的影响却是致命的，而后者对此根本不曾预料，这种制度设计也是不合适的。⑤

---

① 徐国建：《德国民法总论》，经济科学出版社1993年版，第209～211页。

② 杨仁寿：《法学方法论》，中国政法大学出版社1999年版，第180页以下。

③ 王利明、郭明瑞、方流芳：《民法新论》（上册），中国政法大学出版社1988年版，第439页。

④ 梁慧星：《民法总论》，法律出版社1996年版，第230页。

⑤ 葛云松：“委托代理授权不明问题研究”，载《法学》2001年第12期，第51页。

第三，不应轻易剥夺代理人的代理权。代理权是代理人依被代理人的授权或法律的规定代被代理人行事，并由被代理人承担其法律后果的权利，其不受外人非法侵犯自不必言，即使被代理人也不能随意剥夺代理人的代理权。学者根据商事代理的营利特点，认为代理关系存续期间，被代理人单方剥夺代理人的代理权，很可能给代理人造成损害，所以这种单方行为应受到一定的限制。[①] 大陆法系各国一般都明确规定，在不定期代理合同中被代理人行使合同终止权从而剥夺代理人的代理权须遵守一定的时间限制。[②] 而德国法更是规定，即使是约定的解约期间，也不得少于一个月，并且只能在一个月结束时才能作出这种解约。[③] 英美法系国家根据判例规则，也对被代理人单方撤回代理权的行为作了诸多限制。在波多黎各和多米尼加，法律更是明确规定，如无正当理由不得终止代理合同，否则应对代理人负损害赔偿责任。[④] 须注意的是，学者对此问题的论述多局限于商事代理，本文认为，即使在民事代理，尽管一般而言被代理人可以随时撤回代理人的代理权，但若代理人信赖代理权，依其行事并投入一定的费用，似应允许其就因被代理人的单方撤权行为所造成的相关损害请求赔偿。

（三）开放原则

套用英美法学者经常使用的一句话，这是“最后的但不是最不重要的”原则。开放原则应贯穿代理的立法、司法整个过程，它既是一个务实的研究态度问题，又是一个应有的研究方法问题。

首先，它要求我们必须以认真务实、诚恳尊敬的态度去面对并了解生活现实。具体生活关系必将是丰富多彩、复杂易变的，人们对相互之间权利义务的安排也必定是多种多样的。只要这种安排没有超出法律允许的范围，我们就应该接受它，而绝不能“以法律的抽象命题来裁剪生活现实，一味强调遵循法律科学阐述的‘原理’和只有在法学家想象的天地里才有的‘公理’”[⑤]。随着现代市场社会的不断演进，交易的广度和深度不断扩展，交易

---

① 郑自文：《国际代理法研究》，法律出版社1998年版，第65页。作者论述国际代理，亦应适用于国内代理。

② 【英】施米托夫：《国际贸易法文选》，赵秀文译，中国大百科全书出版社1993年版，第422～423页。

③ 范健：“德国代理商法律制度介评”，载《外国法译评》1994年第1期，第51页。

④ 郑自文：《国际代理法研究》，法律出版社1998年版，第66～67页。

⑤ 【德】马克斯·韦伯：《论经济与社会中的法律》，张乃根译，中国大百科全书出版社1998年版，第308页。

关系越来越复杂，交易频率越来越迅速，代理人在其中的作用也越来越重要、地位越来越独立，交易各方往往更看重代理人的信用而不管其后面的真正交易人是谁，从而使代理人承担一定的责任的需求也越来越迫切，这一点在国际商业往来中显得尤为明显。顺应此一趋势，各种各样承担特别责任的代理人应运而生，其中既包括向被代理人承担特别责任的代理人，也包括向第三人承担特别责任的代理人。正如学者指出的那样，“为了适应现代经济环境和商业现实的需要，对传统的代理概念进行适当的修改或调整，已经日显必要”[①]。所以，我国的代理立法应重视并体现社会现实的发展规律。

其次，我们应注意研究并吸收国外相关立法的先进成果。必须承认，我国的市场社会还处于相当不完善的阶段，市场社会法律体制也不完善，代理立法方面亦是如此。所以我们无疑应该借鉴市场发达社会的立法经验和成果，因为这样可以深化对代理法的认识，确认代理法的发展趋势和理想模型，并为我国的代理立法提供资料。[②] 这一点，在我国已加入世贸组织，正不断融入世界经济运转，需要遵守统一的交易规则的情况下，显得尤为必要。

① 郑自文：《国际代理法研究》，法律出版社 1998 年版，第 125 ~ 126 页。

② 【日】大木雅夫：《比较法》，范愉译，法律出版社 1999 年版，第 68 页以下。

论我国综合保税区管理体制及其完善

——以北京天竺综合保税区为例

李璐玲*

【摘要】 本文要讨论的综合保税区管理体制即是上海自贸区管理体制的本源。顺畅合理的管理体制是确保各项制度得以落实的基础，是目前各地区纷纷规划申请自贸区、推动综合保税区向自由贸易园区转型的关键；同时也是我国综合保税区实践中头绪乱、弊端多的问题之一。因此，本文将以此为研究对象，结合北京天竺综合保税区的情况，分析我国综合保税区管理体制方面的问题，在借鉴有关国家和地区制度的基础上提出完善建议。下面将从宏观管理层面（即政府各职能部门之间的权力分配与协调）和微观管理层面（政府与企业之间的权限分配与合作）分别加以讨论。

【关键词】 保税区；法制

2005年6月，国务院批准设立我国第一个保税港区——上海洋山保税港区，迄今已有十年的时间。这十年里，相继成立的保税港区和类似功能的综合保税区不断整合保税区、保税物流园区和出口加工区的功能，真正成为我国“开放层次最高、政策最优惠、功能最齐全”的海关特殊监管区域，为国家深化改革、扩大开放立下汗马功劳。同时，为我国建立真正的自由贸易园区积累了经验教训。2013年9月，我国内地首个自由贸易园区——中国（上海）自由贸易试验区（以下简称“上海自贸区”）正式开始运行。制度创新为首是上海自贸区的核心内涵，其设立的最重大意义就在于以此形成一套可复制、可推广的制度体系和监管模式，更好地服务全国。而上海自贸区的制度也不是无本之木、无源之水，不少内容都来自于已有的海关特殊监管区的

---

* 李璐玲，首都经济贸易大学法学院副教授、法学博士，主要研究方向为国际经济法、国际私法。本文获得北京市社科联青年人才项目《北京空港综合保税区监管制度创新探索——以自由贸易园区为目标》（项目号：2013SKL038）的资助，是该项目的阶段性成果。

实践，特别是最高级别形式的保税港区和综合保税区的实践。

一、宏观管理层面：政府各职能部门间的权力分野

（一）国际实践的观察

观察各个国家管理自由贸易园区的实践，根据管理机构设置方式的不同，大致可以分为共同管理型和单独管理型两大类，其中单独管理型根据设区国是否设立独立管理机构又可以分为专管型和兼管型两类。共同管理型是指自由贸易园区的管理职能由政府的多个部门共同承担，不指定一个单一的机构实行统一管理。单独管理型是指政府有一个专门机构对自由贸易园区实施统一管理。其中，专管型是指设区国家依据相关法律法规，成立独立的行政机构，专门从事对自由贸易园区的管理。兼管型是指没有一个专门从事自由贸易园区事务管理的独立的行政机构，政府将对自由贸易园区的管理权委托给一个特定的政府职能部门，由其来行使管理权。

共同管理模式以新加坡自由贸易园区为代表。新加坡《自由贸易园区法》规定了政府各个职能部门应履行的职能，并明确以交通部为首协调其他相关部门如财政部、海关等对自由贸易园区进行统一规划和管理。① 单独管理模式中的专管型以美国为典型代表。美国根据其《对外贸易法》设立了对外贸易区的中央专门管理机构——对外贸易区委员会。该委员会由商务部长、财政部长、国土安全部下设的海关与边防局长及其指定人员组成；虽然组成人员来自中央有关部门，但委员会独立行使职权，享有对外贸易区的最高管理权限。② 单独管理模式中的兼管型以韩国为代表。其自由贸易园区的主管机构是财政经济部，通过下设由外交事务与贸易部、商务部、建设和交通部等职能部门组成的自由贸易区委员会实施统一管理。③

共同管理模式的优点在于不需要增设机构、增加编制；但相比之下缺点更为突出，各政府职能部门相互之间权力不明、责任不清，管理的权威性较差，沟通协调有困难，效率相对较低。而新加坡自由贸易园区共同管理的体制之所以运行较好，大致有两方面的原因：一是其《自由贸易园区法》对政

① 李泊溪等：《中国自由贸易园区的构建》，机械工业出版社2013年版，第106～107页。

② 周阳：《美国海关法律制度研究》，法律出版社2010年版，第221～222页。

③ 李泊溪等：《中国自由贸易园区的构建》，机械工业出版社2013年版，第110～111页。

府各职能部门在自由贸易园区管理中的权责划分非常明确，履行权责有规可依。二是从微观层面上新加坡海港自由贸易园区和机场自由贸易园区均由原来的政府主导型管理体制转变为公司主导型管理体制，这在一定程度上缓冲了宏观层面共同管理模式可能带来的问题。

（二）我国的现状及问题

纵观我国海关特殊监管区的发展历程，其管理体制从形式上经历了从专管型到兼管型两个阶段;[①] 但由于我国各职能部门主导政策制定，所谓专管、兼管都只是“牵头”管理，因此从本质上说共同管理的特点更为鲜明。

就本文讨论的主题而言，综合保税区设立时，由海关总署、国家发改委、财政部、国土资源部、商务部、国税总局、工商总局、质检总局、外汇局等九部委管理，由于综合保税区是内陆型海关特殊监管区，因此交通部没有参与。从出口加工区到保税港区，海关总署的牵头管理地位在事实上都是被认可的。之所以这样说原因有二：第一，并没有一部在海关总署的部门规章效力之上的法律法规对此予以明确认可。无论是《中华人民共和国海关对出口加工区监管的暂行办法》（2000年），还是《中华人民共和国海关保税港区管理暂行办法》（2010年）都仅仅是海关总署以部门规章的形式表述对海关特殊监管区的管理要求。而《国务院关于促进海关特殊监管区域科学发展的指导意见》（国发［2012］58号）则强调“加强协作配合。国务院各有关部门要按照职责分工，加强协作配合，共同做好特殊监管区域的整合、监管、建设、发展工作。”第二，事实上海关总署确实在海关特殊监管区的管理中起到了牵头的作用。最典型的例子莫过于上述国发［2012］58号文件发布实施后，由海关总署会同发展改革委、财政部、国土资源部、住房城乡建设部、交通运输部、商务部、税务总局、工商总局、质检总局和外汇局，研究制定了《海关特殊监管区域设立审核办法（试行）》《海关特殊监管区域退出管理办法（试行）》，并以海关总署部门规章的形式印发实施。

从1987年深圳设立我国第一个保税区到1998年国务院特区办公室（以下简称“特区办”）撤销，我国海关特殊监管区都处于特区办的专管之下。直到2000年国务院批准设立第一批出口加工区，海关特殊监管区的牵头管

① 孙远东：《从海关特殊监管区域到自由贸易园区——中国的实践与思考》，首都经济贸易大学出版社2014年版，第93～97页。

理部门方才从事实上明确为海关总署。① 相比特区办的综合性，海关总署的职权范围较窄，在部门主导决策的体制下由其在部委间进行协调难度较大。另外，我国特有的地方竞争机制也给海关牵头管理海关特殊监管区带来了很大的困难和阻碍。从现实中的立法已可以看出这种困难：（1）海关总署作为牵头主管部门本身制定的规章就较多，每一类海关特殊监管区均有其相应的管理办法。（2）其他部门如商务、税务、检验检疫等分别有自己的管理办法，但又没有完全跟进。如检验检疫部门只针对保税区等少数特殊监管区制定了管理办法，对本文讨论的综合保税区的规定则付之阙如。（3）地方性法规更是数量繁多、种类复杂。如此各地区各部门制定的各种法规政策常常缺乏协调性和稳定性。各地情况和执法环境的不同导致了不少同样的问题在不同地区内受到管理的情况存在差异。而由于认识和利益上的分歧，部际沟通往往周期长、成本高，很难形成协调一致的意见，导致海关特殊监管区的问题迟迟难以解决。

就地方而言，目前各地方都成立以地方政府为主导的管理委员会对特殊监管区进行管理。以北京天竺综合保税区为例（以下简称“天竺综保区”）。《北京天竺综合保税区管理办法》（以下简称《管理办法》）第4条规定：“市人民政府设立北京天竺综合保税区管理委员会（以下简称管委会），统筹协调天竺综保区规划建设和产业发展，统一管理天竺综合保税区的日常事务。”天竺综保区管委会为正局级市政府派出机构，由北京市政府委托顺义区政府代管。根据《管理办法》的精神和规定，管委会负责综保区产业发展和区域建设规划（第5条）；强调协调作用（第8条、第10条），侧重服务功能（第6条、第9条）。出于精简高效的考虑，天竺综保区只把必不可少的且不能越俎代庖的职能部门，如海关、外汇、税务、检验检疫等行政管理部门接纳进区。而对于劳动人事、环保、城建、交通等行政管理事务该如何负责，《管理办法》并没有规定，也没有授权管委会代为负责。相反，《管理办法》第12条规定：“天竺综保区内企业聘用的专业技术和管理人才，符合本市有关规定，需要办理《北京市工作居住证》或者北京市常住户口的，管委会应当给予支持，协助办理相关手续。”这表明，在劳动人事方面管委会并无决定权限。综观全国各地的特殊监管区，它们在地位、职责和权限方

① 孙远东：《从海关特殊监管区域到自由贸易园区——中国的实践与思考》，首都经济贸易大学出版社2014年版，第94页。

面各不相同。①

（三）改善建议

针对上述问题，应当本着统一高效的原则，在中央设立统一的海关特殊监管区管理机构。该机构可由各相关的中央职能部门组成，也可以吸收部分特殊监管区的代表或所在地方政府派出的代表。由该机构负责特殊监管区的立法工作、审批工作和日常事务管理工作。其中，统一立法工作尤为重要。在设立中央专管机构的同时，即明确由其负责起草统一的特殊监管区法草案，各部门在此基础上制定相应的统一的实施细则。同时对各地方特殊监管区管委会的地位、职责和权限予以明确，即使无法做到全国统一，也应对其设立、运行的原则加以规定。

就地方而言，在中央设立统一部门、实施统一法规之前，可以先本着"权责清晰、运行有效"的原则确立本地特殊监管区管委会的职权。以天竺综保区为例，笔者认为，《管理办法》应当进一步强化和细化管委会在协调管理入区的政府职能部门之间的关系时所具有的权限和权威，以更好地避免各自为政、相互推诿的情况，形成畅通有效的管理体制，此其一。其二，非入区的市（区）政府职能部门应当赋予管委会更充分的行政许可与审批权力，以避免企业仍要到市（区）政府和各职能部门办理各种审批手续。

二、微观管理层面：政府与企业间的权限分配

（一）国际实践的观察

自由贸易园区微观管理层面的问题是指园区内政府与企业在管理园区中的权限与作用。纵观世界各国的实践，大致分为如下三种类型。

一是政府主导型模式，即园区的行政管理机构是中央或地方政府的派出机构、所在地区的地方海关或港务局等，它们依法在园区内行使管理职能，全权负责区内的一切事务。不仅履行必要的行政管理、监督和检查职能，而且直接承担区内经营性活动、开发建设等职能。在实践中采用这类模式的自

① 郑俊田等：《中国保税监管区域的制度创新与政策选择》，对外经济贸易大学出版社2010年版，第98～100页。

由贸易园区会在行政管理机构之下直接设立开发公司，该公司基本上没有自我决策权，人员配备与行政部门也是一致的，即“两块牌子，一套人马”。因此，行政管理机构具有明显的双重职能，其能利用大量资源进行自由贸易园区的开发和建设。在我国台湾地区，其出口加工区的管理机构即是直接隶属于“经济部”的“出口加工区管理处”，拥有广泛的权限。

二是企业主导型模式，即园区内不设专门的行政管理机构，而是由政府通过法律途径在行政管理机构系统之外授权一家专业管理公司，专门从事区内的开发建设和经营管理工作；同时也代行部分行政管理职能，并提供投资服务。该种管理公司是具有独立法人地位的经济实体，它们在区内进行公司化管理、市场化运作，对整个区内的经营性事务进行协调和管理，对授权的政府负责。在这种模式下，自由贸易园区的行政管理机构与管理公司隶属不同的系统，是“两块牌子，两套人马”。美国对外贸易区的管理模式即是典型的企业主导模式，由经过对外贸易区委员会授权的园区受让人充当管理者角色。这种以企业自律和自我管理为理念设计的模式，只有在成熟的市场经济、完备的信誉制度和完善的法治社会背景下才可能获得好的效果。

三是混合型模式，即介于政府主导型和企业主导型之间的模式。该模式下园区的管理机构既有政府职能部门，也包括运营公司，但两者权责分明、职责相对独立。政府部门负责制定园区发展规划、发展战略，行使行政权力，提供政府服务。政府与有资质的运营公司签订协议，由公司负责园区的投资建设和经营性事务，政府仅对公司进行监管，并不直接参与园区内的开发和经营。智利的伊基克自由贸易园区即采用这种模式。该模式下政府的适度干预可以弥补社会资本运作的不足，有利于把握园区服务于地方和国家经济发展的大方向，有利于园区内基础设施和公共服务的完善；同时，企业运营可以利用市场机制提高政府公共服务供给的效率。

（二）我国的现状及问题

我国综合保税区的微观管理体制总体而言是政府主导型模式，不乏个别采取不典型的混合型模式的情况（为何称为“不典型的混合型模式”容下文详述），但还没有一家综合保税区采取企业主导型模式。

在我国的政府主导型模式中，综保区管委会作为一级行政组织或地方政府的派出机构，行使经济开发规划和管理的职能，对综保区实施建设与管理，为入区企业提供服务，还有一定的行政审批权。这种模式具有较强的权威性，能够调动大量资源进行综保区开发和建设，在一定程度上可以通过相对集中简化的机构优势提高管理效率，方便投资者，改善区内投资环境。但这种政府意志很强的模式不符合市场经济的要求和现代化行政的理念。天竺综保区就是这种模式的典型代表。

在我国，混合型模式下由政府在综保区成立管委会，由管委会负责制定发展规划、行使行政权力、提供政府服务；开发建设公司则是综保区投资建设和经济运营的主体。综保区建成运营后政府和企业按照股权进行利润分成。我国比较典型的此类综保区有：上海综合保税区联合发展有限公司、武汉东湖综合保税区建设投资有限公司、贵阳综合保税区开发投资（集团）有限公司、苏州高新区综合保税区平台开发公司。其中，上海采用的是股份有限公司的组织形式；武汉、贵阳、苏州采用的是国有独资公司的形式。这就说到了我国混合型模式之所以“不典型”的原因：在采用“管委会+公司”模式的我国综保区中，开发公司多数是国有企业。这样混合模式下的综保区运行中政府和企业往往“你中有我，我中有你”，很难实现真正的各负其责。

目前，我国还没有一家综保区完全由独立自主、自负盈亏的运营管理公司进行规划、投资开发和管理。这未必不好，也就是说综保区管理运作完全市场化其效果未必有想象的那么好。作为企业，其经营的终极目标是追求利润最大化、实现经济效益，这就会造成综保区开发建设的方向和速度取决于运营企业盈利实现与否的局面。企业招商引资不可能按照政府确定的目标功能全面展开，甚至与政府设立综保区的初衷背道而驰。加之我国目前缺乏前述企业型主导模式运行的土壤，不采取这种模式也合情合理。

（三）改善建议

综合上述分析，笔者认为，从微观层面上看，我国目前综保区运营管理可根据具体情况采取政府主导型或混合型模式。事实上，地方政府在综保区的开发、建设、日常管理甚至招商引资等方面仍然发挥着主要作用，这是由我国的国情决定的。特别是在综保区发展初期这种模式适用性更强。但即使适用这种模式，也应当注意对其中的开发建设及招商引资引入社会中介、市场等多元化机制。在发展相对成型的综保区，可以尝试采用混合型模式。在该模式下，要做到真正政企分开，充分发挥政府和市场各自的优势。管委会的核心和本职工作在于为区内经济发展提供公共服务，其应放弃利益垄断，建立公平竞争的区内市场环境，允许非公经济参与竞争，引入社会资本经营。天竺综保区作为全国首家空港型综合保税区，自2008年批准设立已有七年多的时间，各方面运作相对成熟稳定。因此，可以考虑尝试上述混合型管理模式，进一步提高综保区的市场化水平和经济发展活力。

小　结

基于我国特殊监管区设立和发展的现状，宏观层面上，目前应在中央设立统一的海关特殊监管区管理机构，并由其负责起草统一的特殊监管区法草案。微观层面上，对发展程度不同的特殊监管区，采用政府主导型管理模式或混合型模式，而不宜采取完全市场化运作的企业主导型模式。对于北京天竺综合保税区而言，目前在中央无进一步改革动作的情况下，应在《管理办法》中进一步强化和细化管委会在协调管理入区政府职能部门之间的关系时所具有的权限，同时扩大管委会的行政许可和审批权力。就区内运营管理而言，可考虑尝试政府和企业混合管理的模式。

论破产清算中的国家税收清偿顺位

——基于公共利益的视角

张世君*

【摘要】虽然我国破产法赋予国家税收以优先顺位，但学界仍有不同看法。对于该问题，英、美、法、日等西方发达国家的做法提供了域外借鉴的视角，国家利益层面的理论分析提供了解释的视角，均表明取消国家税收优先顺位的做法将对国家利益的维护产生不利影响，应当予以否定。

【关键词】破产；国家税收；顺位

一、问题的提出

破产清偿顺位集中体现出了立法者对破产程序中各类利益的选择与保护，是一国破产立法价值取向的结果。其中，对于国家税收的顺位安排也是破产法史上颇有争议的问题。目前，从全球范围内的破产立法现状来看，大多将国家税收置于较为优先的地位。就我国而言，2006年的新《企业破产法》第113条明确规定，破产财产在优先清偿破产费用和共益债务后，依照下列顺序清偿：（一）破产人所欠职工的工资和医疗、伤残补助、抚恤费用，所欠的应当划入职工个人账户的基本养老保险、基本医疗保险费用，以及法律、行政法规规定应当支付给职工的补偿金；（二）破产人欠缴的除前项规定以外的社会保险费用和破产人所欠税款；（三）普通破产债权。可见，我

---

* 张世君，男，首都经贸大学法学院教授、研究生导师，主要从事商法与经济法研究。本文为笔者主持的中国法学会2015年度部级课题“企业社会责任的法律实现机制研究”的阶段性成果。

国破产人所欠税款的清偿顺位被排在职工债权之后，与破产人所欠缴的社会保险费用同处第二顺位。对此，我国学界部分学者持赞同态度，主张国家税收具有优先受偿的效力顺位。①

但是，近几年来，国家税收的优先清偿顺位开始受到质疑，有少数几个国家取消了税收债权的优先清偿效力。② 同时，我国国内亦有学者提出对现有立法的不同看法，如有学者明确提出应该取消税收的优先效力，提出这种做法不仅难以从经济角度证明是否会增加社会整体效益，而且从法理上看还造成了不公平的结果，导致本应该由债务人承担的税负不合理地转移给了其他普通债权人。③ 还有学者虽未全盘否定国家税收的优先顺位，但对我国《税收征收管理法》第 45 条第 1 款所规定的，“纳税人欠缴的税款发生在纳税人以其财产设定抵押、质押或者纳税人的财产被留置之前的，税收应当先于抵押权、质权、留置权执行”的规定提出不同看法，认为发生物权担保设置前欠缴的税款本可以优先实现，但因政府怠于行使权利导致实际上放弃权利的结果，所以在破产程序中不应再给予保护。④

以上争论，不免令人困惑，如何对现有立法给出令人信服的解释和说明，以更好地使税收相关法律得到理解、遵守和执行，是理论界须直面的问题。本文不揣浅陋，拟对各国破产程序中国家税收的顺位安排争论进行梳理考察，进而以国家利益观为视角给出相应的论证，以扶正视听。

二、国外破产程序中国家税收顺位的争论

在债务人财产分配的序列中，国家是作为普通债权人行使权利还是作为代表特定利益的债权人而对其优先保护？对此，国外的实务界与理论界也曾经有过激烈争论。

---

① 张伟、杨文风：“税收优先权问题研究”，载刘剑文主编《财税法论丛》（第 1 卷），法律出版社 2002 年版，第 143 页。韩长印：《企业破产立法的公共政策构成》，中国人民大学 2001 年博士论文，第 94 页。

② UNCITRAL，Legislative Guide on Insolvency Law，http：//www.uncitral.org/english/texts/insolvency/insolvency.htm，转引自丁文联：《破产程序中的政策目标与利益平衡》，法律出版社 2008 年版，第 168 页。

③ 丁文联：《破产程序中的政策目标与利益平衡》，法律出版社 2008 年版，第 170 ~ 171 页。

④ 王欣新：《破产法》（第二版），中国人民大学出版社 2007 年版，第 414 页。

在美国，1966 年曾经有一份关于破产法改革的布鲁金报告（Brooking Report）就建议国会在修改破产法时将国家税收在分配顺位上降级，并且有相应的议案提交国会。① 但当时司法部的某些官员们强烈反对这些议案，认为这些建议将对税收法律以及债务人对待破产法的态度产生严重的破坏性的影响，他们认为债务人财产的价值并不会因为国家税收在分配顺位上降级而有多大的变化，相反整个美国税收体系将被极大地受到威胁。② 该观点得到了美国国家税务官员们的支持，他们普遍认为仅因为是国家债权人就将其分配顺序降低有碍公平的原则，特别是这些建议一旦实施就会破坏国家的税收基础，从而最终损害国家职能的继续。③ 但是美国的理论学界对于国家税务官们的意见却不置可否，有学者评论说"即使将税收请求权列为最优先的分配顺序也只不过是对国家总体税收贡献了很小的一部分，但是却从可用于债权人分配的债务人的财产中拿去了极大的一部分"④。1978 年新的破产法出台时，将原有的顺位进行了调整，国家税收请求权的排序在无担保债权中的前列，并且绝大多数的税收是不可豁免的债务。这一争论最终的结果表明了国家持有一种强烈的观点，即为社会整体安全福利所征收的财产应当得到特殊的保护。⑤

英国破产法的改革也和美国有类似的经历。早在对英国 1986 年破产法有重大影响的库克报告出台时，⑥ 就建议国家税收在破产财产分配顺序中应被大规模的削减，对于地方和郡县的税收更是反对给予其优先权的地位。⑦

---

① Bruce G, Tenence C. Halliday, *Rescuing Business——The Making of Corporate Bankruptcy Law in England and The United States* , Clarendon Press Oxford, 1998, p. 218.

② Bruce G, Tenence C. Halliday, *Rescuing Business——The Making of Corporate Bankruptcy Law in England and The United States* , Clarendon Press Oxford, 1998, p. 218.

③ Bruce G, Tenence C. Halliday, *Rescuing Business——The Making of Corporate Bankruptcy Law in England and The United States* , Clarendon Press Oxford, 1998, p. 219.

④ Bruce G, Tenence C. Halliday, *Rescuing Business——The Making of Corporate Bankruptcy Law in England and The United States* , Clarendon Press Oxford, 1998, p. 220.

⑤ Bruce G, Tenence C. Halliday, *Rescuing Business——The Making of Corporate Bankruptcy Law in England and The United States* , Clarendon Press Oxford, 1998, p. 222.

⑥ 1977 年，英国在肯奈斯·库克（Kenneth Cork）勋爵的主持下成立了破产法与实践改革委员会。1982 年，当英国历史上企业破产失败的纪录达到有史以来的最高点时，该委员会的最终报告公开发表了。这份 460 页的报告提出了破产法全面的改革建议，See：Insolvency Law and Practice：Report of the Review Committee，Chairman of the Review Committee，Presented to Parliament by the Secretary of State for Trade by Command of Her Majesty June 1982，London：HMSO，reprinted 1990，Cmnd . 8558，pp. 445 ~ 448.

⑦ Bruce G, Tenence C. Halliday, *Rescuing Business——The Making of Corporate Bankruptcy Law in England and The United States* , Clarendon Press Oxford, 1998, pp. 226 ~ 227.

但英国的国家税收权威却坚持认为破产法恰好是一种对于未能征收税款的征集程序，① 因此1986年英国新破产法出台时，虽然对国家税收进行了削减，但是政府并没有失去优势地位和特权。有学者评论，虽然当时的撒切尔夫人极力推行私有化，主张小社会大市场，然而她的改革却是将一个强有力的政府与一个强有力的市场绑在了一起，在一个强有力的政府中，财政部门是不会轻易放弃手中财富的。②

至于其他国家，可以通过其各自法律的规定对立法者的态度与立场加以分析判断。在日本，其破产法制的重要组成部分，即《日本公司更生法》规定在更生债权中，有关财源征收的所得税、通行税、有价证券交易税、酒税、物品税、砂糖消费税、挥发油税、地方道路税、煤气税、石油税、入场税、纸牌类税、以及由特别征收义务人征收而应缴纳的地方税，且于更生程序开始当时缴纳期限尚未界至者，可以作为共益债权予以请求。③ 同时该法还明确规定在更生计划中，就可依据国税征收法或国税征收条例实行征收的请求权，订立3年以下期间的缓期纳税或依滞纳处分对财产缓期变价时，应征求有征收权限者的意见。订立超过3年期间的缓期纳税或依滞纳处分对财产缓期变价时，承受债务或其他影响权利的事宜时，应经有征收权限者同意。对于自更生程序开始裁定之日起1年内的期间内发生的迟延税、利息税或迟延金，订立前款规定的应经有征收权限者同意的内容时，可以不拘前款规定，而征求其意见。与订立缓期纳税或依滞纳处分对财产缓期变价情况，有关该缓期期间的迟延税或迟延金，亦同。④ 可见，日本对不同税收采取不同处理方式，对于国家税收，在进行处理时要经过同意或征求意见，对于某些税收应作为共益债权而优先受偿，国家利益明显被置于重要的位置并得到法律的有效保护。

在法国，其《司法重整与司法清算法》的某些条款也同样蕴含着对国家利益进行保护的精神。比如该法规定因资产不足判决终止司法清算程序，不恢复债权人个人对债务人提起诉讼的权利，但是因债务人职业活动以外的事由或因偷税而受到刑事处罚；在此情况下，收益归国库所有。⑤ 可见，偷税

---

① Bruce G, Tenence C. Halliday, *Rescuing Business——The Making of Corporate Bankruptcy Law in England and The United States*, Clarendon Press Oxford, 1998, pp. 226～227.

② Bruce G, Tenence C. Halliday, *Rescuing Business——The Making of Corporate Bankruptcy Law in England and The United States*, Clarendon Press Oxford, 1998, p. 233.

③ 《日本公司更生法》第119条。

④ 《日本公司更生法》第122条（一）（二）。

⑤ 法国1985年《司法重整与司法清算法》第169条。

不会导致债务人免责，国家保留追究的权利。因此，通过对美、英、法、日等国立法资料与立法条文本身的考察，我们可以得出结论：各国立法都将破产中的国家税收放在较为优先保护的地位。

三、破产程序中国家税收顺位的理论分析

破产法对待国家税收顺位的态度，本质在于如何看待国家利益的问题。国家，作为一类特殊的主体，也有着自己的利益。破产制度在对各种利益的确认、选择、取舍、调和中也必须处理国家利益的问题。如果国家税收能够代表着某种应当予以优先保护的价值或者利益（如公共利益），则赋予国家税收债权清偿以优先顺位无可厚非。但如果国家税收所体现出的利益只是个别组织、个别主体的利益，赋予其优先地位则勉为其难。由此，问题转化为国家利益的解构，即如何看待国家利益的组成。

法律上，国家一词可以从两个层面上加以理解。一个层面是国际关系与国际政治中的国家，指的是领土、主权与居民的综合体。另一个层面是从国内政治意义上来理解，指的是政治权力机构，是高居于社会之上的社会管理系统。两个层面也就意味着国家利益的两个理解角度，在国际关系与国际政治中的国家利益就应当是一个民族国家的整体利益，比如领土独立、主权完整等。而国内政治意义上的国家，其利益是政府利益或政府所代表的利益。由于破产法是从国内法的意义来探讨的（当然这并不排除其有域外适用效力），因此本文对国家利益采取第二种理解。长期以来，在这种视角下，如何理解国家利益的内容基本有两类观点：一类将其与社会公共利益等同，认为国家利益与社会利益是统一的，国家利益就是社会利益，认为国家利益不仅在形式上表现为社会公共利益，而且确实也包含着社会公共利益的内容。[①] 另一类认为国家利益与社会公共利益是不同的利益形态，国家利益与社会公共利益是有区别的，政府是国家利益的代表。[②] 政府往往打着国家利益的旗号，但却有自己的利益，这种利益不是公共利益，恰恰是私益。

对于国家利益的内涵，特别是其与公共利益的关系必须结合国家产生的

① 俞可平：《权利政治与公益政治》，社会科学文献出版社2000年版，第133页。

② 赵震江：《法律社会学》，北京大学出版社1998年版，第253页。

历史才能够真正理解，在此之前任意给出结论都将是武断的和片面的。根据马克思经典作家的理论，国家是在阶级分化与阶级斗争的过程中逐渐形成的。虽然各个地区与民族向国家过渡的过程中所走的道路不同，但是都存在一些基本的规律：[①] 随着社会生产力的发展，社会分工的出现，经济结构的变化，氏族的管理方式由选举变成了世袭，维护全社会成员利益的机关变成了维护少数人利益的特殊机关，氏族的自我管理机关变成了凌驾于社会之上的阶级统治机关。为了巩固和发展正在形成的统治阶级的利益和压制被统治阶级的反抗，从事掠夺和征服，正在形成的国家组建了新的管制机构，一种新的公共权力机构开始形成，它与原先氏族社会的自治管理机关在性质上是完全不同的。当然，国家的形成不是一次性完成的，而是经过了多次的反复，是一个自发与自觉相结合的过程，伴随着条件逐步成熟，一些新的统治与管理的方式出现，将统治阶级与被统治阶级之间的关系固定化、合法化，使相互之间的斗争得到缓和并控制在一定的范围内。恩格斯指出：国家的产生表示这个社会陷入了不可解决的自我矛盾，分裂为不可调和的对立面而又无力摆脱这些对立面。而为了使这些对立面，这些经济利益相互冲突的阶级不致在无谓的斗争中把自己和社会消灭，就需要有一种表面上凌驾于社会之上的力量，这种力量应当缓和冲突，把冲突保持在秩序范围之内，这种从社会中产生但又自居于社会之上并且同社会脱离的力量就是国家。[②]

从国家的发展史我们可以清楚看出，国家是一种极为奇特的历史现象，是一种利益冲突，尤其是历史早期的统治阶级与被统治阶级之间利益冲突的结果。“正是由于私人利益和公共利益之间的这种矛盾，公共利益才以国家的姿态而采取一种和实际利益（不论是单个的还是共同的）脱离的独立形式，也就是说采取一种虚幻的共同体的形式。[③]”因此，国家首先是统治阶级统治的工具，在国家利益名义下进行的政府行为实质上都是为了统治阶级的利益。国家利益的特性注定了国家利益概念在现实生活中总是被所有政治家和政府当局随意解释和妄自使用。[④] 因此，将国家利益与社会公共利益完全等同的观点有失片面。

但是，我们也要看到国家虽然是在利益冲突基础上诞生的，然而一开始

---

① 孙国华主编：《法理学》，中国人民大学出版社 1994 年版，第 39 ~ 40 页。

② 中共中央编译局编译：《马克思恩格斯全集》（第 4 卷），人民出版社 1965 年版，第 166、167 页。

③ 中共中央编译局编译：《马克思恩格斯全集》（第 3 卷），人民出版社 1960 年版，第 37 页。

④ 颜运秋著：《公益诉讼理念研究》，中国检察出版社 2002 年版，第 29 页。

就担负起了一定的公共职能，在国家的早期体现为维护社会整体秩序，将不同利益集团之间的利益关系固定化、合法化，使相互之间的利益斗争得到缓和并控制在一定的范围内。到了近现代社会，则体现为国家的公共社会管理，国家的公共职能在不断强化，在公共卫生、公共交通、公共安全、公共教育、公共环境、公共福利方面的作用越发重要和突出，而这些既对统治集团有利也对被统治者有利。因此，也不能完全否定国家利益中有社会公共利益的一面。

因此，国家利益具有两面性。一方面，国家利益具有公共利益的属性，国家可以是公共利益的代表，可以超脱地作为社会整体利益的代表对全社会公共事务进行管理，不特定的社会主体均可从中受益。典型的例子是国家通过税收来对全社会提供公共物品和公共服务。正如有学者精辟地指出：现代社会，国家对税收依赖较强，税收是国家运转的主要甚至是唯一的燃料，一切公共物品的提供，包括其他个人债权的维持和正常实现均有赖于以税收为主要支撑的国家司法制度的建立以及司法权力的运用。① 另一方面，国家的活动又必须通过政府组织来实现，在现代社会中表现为国家的立法机关、行政机关、司法机关等。但是，这些政府机构或者组织，也有自己的利益，当政府自己的利益与国家所代表的公共利益不一致时就有可能打着国家利益、公共利益的旗号，而行为的目的却是为了自己的利益最大化。国家利益与公共利益既有一致的时候，也有冲突的时候，因此绝对地说国家利益与公共利益完全是一回事或者不是一回事都是片面的观点。

而在破产程序中，国家的利益集中体现为税收的利益，国家的权利集中表现为基于税收征收权所产生的对债务人财产的请求权。而税收恰是最能表现国家利益中公共利益属性的一面，因为在现代社会中，税收的首要职能就是组织国家财政收入、满足国家财政需要，② 国家通过税收用于公共福利开支，实现各种公共职能，同时以税收的形式纠正现代社会财富分配不公并且可以调整经济运行，保障国民经济的健康稳定发展，而这是对全社会利益有利的。因此，在各国破产立法的财产分配顺序上，国家税收利益也可考虑给予较为优先的法律地位，这是公共利益实现的一个重要渠道。

---

① 张伟、杨文风："税收优先权问题研究"，载刘剑文主编：《财税法论丛》（第一卷），法律出版社2002年版，第143页。

② 刘剑文主编：《财政税收法》，法律出版社1997年版，第143页。

四、结论

英、美、法、日等西方发达国家的立法考察为赋予国家税收以优先的清偿顺位提供了现实基础；从国家利益观出发进行分析，解释了破产程序中的国家税收最能体现国家作为公共利益维护者的一面。其实，那些持反对态度的学者也认为，现代国际交往中，坚持国家税收优先性有助于维护一国的主权利益。[①] 因此，赋予破产程序中国家税收顺位的优先性仍将是各国破产立法的通常做法，若贸然取消国家税收的优先顺位，必将对社会公共利益的维护产生不利的局面，是应当被否定的。

① 丁文联：《破产程序中的政策目标与利益平衡》，法律出版社2008年版，第171页。

司法实务

……

鄱阳湖砂石资源的法律保护*

王柱国　陈　群**

【摘要】 近年来鄱阳湖砂石滥采、盗采现象普遍，严重危害防洪安全、破坏生态环境、威胁社会稳定。由于利益巨大、查处难度大、存在地方保护主义，再加上法律法规的不完善等原因，导致非法采砂屡禁不止。本文一方面以行政法与刑法的角度为切入点，探索政府和行政管理部门管理非法盗采砂石的办法，从源头上对非法采砂进行遏制；另一方面建议解释、修改河道采砂法律法规，为河道采砂行政执法提供明确的法律依据，解决采砂相关法律法规的适用困难的问题。同时，强化领导，落实责任，加强执法队伍建设，保证采砂管理经费的来源，逐步提高监管水平。

【关键词】 鄱阳湖采砂；非法采砂；刑事责任；政府监管

一、鄱阳湖非法采砂现状及危害性

（一）鄱阳湖非法采砂的现状

鄱阳湖是我国重要的旅游胜地，也是世界重要的湿地之一，对长江中下游地区的生态安全和用水安全具有重要意义。自20世纪90年代初，随着江西省经济的迅速发展，对砂石需求急剧扩大。鄱阳湖由于它的砂石粒细、色亮、质好，受到市场的广泛青睐。但是在今天，鄱阳湖河道采砂现状不容乐

* 该论文为2015年度江西省高校人文社会科学重点研究基地研究项目“赣江流域水污染防治行政执法的现状、问题及完善研究”（课题编号：JD1570）阶段性成果。

** 王柱国，江西财经大学法治政府研究中心研究员、法学院教授、法学博士，主要研究方向为宪法与行政法。陈群，江西财经大学法学院硕士研究生。

观、令人担忧。

首先，鄱阳湖砂石滥采现象非常严重，采量严重超标。例如九江市，采砂总量过大，尤其是九江市国有采砂公司存在过度开采行为，其规划的采量为4 000万吨，实际批复的采量是3 000万吨，但一年的实际开采量达一亿吨，且没有相关单位对其追究责任，这种不受控制的过度开采导致对鄱阳湖生态破坏巨大。相比之下，周边鄱阳县、余干县、进贤县、新建县，采砂量每年总共才近600万吨，其中进贤县和新建县采砂开发晚，对生态破坏不是很严重。同时，就鄱阳湖沿湖各县市的采砂情况对比而言，有的县市从每年3月21日起有为期三个月的休渔期，在此期间采砂船停止作业，而有的县市例如九江市却没有遵照休渔期政策，同时由于其处于鄱阳湖下游，水位比较高，几乎可以每天进行开采砂矿，其实际采砂量远远超出规划的采砂量。

其次，各地盗采砂矿的现象普遍存在。非法采砂多在夜间偷采，白天就地销售。执法人员准备在它们偷采时进行执法，但这些船只很快趁着茫茫夜色和鄱阳湖的大风大浪逃脱，给采砂执法造成巨大困难。由于盗采不在规划的采量范围之内，其采砂量无法统计，但采砂量远远超出规划的采砂量，超出了鄱阳湖生态环境承受的范围，对鄱阳湖生态环境破坏严重。正是由于采砂利益巨大，非法滥采更是有恃无恐，非法滥采使得当地的采砂总量不受政府规划总量的控制，且不受休渔期禁止开采的约束，可以随时随地进行开采。

（二）鄱阳湖采砂的危害性

鄱阳湖非法采砂的危害性表现在不仅对生态环境造成破坏，还严重威胁社会稳定、防洪安全。鄱阳湖非法采砂的危害性具体表现为：

其一，河床下切，水位连创新低。近些年鄱阳湖出现严重干旱，虽有降雨量少的天灾，但人祸亦不能忽视，而非法采砂是其重要原因。以赣江为例，近年来赣江中下游非法采砂活动频繁，导致河床下切明显，水位较历史数据偏低。与2008年比较，在赣江中下游一些河段，河道被挖深了2～4米。大量宝贵水源位于中间狭小的河道里，远离河岸，无法抽取利用。① 而在赣江西支一些河段，由于非法过度采砂，导致河床流失，经河水冲刷，已经变成一块陡崖。气象专家也认为，水位屡创新低，跟近几年赣江河床下切有很大关系。河床下降，水量虽然没有减少，但水位却跟着下降。2007年出现的罕见三季连旱，导致沿湖沿江地区取水难，很大程度是因为河道湖泊非

---

① 刘愸宏：“鄱阳湖河道采砂的法律问题探究”，载《江西警察学院学报》2011年第6期，第62～64页。

法采砂，河道严重下切、水位下降。

其二，危及防洪安全。采砂业者贪图作业方便，盲目追求高产量，在堤防、桥梁等基础设施附近水域非法采砂，导致堤脚严重塌陷，如不及时遏制，有可能改变水势的自然流向，严重危及堤防安全。而在局部河段大量采挖，尤其是凹岸采砂，则会出现大量的深坑，极易形成旋涡，影响泄洪安全，同时也加剧了对河岸的冲刷。部分采砂业者在结束作业后，不及时复平深坑，给两岸农田和房屋造成了严重的威胁。

其三，破坏区域生态环境。自古有“水分两色”之说，长江浊而鄱阳湖清，但现在却颠倒了。据江西省水利厅相关水文资料显示，鄱阳湖含沙量为0.35千克/立方米，比6年前混浊了50倍，同期长江水含沙量为0.12千克/立方米，长江水还比鄱阳湖水清澈近3倍。近年来，鄱阳湖渔业品种在逐渐减少，个体也越来越小，这些都与鄱阳湖非法采砂有关。开采河道砂石的作业，需采砂船先挖开湖底淤泥，再将底部砂石吸上来，而这层淤泥正是鱼类产卵和河底生物繁殖的场所。非法采砂对区域生态环境带来的灾难是毁灭性的，严重破坏了鱼类的栖息环境和河底生物的生存场所。而采砂过程中产生的含油废水、污油，直接排入河道，也会严重影响水质。

其四，民间盗采沙石引发社会不稳定，这也是一大危害。由于鄱阳湖水位涨落变化大导致水域变化，采砂船跨水域采砂容易发生争议，采砂人有时为争夺“地盘”而互相斗殴或发生打砸抢等严重的群体性事件。在暴利的驱动下，暴力抗法、涉枪涉恶造成采砂执法人员伤亡事件时有发生，严重破坏社会稳定。①

（三）非法采砂入罪的必要性

河砂是河床的基本构成元素，也是维护水沙平衡的物质基础，又是一种可以作为建材加以利用的自然资源。河道采砂活动在水利部门监督指导下，按照标准技术规范有序作业，既能起到疏通河道有利行洪的作用，又支援了国家的经济建设。但是，过度开发、不当开发时则会给河道防洪、涉水工程及水生态平衡的保护等多种公共安全造成各种形式的不良后果，如上述提到的河床下切、危及防洪安全、破坏区域生态环境等，所造成的损失远远大于采砂所带来的经济利益。如2012年先后于9月10日与10月13日接连两次在江苏镇江江心洲出现的大面积坍江险情，总共造成洲堤坍陷310米、洲堤

---

① 赵翔：“南昌治砂：‘矫枉’是否‘过正’？”，载《工人日报》2013年3月21日，第4版。

内坍进200米、总坍失面积约310亩、民房坍失7户28间约600平方米。①经调查认为，两起塌陷事故皆为非法采砂活动所致。再如2013年1月7日海南日报报道，非法采砂留下的大坑导致海水倒灌河水咸化，海南儋州两万居民只能靠外出买水维持日常饮用需求。② 因河道非法采砂活动引发治安案件时有发生。自20世纪70年代末以来，为争抢资源丰富的采砂点，湖北武穴市与江西瑞昌市因采砂多次发生纠纷甚至械斗。2012年5月21日上午，江西省南昌市新建县厚田乡狮子门村村民因非法采砂产生纠纷，群殴械斗造成7人受伤。全国范围内因非法采砂形成沙坑造成人员溺水伤亡的案件更是不胜枚举。

上述案例结合鄱阳湖非法采砂的现状来看，为了保护生态环境，保证河道防洪以及沿河流域的公共安全，在行政处罚不足以管制河道非法采砂行为的情况下，通过将河道非法采砂行为以及非法采砂者纳入刑法的打击范围，来加大对河道非法采砂的打击力度，是非常有必要的。

二、鄱阳湖采砂管理执法采取的手段和存在的问题

为尽快遏制鄱阳湖盗采滥采砂石这一局面，2006年江西省出台了《江西省河道采砂管理办法》。通过该《办法》的颁布实施，初步解决了江西省河道采砂管理工作中法律法规不健全、不统一，缺乏针对性和可操作性的状况，扭转因体制不顺，职责不清、协调不力而导致的河道采砂管理秩序混乱的局面。

2012年新修订的《江西省河道采砂管理办法》结合江西省采砂管理实际以及近年来采砂管理遇到的新情况，对原《管理办法》的相关条文进行了修改，并增加《江西省设区市、县（市、区）人民政府河道采砂管理督察、通报、考核、问责制度》，并将《江西省河道采砂可采区现场监督管理办法》作为新《管理办法》的附件。③ 同时，江西省人民政府下发《江西省人

---

① 万凌云："江苏镇江一处洲堤坍塌28间民房掉进长江"，载《扬子晚报》2012年10月15日。

② 王金生："河道非法采砂入刑的法律适用问题探讨"，载《水利发展研究》2015年第1期，第55～61页。

③ "《江西省河道采砂管理办法》修订出台"，载 http://shuizheng.chinawater.com.cn/lfdt/201401/t20140123_323922.htm，2012年2月2日。

民政府关于开展鄱阳湖综合整治坚决保护“一湖清水”的意见》（赣府发［2012］4号），决定自2012年1月起开展为期一年的鄱阳湖综合整治工作，对非法采砂行为进行重点整治。1月19日，省政府召开鄱阳湖综合整治工作会议，就开展鄱阳湖综合整治工作进行深入研究和具体部署，坚决遏制个别地方单纯追求经济利益、破坏鄱阳湖生态的违法违规行为，坚决保护好“一湖清水”。①

按照江西省政府的统一部署和要求，江西省水利厅于2012年1月29日下发《关于印发加强鄱阳湖区采砂管理保护“一湖清水”专项整治方案的通知》（赣水政法字［2012］4号），对鄱阳湖区采砂专项整治工作进行具体布置。将鄱阳湖水域确定为整治的重点。通过减少作业采区、减少作业时间、减少作业船舶数量，严格采砂船舶准入、严格现场监管、严格控制年度采砂总量等“三减三严”的措施，总体上形成湖区采砂管理长效机制，将采砂活动对鄱阳湖水资源、水生态保护的影响降到最低限度，维护鄱阳湖“一湖清水”。②

虽然这些措施有些成效，但是鄱阳湖非法采砂的情况依然十分严重，特别是由于历年采砂导致的河床下切，鄱阳湖水位屡创新低，江西全省出现干旱危机。这反映了鄱阳湖河道采砂管理的效果不佳，执法过程中存在着很多问题。鄱阳湖河道采砂管理执法中存在的问题如下：

其一，监管力度不足，多头管理分散执法力量。河道采砂管理涉及多个部门，对非法采砂的行政处罚，就涉及水行政主管部门；对船只的登记管理，就涉及海事部门；对不法分子的拘留，就涉及公安部门，其他部门没有限制人身自由的权力；另外各项相关检查还涉及其他各个部门，所以单单靠一个部门是不行的。根据《江西省河道采砂管理办法》，由县级以上人民政府水行政主管部门具体负责河道采砂的管理和监督检查工作；由公安部门依照治安管理法律、法规的规定，负责河道水上治安管理工作，依法打击河道采砂活动中的犯罪行为；航道、海事、港航、国土资源、渔业、林业等行政管理部门，协助开展河道采砂监督管理工作。但是《办法》对于各部门具体如何合作，以什么形式合作，并没有涉及，因此，在执法过程中，始终是各部门孤军奋战，难以有所成效。为此，江西省各市、县也开展了多次联合执

① 兆明：“坚决保护好‘一湖清水’省政府昨召开会议部署鄱阳湖综合整治工作”，载《大江网－信息日报》，http：//jiangxi. jxnews. com. cn/system/2012/01/20/011881848. shtml，2012年1月20日。

② 李勇：“王剑，江西56人因非法采砂获刑，南昌筹亿元切割采砂船”，载中国新闻网，http：//www. chinanews. com/sh/2013/04－23/4756265. shtml，2013年4月23日。

法突击行动，重重打击了非法采砂者的嚣张气焰，可是，"突击"只能治标不能治本，联合行动一结束，一支支采砂队伍春风吹又生，最终形成了非法采砂屡禁不止的局面。

其二，执法主动性不足，首长负责制难落实。由于非法采砂利益链庞大，涉及的人员多，各单位为了自身利益容易放纵非法采砂行为，执法主动性降低，影响执法效果。虽然《办法》规定，河道采砂管理实行人民政府行政首长负责制，但是对于鄱阳湖河道采砂管理行为的行政问责却没有专门的规定，这就牵扯到在具体问责过程中，在市、县、乡一级政府由谁承担责任、承担什么样的责任，问责程序、问责范围、问责监督等问题都模糊不清，在实践中难以落实。

其三，执法队伍自身能力不足，使得采砂执法效果不佳。河道采砂管理一直以来都是一个难题，具有重要性、复杂性、敏感性、风险性和长期性。近年来，随着国家经济的快速发展，各地市场对砂石的需求也越发旺盛，不法分子的利欲熏心更无疑加大了河道采砂管理的执法难度。部分执法人员有畏难情绪，不愿主动承担责任；也有一些地方政府对河道非法采砂的危害性没有一定的认识或者认识不够，做不到用持续发展的眼光看问题，只贪图眼前的一时利益，一味只求地方经济暂时的发展，对非法采砂睁一只眼闭一只眼，或者干脆"以罚代管"，不顾长远利益，处罚力度较轻，不足以震慑盗采者，使得他们的违法成本很低。执法队伍建设不到位关键还是认识不足，存在着执法队伍素质有待提高、人员不够、经费不足、装备缺乏等问题。

三、砂石滥采、盗采屡禁不止的原因分析

（一）利益驱动是首要原因

近年来，随着国家社会经济不断发展，城镇化建设和基础设施建设加快，市场对砂石资源的需求十分旺盛，使砂石价格一路走高。据析，鄱阳湖畔产地砂价根据品质不同，在每吨20元至50元之间浮动，如果运抵上海等地，砂价最高可暴涨至近200元/吨。[①] 同时，在我们调研的鄱阳县，其水利局领导钟书记说道："采砂业主进行偷采无须缴纳税费，也不受开采量的控

① 胡锦武："鄱阳湖非法采砂乱象堪忧"，载《瞭望》2013年第13期，第36~37页。

制，一个晚上一艘采砂船可以获纯利润达2万元之多”。正因如此，砂石有“水中海洛因”之称，超高的利润让不少单位和个人铤而走险，纷纷加入滥采、盗采砂石的行列。①

另一方面，当前鄱阳湖砂石主产区对砂石资源盲目采取拍卖等方式进行开采，造成某些采砂业主以每吨超过百元的天价获取开采权，虽然地方财政受益，但是砂价虚高，在一定程度上加剧了滥采、盗采砂石的现象。

（二）滥采、盗采砂石查处难度大

砂石滥采、盗采，不仅严重威胁河道堤防安全和防汛安全，更对水域生态环境带来严重威胁，包括对鄱阳湖湿地的完整性、野生渔业资源和候鸟食物链等产生一系列影响。② 相关的水资源保护法律规定禁止一切未经批准的采砂行为，如《中华人民共和国水法》第39条规定：“国家实行河道采砂许可制度。”当前鄱阳湖砂石资源主要通过公开拍卖的方式获得采砂许可权，而由于受采砂量的限制，一些未能竞得开采权的采砂业主偷采砂石便成为其必然选项。他们通常利用采砂流动性大、隐蔽性强等特点，通过多种手段躲避查处，使得执法人员在执法过程中面临种种困境。

1. 违法游击战

多数违法者利用夜间、公休日和节假日进行采挖，并且安排一些既得利益者通风报信，一看到执法人员，立即用现代通信设备通知正在非法采砂运砂的船只。等执法人员赶到现场，违法人员早已闻风而逃，有的甚至弃船跳水而逃，空有采砂船在那里，执法人员既不能调查取证，也不能处置船只。③因为依照现行相关法律规定，执法人员只能对正在非法采砂的船只进行处罚，对空驶、停泊的船只没有处罚权。所以只能不了了之，一旦执法人员离开，盗采砂石者又会卷土重来。

2. 暴力抗法

由于盗采、滥采砂石存在暴利，往往有涉黑涉恶势力参与其中，导致在

---

① 李绍飞：“鄱阳湖非法采砂缘何屡禁不止”，载《瞭望》2014年第43期，第5页。

② 兴乐：“6月1日起宿迁全面禁止在骆马湖水域非法采砂”，载江苏新闻网 http：//www.js.chinanews.com/news/2015/0602/121013.htm，2015年6月2日。

③ 马小友，赵跃伦，赵建，刘秋岭：“南四湖非法采砂治理对策”，载《山东国土资源》2014年第6期，第53~57页。

查处违法采砂行为中，经常遭遇暴力抗法。一般情况下，采砂船七八只结成一伙，每个采砂船上都会有10名以上的船员，并且在船上配备了棍棒、酒瓶、石头等器物。而执法人员只有三五人，根本没法靠近采砂船，稍微一靠近，他们就会扔酒瓶、石头等，即便执法人员登上船，违法采砂者也不会配合调查，而是用棍棒、匕首等威胁执法人员的人身安全。据鄱阳县水利局介绍，因查处盗采砂石行为而使执法人员人身安全受到损害的情况时有发生，违法采砂者暴力抗法使执法人员的安全无保障。

3. 地方保护主义

由于砂石开采具有巨大利益，个别地方政府把这一行看成一本万利的“无烟产业”，以收费代替管理，进而变相鼓励非法采砂。另外，还有许多村镇普遍认为流经当地的砂石是集体所有，往往把河段违法发包给采砂业主，以收取高额承包费。所以在巨额利益的驱使下，乡镇、村干部对盗采砂石的行为是睁一只眼闭一只眼，有的甚至充当违法开采者的保护伞，而有采砂许可权的采砂业主的合法权益反而得不到保护。

（三）治理滥采、盗采砂石的执法手段无法律保障

在当前依法治国和依法行政的理念下，行政机关作出的任何行政行为必须要有法律依据，否则便构成行政违法。但是，在打击鄱阳湖滥采、盗采砂石方面的法律依据主要有：《江西省河道采砂管理办法》和《江西省河道管理条例》，前者是政府规章，后者是地方性法规，其法律效力位阶较低，这些法律规定的对滥采、盗采砂石的处罚手段有限。

1. 行政处罚的打击力度有限

在打击鄱阳湖砂石滥采、盗采行为中，《江西省河道管理条例》是主要的执法依据。其中，第50条规定：“未经批准在河道管理范围内采砂的，扣押其采砂船只等工具，没收违法所得，可并处一万元以上十万元以下罚款，情节严重、危害堤防安全的，没收其采砂船只等工具；不按照河道主管机关批准的范围和作业方式在河道管理范围内采砂的，处以违法所得一倍至二倍罚款，对拒不改正的，吊销其准采证。”从法律条文规定来看，执法人员对滥采、盗采砂石者可采取的措施有罚款、没收违法所得和扣押船只。但是，这些措施执法效果并不明显。首先，由于滥采、盗采砂石的利益巨大，罚款并不能起到威慑作用。许多违法者往往是交完罚款继续实施滥采、盗采行

为；其次，没收违法所得在实践中的操作性不强，因为无账目可查，违法金额难以查实；最后，在实践中很少采用扣押采砂船只这种措施，因为对扣押采砂船的看管比较困难。当前一般由乡镇政府对扣押的采砂船只进行看管，但由于乡镇政府缺乏担当往往疏于看管，导致扣押的采砂船只往往被丢失或损坏。

2. 刑事处罚措施无明确规定

对于滥采、盗采砂石者是否构成犯罪，当前刑法并未明确规定。目前，有的地方对于滥采、盗采砂石的行为是以非法采矿罪来追究刑事责任，2012年江西省实现了对56名非法采砂者以非法采矿罪定罪量刑。但是，在适用这条款过程中也面临一些现实困境：首先，以非法采矿罪追究刑事责任需要确定非法采砂的价值，而且法律规定需要在五万元以上才能定罪。但是，由于采砂行为持续时间长，往往是随采随售，运砂船只不固定，收购地点亦不固定，价格不稳定，销售时也无记录，无法认定已采出的砂石价值，单凭现场查到的一船砂的价值是达不到五万元的立案标准的；其次，非法采矿罪的法定刑较盗窃罪低，起刑点比盗窃罪高，有悖于罪责相适应的刑罚原则，对于滥采盗采砂石者，起不到惩戒的作用。

（四）执法能力建设薄弱

《江西省河道采砂管理办法》规定河道采砂管理工作由水行政主管部门具体负责，公安部门、交通运输部门和国土资源部门在各自职责范围内协助做好采砂管理工作。但是，对于湖泊采砂管理这一新出现的现象，实践中还没有形成一套完善的管理体制。

首先，湖泊采砂监管经费投入不足。鄱阳湖湖面开阔，入湖口多，采砂组成人员复杂，采砂船只流动性大，造成采砂管理难度大，经费需求高，但是目前的采砂管理并没有专门的经费投入。其次，执法人员太少。以鄱阳县为例，鄱阳县水利局主管300平方公里水域，但却只有11个编制的执法人员，而且这些人年龄结构老化，中青年出现断层。而采砂管理工作又具有移动性、隐蔽性和风险性强等特点，没有一支强健的执法队伍很难实现相应的执法效果。最后，执法装备缺乏。随着现代科技的进步，偷采砂石的工具已经很先进，采砂船的功率越来越大，采砂的效率也越来越高。但由于湖泊管理工作还刚刚起步，同时管理经费投入不足，导致主管部门缺乏必要的基地、设施、装备和工具，从而难以应对打击滥采、盗采砂石的需要。

四、针对鄱阳湖砂石滥采、盗采屡禁不止的对策与建议

（一）建立综合执法新模式

在巨大利润的驱使下，介入非法采砂的社会资本越来越复杂，面也越来越广。鄱阳湖面“热闹”的采砂场景背后涌动着的是众多利益群体，这些无疑都增加了执法难度。想要根治非法采砂，单单靠一个部门，或者几次联合突击行动，是十分不现实的。[①] 如今为改变这一局面，迫切需要探索出一个新的行之有效的管理模式。除了严格依法依规开采之外，亟待建立新的执法模式。该模式由政府牵头，水利部门主导，公安、港航、旅游、国土、环保等部门配合，整合各部门执法力量而形成统一的执法机构，将以前的分散执法转变为综合执法，集中打击非法采砂行为。

（二）建立采砂船配额制

首先，负责审批采砂船舶的部门应该担负相应职责，严管审批环节，从源头上进行遏制。各地根据规划的采砂量确定所在地采砂船数量，作为采砂船登记机关的海事部门，须在申请登记文件有水利部门和乡镇政府盖章的情况下，才能逐船编号登记，建立档案。其次，按照属地管理的原则，对现有采砂船只逐船落实管理责任，将采砂船管理责任落实到各单位、各乡镇、各领导干部，确保采砂船在政府的有力监管之下。[②] 同时，各单位、各乡镇在各自管理的水域范围内要进一步摸底排查，摸清本地采砂船只数量，通过编号登记，对执法基地管辖水域内的采砂船只进行清理，严查没有登记编号的采砂船在管辖水域内采砂、停泊，一经发现必须立刻处理或举报，严格控制采砂船只的数量，规范管理。最后，必须要求在册登记的采砂船只必须到指定停泊点停泊，无故不得驶离，驶离必须向相关单位进行报告。

（三）尝试“非法采砂入刑”

应当加强对追究非法采砂者刑事责任的研究，争取在国家立法层面有所

---

① 刘恣宏：“鄱阳湖河道采砂的法律问题探究”，载《江西警察学院学报》2011年第6期，第62～64页。

② 柳德新：“湖南省排查采砂船安全隐患李大伦”，载《湖南日报》2012年5月16日，第3版。

突破，或者运用现有法律法规进行统一规范，加大处罚力度，给非法采砂者以有力震慑，这样可以有效地遏制非法采砂态势，保护河流湖泊生态环境以及两岸的公共安全。将“非法采砂入刑”可采取两种方式，一种是如前所述以“非法采矿罪”进行处罚，但是建议作为“严重情节”进行处罚；另一种是以“危害公共安全罪”进行处罚。另外，建议结合当前鄱阳湖水域治安防控体系建设，出台一个专门的涉及鄱阳湖水域相关治安管理的司法解释，完善对非法采砂行为的船舶及人员的处罚依据。

（四）解决采砂相关法律法规的适用困境

《江西省河道采砂管理办法》对规范河道采砂起到了重要作用，但其中有一些条款已与当前形势不相适应，建议对《江西省河道采砂管理办法》进行修改，适时推动其上升为地方性法规。同时，鉴于当前鄱阳湖水域非法采砂行为危害严重，并为办理其他河道采砂水行政执法案件提供明确依据，建议有关部门对《江西省河道采砂管理办法》的相关条款进行解释。例如，建议对《管理办法》第 37 条第 1 款规定的“情节严重、危害堤防安全的”情形进行解释，并将“情节严重、危害堤防安全的”的情形进行详细列举。

（五）完善责任追究制度

完善责任追究制。强化领导，落实责任，形成一级抓一级、层层分解目标、层层签订责任状的梯级责任体系，真正把首长负责制落到实处。通过逐步建立健全并严格责任追究制，对因责任不落实、措施不得力、监管不到位而导致采砂许可、可采区监管失控，违法采砂问题突出，并造成重大环境破坏的责任人，追究行政责任，情节严重的要追究其刑事责任。①

同时，加强执法队伍建设，提高采砂监管水平与力度。首先，逐步增加专职管理人员，组建一支专职执法队伍，同时建立有效的管理制度，用制度管理队伍，约束队伍，提高执法队伍素质。其次，要加强学习培训，提高执法人员法律素养和业务能力，同时注重提升他们的环保意识和使命感。再者，配备必要的执法装备和建立必要的执法基地，提高快速反应能力，加强新技术新手段的运用研究，逐步提高监管水平。最后，落实采砂管理经费，建立健全稳定的采砂管理资金投入机制，保证采砂管理经费的来源。

---

① 刘恣宏：“鄱阳湖河道采砂的法律问题探究”，载《江西警察学院学报》2011 年第 6 期，第 62～64 页。

五、“非法采砂入刑”的路径思考

（一）以法律解释为切入点

笔者认为，上述五点建议中，“非法采砂入刑”是目前状况下最行之有效、立竿见影的办法。刑法是其他部门法的保障法，倘若把其他部门法比作第一道防线，那么刑法则是第二道防线。党的十八大提出经济建设、政治建设、文化建设、社会建设、生态文明建设“五位一体”的总体布局，将生态文明建设放在较突出位置。而水生态文明在总体生态文明建设的布局当中又处于重要地位，因此加快推进水生态文明建设，从源头上治理水生态环境污染，是促进社会和谐、人与自然和谐发展、推动生态文明进步的更深层次、更高水平、更宽范围的重要任务，也是实现“四个现代化”齐头并进、建设绿色美丽中国的重要基础和制度保障。河道非法采砂带来的种种危害中，对水生态环境的破坏最为严重，最为恶劣。而我国目前在此方面的刑法制度上有所缺失，同时行政手段又不能达到治理该危害行为的效果，从我国环境法制建设的客观需要来看，将非法采砂的行为纳入刑法打击的范围内有一定的必要性，在不增设罪名的前提下可以考虑对现有非法采矿罪作立法或司法解释，将“河道非法采砂”纳入刑事制裁范畴。

原《刑法》第343条规定：“违反矿产资源法的规定，未取得采矿许可证擅自采矿的，擅自进入国家规划矿区、对国民经济具有重要价值的矿区和他人矿区范围采矿的，擅自开采国家规定实行保护性开采的特定矿种，经责令停止开采后拒不停止开采，造成矿产资源破坏的，处三年以下有期徒刑、拘役或者管制，并处或者单处罚金；造成矿产资源严重破坏的，处三年以上七年以下有期徒刑，并处罚金。违反矿产资源法的规定，采取破坏性的开采方法开采矿产资源，造成矿产资源严重破坏的，处五年以下有期徒刑或者拘役，并处罚金。”2011年出台了《刑法修正案八》，对原第343条第1款作出了修改，以“情节严重的，处三年以下有期徒刑、拘役或者管制，并处或者单处罚金；情节特别严重的，处三年以上七年以下有期徒刑，并处罚金”替代了原“经责令停止开采后拒不停止开采，造成矿产资源破坏的，处三年以下有期徒刑、拘役或者管制，并处或者单处罚金；造成矿产资源严重破坏的，处三年以上七年以下有期徒刑，并处罚金”的规定，删减了前置的行政措施并将结果犯修正为行为犯，使得入罪门槛降低，加大了打击非法采矿的力度。笔者认为可以通过立法解释或者司法解释，将“矿”的范围做一个扩大解释，把河道砂石解释进此罪的保护范围内，结合河道采砂的特殊管理体制，明确一个非法采砂行为的刑事责任追究程序。在明确刑事责任追究程序的同时，还要通过立法解释或者司法解释赋予省级以上水行政主管部门出具造成河道砂石资源破坏价值鉴定结论的职能。在实践过程中，河道采砂造成的危害后果种类繁多，因此鉴定程序应当与一般的矿产资源有所区分，应当有相应的标准，并且鉴定部门应当具备权威、科学、合理的鉴定能力，因此由省级水行政主管部门负责评估鉴定比地方水行政主管部门要更为适宜。

（二）适时修订刑法

通过法律解释来完善刑罚制度的缺失，只能是一项暂时性的弥补措施，弥补刑法领域对水资源保护的不足。从更加长远的目标出发，要从根本解决此困境，仍需通过修改《刑法》来加以补充和完善，国家最高立法机关应当在刑法中增设“河道非法采砂罪”。具体的罪名应当规定在何处、罪名的内容应当如何表述，以及如何规定刑罚等问题，亟须经过充分且严密的调查论证，听取多方面的意见和建议，防止出现犯罪构成不明确、罪名之间不协调、刑法与行政法之间不能有效衔接等一系列不符合法治精神的问题出现。

司法改革背景下法官自由转院模式之构建*

田　源**

【摘要】囿于有限的员额比例，会有相当数量的现任法官将被裁汰出员额范围。这当中，不乏具有审判经验丰富、业务能力突出的优质人才。但无论是要他们脱下法袍当“助理”，还是辞“官”不做另觅他途，都会对原本就严重短缺的司法人力资源造成极大浪费，也都将严重滞缓方兴未艾的司法改革。本文选取司改背景下的员额制改革为研究视角，提出附条件法官自由转院模式的构建方案，以实现对有限司法人力资源最大化利用。

【关键词】员额制；司法改革；法官自由转院

法官员额制是提升法官职业待遇的基本保证，是实现司法职业化的必由之路，更是司法改革牵一发而动全身的突破口。① 随着改革试点工作的深入推进，中央对法官员额制改革作出了顶层设计，明确了39%的员额比例控制线，要求不仅不能突破，还要为暂时未能进入员额的优秀人才留有余地。这意味会有相当比例的法官将不可避免地被裁汰出员额范围。其中，不乏会有一些业务能力突出、审判经验丰富的现任法官。摆在他们面前似乎只有两条路，要么脱下法袍去甘当“助理”，要么辞“官”不做另觅他途。在案多人少问题日益凸显的当下，这两种选择都会对原本就严重短缺的司法人力资源造成极大浪费，也都将严重滞缓方兴未艾的司法改革进程。如何能在确保追求“将具有较高素质，真正符合条件的审判人员确定为法官”改革初衷的同时，实现对现有司法人力资源利用的最大化？那么势必要去探寻有别于“助理”和“辞职”，且更契合当前司法实际的第三条道路。

---

* 基金项目：中国法理学研究会青年专项课题“刑事被害人及其近亲属的人权司法保障问题研究”（批准号2015@FL002）阶段性成果。

** 田源，中国政法大学2011计划司法文明协同创新中心诉讼法学专业司法文明方向2015级博士，兼任山东政法学院法律硕士实践导师。

① 何帆：“法官多少才够用”，载《人民法院报》2013年6月7日，第5版。

一、关于法官自由转院模式的相关概述

（一）缘起

法官自由转院模式设想，源自于对职业竞技体育运动中常见的运动员自由转会制度的灵活借鉴。该项模式致力于实现法官在不同等级、不同地域法院之间有序流转。具体可分为两种模式。

其一，省内调配模式。由各省、市法官遴选委员会依据同一严格遴选标准，就该省内部的现任法官进行全面考核评定，筛选出有条件进入员额的优秀人才。同时，结合各地法院的案件数量、审判工作总量以及地方执法环境差异性等指标，科学测算出各地法院所需的法官员额数量。在此基础上，将部分优秀人才从部分员额指标已用完、但人才相对富余的法院，向员额指标富余、但人才紧缺的法院调配。

其二，跨省遴选模式。即允许在A省未通过员额遴选的法官，重新参与B省的法官员额遴选。如若通过，则允许其依照统一的调配程序，由A省转赴B省重新成为法官。这一制度可最大限度地减少法院宝贵人才的无谓流失，有效实现优秀司法人才的内部自主循环。为保障法官自由转院模式的实行，各试点地区应“严格执行中央确定的法官员额比例和相关政策，不仅不能突破，还要在第一轮遴选时留有余地，”① 以此来为优秀司法人才的院际流动预留入额空间。

（二）初衷

当前，我国区域经济社会发展不平衡，导致不同省、市之间、同一省市的不同地区法院之间的人才储备状况差异明显，② 有的人才济济，有的则捉襟见肘。由省、市法官遴选委员会主导的法官员额遴选，用以评判是否属于“高素质人才”的参照系，往往局限在某一省、市范围内，甚至是单纯某个

---

① 沈德咏：“既要接地气，又要有理想，坚定不移全面推进司法改革——在全国高级法院院长座谈会上的讲话”，载《人民法院报》2015年7月3日，第1版。

② 孙英：“法官员额改革的当务之急与长远之计”，载《山东审判》2015年第2期，第23页。

法院的范围内来衡量。[①] 地区发展水平的差异化，直接导致了法官遴选标准的参差不齐。譬如，在人才储备雄厚的A省法院不属于“高素质人才”，放在人才相对较少的B省法院未必就不是人才。法官自由转院模式恰恰可以让依据A省标准做不了法官的人员，在B省重新进入员额之列，而不必在“一棵树上吊死”。

（三）限定

所谓的“自由”转院，并非是不受限制的绝对自由，更不是任由法官去随意挑选或更换法院。该“自由”属于相对的自由，是相较于目前的不同法院之间相对停滞的人员流动而言的。

“转院”同样是附条件的。即在最大限度保持各地法院法官人才队伍稳定的大前提下，只允许那些具备较强业务能力和丰富审判经验，且在本地员额遴选中落选的法官，赴异地当法官或重新参加员额遴选。只有在通过当地的员额遴选后，方可依照特定流程，实现在不同法院之间的有序流转。

二、法官自由转院模式符合现实司法需求

法官自由转院模式既非毫无现实根基的无本之木，也非脱离实际的空中楼阁，这一制度的提出符合当前的现实司法需求。为此，本文选取了S省H市法院及其所辖部分基层法院作为研究样本，试图通过透析几个待改革法院的具体做法来窥一斑而知全豹。

（一）需裁汰者人数众多

由于历史原因，相当长的一段时期内，我国法官的职业特殊性没有得到应有的重视，审判职称被作为一种“福利待遇”，随意分配给在法院工作一定年限的具有“干部身份”的人员。不管操守如何、素质高低、有没有训练背景，开车的、做饭的、烧锅炉的，最后都成了法官。[②] 造成现有的这支队

① 王静、李学尧：“如何编制法官员额——基于民事案件工作量的分类与测量”，载《法制与社会发展》2015年第2期，第44页。

② 程荣斌、陈卫东、贺卫方：“中国司法如何面对新世纪：漫谈中国司法体制改革”，载《民主与法制》2000年第2期，第8页。

伍数量巨大、成分复杂、整体素质偏低的现状，与“具有较高素质，真正符合条件”的要求相去甚远。

当前，中央将法官员额的控制线严格控制在39%以下，[①] 这将导致相当比例的现任法官被淘汰出局。以S省H市所辖的M区法院、K区法院、C县法院等7个县区法院为例，依照39%的员额比例，7所法院共须淘汰现任法官244名，每个法院平均须淘汰约35人。其中，仅M区一个法院就需要淘汰49名现任法官，约占在编人员总数的24.25%。法官自由转院模式即是允许这样一批法官在异地重新参加员额遴选，以给予其一个在异地重拔法袍的机会。而这些被裁汰的法官群体，都将是法官自由转院模式的潜在受众。

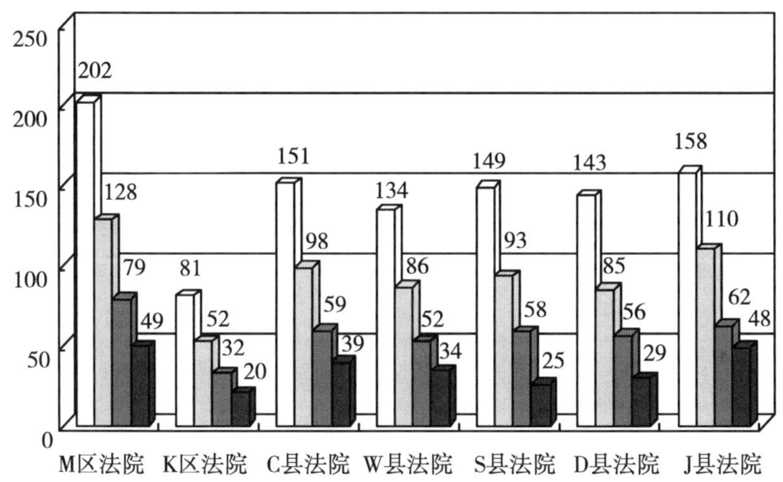

图1　S省H市7所县区法院法官员额待分流情况

(二)甘当“助理”者寥寥无几

从当前各地法院的改革试点实践可以探知，被裁汰出法官员额队伍的现任法官群体中，心甘情愿放弃法官身份而去担当助理角色的为数并不多。毕竟，这种类似“医生变护士”般的巨大岗位落差，很难让裁汰出员额范围的现任法官接受。[②] 相反，不少已被裁汰或自觉难以进入员额的现任法官，纷

---

① 高憬宏：“法官员额制的制度价值和实现路径”，载《人民法院报》2015年7月15日，第5版。文中提及“关于法官员额的比例，中央明确了39%的控制线”。

② 郑成良：“司法改革四问”，载《法制与社会发展》2014年第4期，第11页。

纷在谋划着用脚投票，即辞职去干法务或干脆直接当律师。[①] 为验证这一观点，笔者选取S省H市中级人民法院，以及M区法院、K区法院、C县法院等7个县区法院，随机向上述每个法院的现任法官群体各发放调查问卷30份，共计240份。就"倘若你不能进入法官员额范围之内，你是否服从分流安排"等内容进行调查。据统计，有186人投了反对票，占受访人员总数的77.5%。其中，H市中级人民法院表示会服从安排的比例最高，但也不过40%，尚未达到半数。可见，通过和风细雨的改革手段，剥夺如此高比例法官的审判资格，其难度可以想见。法官自由转院模式给这部分纠结于"助理"还是"辞职"的法官，提供一个全新的备选项。

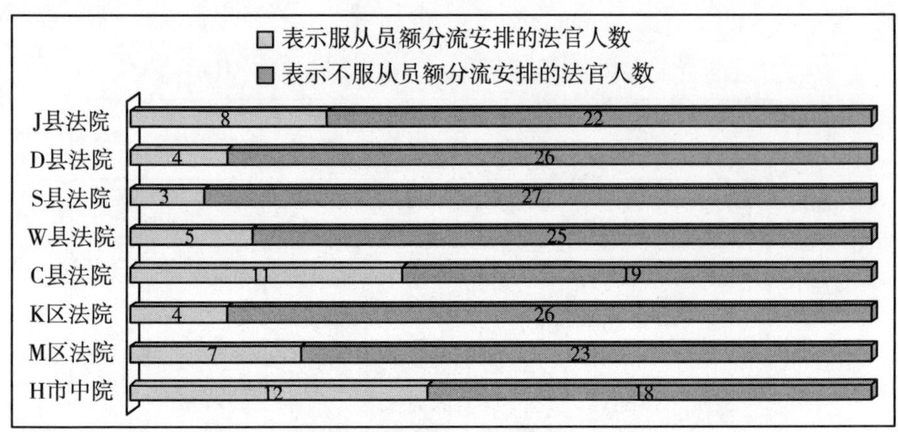

图2　S省H市两级法院部分法官对员额分流的态度情况

（三）试点对法官造成心理压力

鉴于员额制改革的对象是被法官视为安身立命之本的审判资格问题，[②] 这一改革措施，对现有法官群体触动的范围之广，力度之深都远甚于之前的任何一项改革。以上海司法改革试点为例，关于员额后法官占现有队伍人数比例的方案一经出台，即一石激起千层浪，不仅引发了媒体关于现有法官谁

① 刘洁："法官辞职，一个需要冷静面对理性思考的现象"，载《人民法院报》2014年8月1日。文中提及纵观全国，法官离职也绝非个案。北京市法院系统近5年，已有500多人离开法院。2008年至2012年6月，江苏全省法院流出人员2 402名，其中法官1 850名；广东全省各级法院调离或辞职的法官人数超过1 600名。而仅2014年，上海就有70多名法官离职。

② 何帆："法官遴选委员会的五个关键词"，载《人民法院报》2014年6月27日，第3版。

能进“精英队伍”的大讨论。[①] 改革举措经过媒体的大肆渲染，更导致现有的法官群体对员额的标准、比例、范围的普遍误读。尽管，最高人民法院司改办相关负责人曾几度发声疾呼，强调员额制改革“不能简单地论资排辈”，[②] 指出“即使在上海，33% 也不是一个恒定的比例”等[③]，但鉴于法官员额的选拔标准并不明确，收效如何尚有待检验。尤其是部分基层法官辞职的新闻不时见诸报端，更刺激着现任法官本已高度紧张的神经，甚至成为高悬于头上的一柄“达摩克利斯之剑”，令其惶惶不可终日，更谈不上安心从事审判工作。由面向 S 省 H 市两级法院发放的 240 份调查问卷得知，对即将到来的员额制改革深感压力的有 203 人，占受访人数的 84. 58%；持乐观态度的仅有 31 人，尚不足受访人数的 12. 92%。法官自由转院模式能够为现任法官提供更为多样的选择空间，这在一定程度上可以为其减轻压力，使其抛除杂念，轻装上阵。

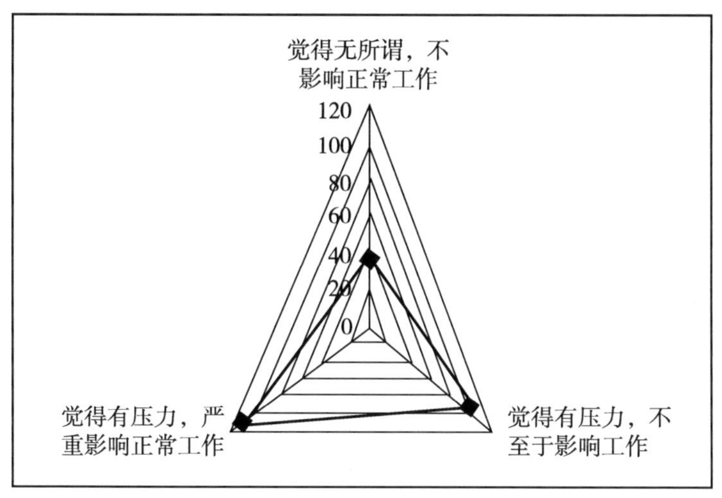

图 3　S 省 H 市法院对员额制改革所持态度情况

（四）“闭门选将”将浪费大量人才

“一五”改革纲要作出规定：“要通过对法官的定编，将具有较高素质，真正符合条件的审判人员确定为法官”。“四五”改革纲要同样规定：“确保

① 王烨捷、周凯：“上海司法改革大刀阔斧，谁能进 33% 的‘精英队伍’?”，载《中国青年报》2014 年 8 月 9 日，第 3 版。

② 贺小荣：“法官员额制不能简单论资排辈”，载《民主与法制时报》2014 年 8 月 4 日，第 11 版。

③ 何帆：“做好法官员额制的‘加减法’”，载《人民法院报》2014 年 7 月 17 日，第 2 版。

高素质人才能够充实到审判一线”。但具体怎样才算有“较高素质”？如何才能“真正符合条件”？以及“具有较高素质，真正符合条件”的标准，应放在何种参照范围内进行考量？是单纯放在某个法院或某省、市的“二亩三分地”当中判断，还是着眼全国法院范围内一并考量？都是当前的未解难题。类似这些最为关键的员额选拔条件，相关文件当中均没有明确说明。不可否认，最高人民法院之所以未制定统一的法官员额定编量化标准，有保护改革积极性的考量，但同时也容易使改革试点法院陷入各自为战的混乱局面。

从上海试点方案及目前的推进工作来看，虽然确立了上海市第二中级人民法院、徐汇、闵行、宝山区人民法院等4家法院为先行试点法院，并由市法官遴选委员会统一选拔，但具体法官员额的选定仍然是放在本市法院的范围内进行考量的，这种做法的科学性和公平性均值得怀疑。譬如，将在人才相对匮乏的A省法院符合员额遴选标准的法官，放在人才富足的B省法院，可能连最基本的参选资格都达不到。一方面，这种“闭门选将”式的员额遴选做法，必然会使法院这个最讲求公平的机构所开展的这场以谋求更大公平为目标的改革，存在实质上的不公平。

另一方面，更为严重的后果是，会导致相当一批具备丰富审判经验和较强业务素质的现任法官，仅仅因为地方的名额比例有限，而被迫担任“助理”，甚至选择离开法院，[①] 这将会对有限的司法人力资源造成极大的浪费。与之形成鲜明对比的是，法官自由转院模式不仅可以有效打破阻碍优秀法律人才在不同法院之间流动的制度壁垒，还可以实现对优质司法人才资源的最大化利用，做到了人尽其才，物尽其用。

三、法官自由转院模式的优势所在

（一）节流

在司改试点逐步推进的现实背景下，法官自由转院模式既给现任法官提供了除却“助理”或“辞职”之外的第三种道路，又给落选员额的现任法官增设了重新参与遴选的宝贵机会。这一制度不仅可有效减少现任法官因对员额遴选结果不满而选择辞职的人数，更有助于引导人才从脱离法院系统的

---

① 盘淼、张俊：“司法改革与法官人才队伍建设问题研究”，载《法制博览》2015年第16期，第33页。

“向外流动”，变为法院系统的“内部循环”。鉴于地区之间法官员额标准的现实差异，在本地未能进入员额的法官，或许将在异地找到更符合自身需求，更能实现自身价值的岗位。诚然，将这种限制司法人力资源“外流”的设想，放置在全面推进依法治国的大格局中会显得相对“保守”，甚至带有“肥水不流外人田”式的“小农意识”。但在司法人才极度紧缺与人才需求持续高涨之间矛盾不断激化的当下，这或许是应对紧张局面的一条必由之路。

（二）开源

地区之间经济社会发展的巨大差异，是我国的现实国情之一。与之相应的，落后省市的法院，无论是整体水平，抑或是司法人才储备状况，都要远逊于经济发达省市。[①]

尽管西部一些省市就诸如“谁来西部当法官”[②] 的问题呼吁了若干年，但却收效甚微。不仅未能减缓当地法官的“孔雀东南飞”的步伐，也未能化解持续恶化的“法官荒”“人才荒”局面。究其原因，在同样可以做法官的前提下，经济发达地区的经济社会发展状况、生活条件以及福利待遇水平无疑会更佳，吸引力也相对更强。然而，在当前员额制改革持续推进的大背景下，人才储备雄厚的经济发达省份法院的员额制遴选标准更高，竞争也更为激烈。会有相当一批具备丰富的审判经验和较强业务能力的现任法官，尽管在发达省份的员额遴选中落选，但却足以在落后省份的员额遴选中脱颖而出。在法官身份成为稀缺资源的当下，落后省区所享有的法官员额数量以及相对较低的遴选标准，都将对优秀法律人才产生前所未有的巨大吸引力。法官自由转院模式恰恰有助于使上述构想成为可能。由此，部分落后省市地区法院的人才结构状况也将迎来一次革新，甚至有可能打上一场漂亮的人才储备的“翻身仗”。

（三）风控

由于目前尚缺乏对法官素质优劣的刚性界定标准，受审判资格这一现实利益的驱动，倘若法官员额的遴选过程有失公允，改革极易演变为各利益群

---

① 徐和平：“区域司法资源均等化配置问题研究”，载《甘肃社会科学》2014 年第 3 期，第 22 页。

② “谁到西部做法官?”，载《法制日报》2005 年 3 月 11 日，第 5 版。文中提出西部地区所面临的法官荒问题日益严峻。贵州一省就出现了 600 余名法官空缺。

体之间的博弈，[1]最终的结果很可能是“批案子”的领导“近水楼台先得月”，“审案子”的法官“竹篮打水一场空”，[2]所选任出的法官素质鱼龙混杂、泥沙俱下。人才相对较少的法院则可能将条件不足的人员也凑数选上去，发生“矬子里面拔将军”的现象。人才较多的法院，往往出于保护现有审判人员利益、降低改革阻力的考量，使得员额后的法官群体相较于原有法官队伍变化不大。与之相对应的，人才少的法院也会一味降低任职资格门槛，甚至“拿烧火棍当顶梁柱”，使员额制改革后应有的法官精英化、职业化、专业化的特性无从体现。[3]

法官自由转院模式可有效防范上述做法可能导致的“洒下龙种，收获跳蚤”抑或“劣币驱逐良币”的风险。一方面，各地法院遴选员额后法官的视野更加开阔，不再仅仅局限于某个省、市范围之内，而是可以放眼到邻近省份，甚至是全国范围。备选法官群体更加广泛，备选人员类型也更加多元，选拔出优秀法律人才的可能性也更高。另一方面，人才相对较多的省市法院的过剩法律人才，也可以服从调配或自主申请到其他人才相对较少省市的法院担任法官。同时，法官自由转会制度关于为司法人才在院与院之间流动预留空间的设想，将有效避免有限的法官员额一次性选拔到位，杜绝不留余地的做法出现，有利于法官队伍的循环发展。

（四）衡平

我国二元化社会的结构现状，既造成不同地区之间的显著差异，也导致不同法院的人才储备存在天壤之别。[4]倘忽视现实差异，将不可避免地加剧人才储备的两极分化。一些发达地区法院的人才比比皆是，但部分欠发达地区法院的人才则寥寥无几，人才较多的法院因僧多粥少，容易发生“多人争一把椅子”的过度竞争现象。[5]同样的员额比例，放在A省法院可能“吃不

---

① 徐昕、黄艳好、汪小棠：“中国司法改革年度报告（2014）”，载《政法论坛》2015年第3期，第43页。

② 贺小荣、何帆：“深化法院改革不应忽视的几个重要问题”，载《人民法院报》2015年3月18日第5版。

③ 莫纪宏：“论我国司法管理体制改革的正当性前提及方向”，载《法律科学》2015年第1期，第31页。

④ 林殉：“法官定额制度若干问题探讨——一个比较法的视角”，载《福建法学》2004年第4期，第38页。

⑤ 王立：“法院人员分类管理制度的路径与期许”，载《中国党政干部论坛》2015年第1期，第25页。

饱”，但放在B省法院有可能“吃不了”。法官自由转院模式恰恰可以引导司法人力资源在人才储备状况差异明显的法院之间实现循环流动，增加进入法官员额范围的机会，全面提升进入员额范围法官的整体水平，并有效缩小不同地区法院之间人才储备状况的“剪刀差”。

四、法官自由转院模式的可行性分析

（一）风险小

根据《法官法》第2条规定：“法官是依法行使国家审判权的审判人员”。现有的各级法官虽被分为十二级，分属四级法院，但行使的都是国家审判权。与之相对应的是，司法权从根本上说是中央事权，各地法院不是地方的法院，而是国家设在地方代表国家行使审判权的法院。① 故而，实行法官自由转院制度后，即便法官是从A省调至B省，其所行使的依然是国家的审判权。法官在不同法院之间的流动，既不改变法官本来的身份，也不改变其所行使的权力。

（二）成本低

当前，招录法官的渠道较以往更加宽泛，在校学生、社会公众、法学专家及律师等都被纳入法官的招录范围。但上述途径招考的人员，往往理论水平有余，但实践经验不足，即便进入法院工作后，也要经过长期的业务能力和审判技能培训后，方可行使好自身职能。② 在此期间，不可避免地将耗费大量的人力、物力、财力。相比之下，经由法官自由转院模式从现任法官中遴选出的法官，大都已符合作为法官应具备的各项标准，甚至在个别领域内可以独当一面，无须进行相关培训。当然，这种理想化的调配方式，在具体操作过程中不可避免地会遭受一定的阻力。譬如，通过遴选赴异地做法官也难免会遇到诸如生活环境、子女教育、夫妻分居等现实困难。应当在薪资水平、职级待遇方面给予必要的倾斜和照顾，以此来解决被调配法官的现实困难。从长远来看，这将是员额制改革所需付出的阶段性代价。

---

① “加快深化司法体制改革”，载《人民日报》2014年1月22日，第1版。

② 胡道才：“推行法官员额制改革的两个基础问题”，载《唯实》2014年第11期，第41页。

（三）易操作

结合我国国情及现阶段的法院工作实际，建议在人民法院现有的官方微博、博客、微信、移动客户端等新媒体平台上，实时公布不同地区、不同级别法院的法官员额比例、缺额数量、任职条件等信息，供各地、各级法官参考。此举并不会给日常法院工作增添过多的负担，完全在各级法院及法官所能承受的压力范围之内。这种相对灵活的公开方式无须额外经费投入，也不会导致人力成本的过分增加，且操作简便、成本低廉、及时快捷、见效明显，也为法官在不同法院之间的流动提供了更多便利条件。

（四）起效快

法官的独特职业特征决定了一名优秀法官的培养，不可能一蹴而就。那些企图依靠突击培训、短期强化等手段达到“速成”目标的做法，无异于揠苗助长。[①] 然而，无论是刚迈出校门未脱青涩的学生，抑或鱼龙混杂的社会招录人员，在步入法院后都需要相当长时期的专业培训，以及一至两年的法官实习期后，方能进入工作状态。但相对漫长的司法经验积累和业务技能的培养过程，对于当前“等米下锅”般亟须有经验法官的法院而言，根本就等不起。相比之下，经由法官自由转院模式吸纳的现任法官，不仅熟稔法院整体工作，部分人员还是个别审判种类、工作类型的行家里手。到新的法院后，往往在经过短暂的适应期后，即可迅速发挥自身业务能力和水平，基本实现了“即插即用”，具有通过其他途径招录来的人员所不可比拟的便利条件。

五、“统一调配”和“个人申请”并行的“双核”模式

法官自由转院模式具体操作层面的设置上，建议采取法官遴选委员会统一调配和法官个体提交申请并行的“双核”驱动模式。最大限度地实现优秀司法人才在不同地区法院之间的有序循环流动。两种模式互为补充，缺一

① 李拥军、傅爱竹：“‘规训’的司法与‘被缚’的法官——对法官绩效考核制度困境与误区的深层解读”，载《法律科学》2014年第5期，第39页。

不可。

驱动主体一：法官遴选委员会的自主调配。

依据“四五”改革纲要规定：“在省一级设立法官遴选委员会，从专业角度提出法官人选”。基于此，由各省、市法官遴选委员会对辖区内各级法院需要的法官员额及实际符合条件的法官数量进行系统筛查，并在此基础上从人才过剩的A地法院调剂部分法官到人才相对不足的同级或上级的B地法院，实现不同地区、层级之间法官数量、质量的相对均衡。但A地法院和B地法院之间的员额调配，应当在该省、市法官遴选委员会的主导下进行。对法官资源的省内调剂，需征得申请转院的法官及其所在法院和拟转至法院的同意。同时，鉴于在法官遴选委员会主导下的不同省、市间的法官人才调配，规模往往较大，涉及人员众多，须在省、市间法官遴选委员会达成一致的条件下，报请最高人民法院政治部及司法改革部门批准后，方可实现。

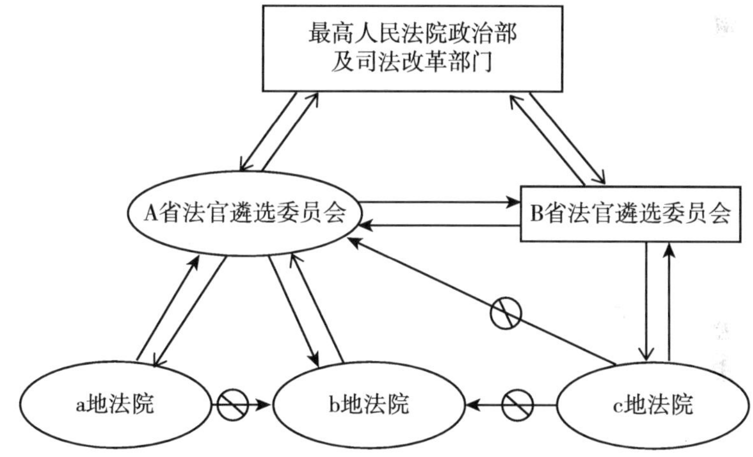

图4　法官自由转院模式的法官遴选委员会调配模式

驱动主体二：法官个人提交转院申请。

实现优秀法律人才法院间的有序流动，单纯依靠遴选委员会的统一调配是远远不够的，法官个人的主动申请同样不可或缺。建议充分利用前期司法公开工作所取得的阶段性成果，即在现有的门类众多的司法信息公开平台上，实时公布不同地区、不同级别法院的法官员额比例、缺额数量、任职条件等信息，供各地、各级法院的法官参考。具体操作可分为两种模式：

模式一：通过了本省法官遴选委员会的遴选，但因本院员额比例有限而未能进入员额的现任法官，可经由所在法院向该省的法官遴选委员会递交自愿赴员额有空缺的省内异地法院做法官的申请。经该省、市遴选委员会审核同意后，即可按照特定程序实现转院。

模式二：未通过本省法官员额制选拔的现任法官，可根据法官缺额的实时信息，申请参加有员额空缺的外省市法院的员额遴选。但该申请应经其目前所在的法院向所在省的法官遴选委员会递交。经该省、市遴选委员会审核同意后，即可参加跨省法官遴选。以A省a法院的法官申请转院至B省的b法院为例，该法官不可直接向B省b法院及B省法官遴选委员会递交申请，应当分别经由其所在的a法院和A省法官遴选委员会，将申请递交至B省的法官遴选委员会，经该遴选委员会审核是否符合法官员额的条件后，决定能够参与该省的法官员额遴选。通过遴选后，方可实现法官在不同省、市法院间的流动。

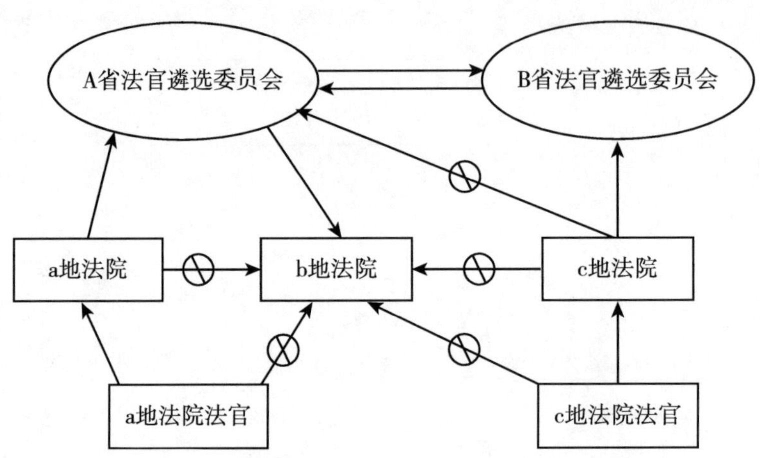

图5　法官自由转院模式的个人提交申请转院模式

结　语

作为触及部分现任法官最根本利益的一次体制改革，员额制改革的推进，没有现成的模板或范例可以遵循，① 只能摸着石头过河。诚然，法官自

① 李林、熊秋红："积极稳妥有序推进司法体制改革试点"，载《求是》2014年第16期，第11页。

由转院模式仅仅是应对员额制改革推进难题的应对措施之一，还需要其他配套的改革措施形成合力。但该模式却不失为用以顺承改革推进动向，规避改革潜在风险，提升人才利用效率的一剂良方，也是下好员额制改革这盘棋成本最低、效果最显著的一步“活棋”。我们也坚信，尽管员额制改革推进所面临的挑战巨大，但巨大的挑战将激发改革者更高的智慧，而更高的智慧恰恰是推进司法改革的必备要件和持续动力！

建设工程施工黑白合同问题研究

赵　辉　孙恒恒*

【摘要】本文以建设工程施工合同领域中较为突出的黑白合同效力相关问题为研究对象，从建设施工合同相关法律及司法解释的规定入手，旨在明晰是否存在黑白合同。进而探讨黑白合同的定义、法律效力，及其产生、存在的成因。并通过对以上一系列问题的反思，提出相对应的策略，以期对司法审判实务及合同法领域的法律完善有所贡献。

【关键词】建设工程项目；黑白合同；中标合同；工程价款

在合同法领域，无论是法学理论界或法学实务界，合同效力问题一直备受关注。尤其是《合同法》第52条规定的无效合同条款，一直是法学专家常谈常新的法律条文。建设工程施工合同身为合同法领域的一个分支，其合同的效力问题，尤其是黑白合同效力相关问题，理所当然地也一直是困扰司法实务不容小觑的问题。为了保证建筑行业的健康发展，解决黑白合同问题刻不容缓。本文以《合同法》《建筑法》《招标投标法》等相关法律规定为基础，从探讨黑白合同存在的制度环境出发，依次解决了黑白合同的含义、黑白合同存在的原因，探讨了与黑白合同效力相关的法律问题，最后对建设工程施工黑白合同进行了系列反思，依据相关法学理论，提出了完善建议。

一、黑白合同产生的制度环境及其含义

黑白合同，又名“阴阳合同”，该词于2003年10月27日，在第十届全

* 赵辉，男，法律硕士，广东仁人律师事务所合伙人、律师。孙恒恒，女，吉林大学法学院法律硕士研究生。

国人民代表大会常务委员会第五次会议上，由副委员长李铁映在《关于检查〈中华人民共和国建筑法〉实施情况的报告》中首次指出。[①]

《报告》之后，黑白合同便成为建设工程施工领域公开的秘密。有人对江苏省高级人民法院2010年至2014年2月份近五年审结的500件建设工程施工合同纠纷案件进行了调查，结果显示，这500件建设工程施工纠纷案件中，有150件被认定为合同无效，占建设工程施工案件总数的30%。而150件无效合同中，涉及黑白合同的案件就有32个，占无效施工合同的比例为21%。[②] 由此可见，黑白合同问题异常突出。那么，黑白合同究竟存在于何种情形呢？根据该报告，黑白合同仅仅存在于必须进行招标投标的建设工程项目中，对于不需要进行招投标的施工合同，是否也存在黑白合同的状况？笔者认为，答案是肯定的。因此，为了明白黑白合同的含义，首先要对黑白合同存在的前提进行分析。

（一）黑白合同产生的制度环境

《招标投标法》第46条[③]规定："招标者和中标人不得再行订立背离合同实质性内容的其他协议。"据此，有人认为："'黑白合同'的情况只发生在一个招标过程中，衡量合同黑与白的界限在于是否存在中标通知书，并以此指出黑白合同与违法招投标合同存在着本质区别。"[④] 笔者认为，这仅仅是从狭义的层面对黑白合同的认定。根据第46条的规定，在必须进行招投标的建设工程项目中，当事人依照招投标要求签订的合同为"白合同"；反之，背离招投标文件实质内容签订的合同为"黑合同"。但是，根据该条文，

---

① 《关于印发全国人大常委会执法检查组关于检查〈中华人民共和国建筑法〉实施情况的报告的通知》："汇总各地反映，部分建设单位和投标人或招标代理机构搞明招暗定的虚假交易，相互串通签署'黑白合同'的问题突出。'黑合同'是指在工程招投标过程中，建设单位与中标单位除了公开签订的合同，还私下签订另外合同，迫使投标单位垫资或带资承包，同时降低工程款金等不公平、不合法的合同。'黑合同'不仅仅违反了《中华人民共和国合同法》、《中华人民共和国招标投标法》以及《中华人民共和国建筑法》等相关法律的规定，可能使建筑工程存在质量问题，而且不可避免地也最终会损害施工方和建设方的利益。此次检查，检查组了解到，黑白合同问题不仅是普遍的，更是不易查处的。"

② 潘军锋："建设工程施工合同案件审判疑难问题研究"，载《法律适用》2014年第7期，第65页。

③ 《招标投标法》第46条第1款规定："招标人和中标人应当自中标通知书发出之日起三十日内，按照招标文件和中标人的投标文件订立书面合同。招标人和中标人不得再行订立背离合同实质性内容的其他协议。"

④ 朱树英："因违法招投标导致施工合同无效与黑白合同的区别及应注意的法律问题"，载《建筑经济》2010年第11期（总第337期），第85页。

我们不能判定黑白合同签订的时间先后，也不能判定在不需要进行招投标的建设工程项目中是否也存在黑白合同问题，因此，研究黑白合同，有必要分三种情况讨论。

1. 必须进行招投标的建设工程项目

《招标投标法》第3条第1款以法律的形式规定了必须进行招投标的建设工程项目。① 根据该条文结合上述该法第46条，对于大型基础设施等必须要进行招投标的建设工程项目，要讨论黑白合同的前提，必须要分为投标前，投标中，投标后三种情况进行讨论。

（1）在建设工程施工项目招投标前，发包人与承包人已经签订了一份意思表示一致的合同。之后，为了应对政府部门监管，又根据招投标文件另行签订一份合同，但双方均按照前合同履行。有人认为，该情形下前合同为“黑合同”，后合同为“白合同”。② 笔者不赞同此种说法。原因是：《招标投标法》第32条明确指出：“招投标人不得串通投标，损害国家利益、社会利益以及其他人的合法权益。”《招标投标法》第55条也指出：“招标人违反必须进行招标项目的法律规定，与投标人进行投标价格、投标方案或者其他实质内容磋商的，要给予警告，同时对单位直接负责人员依法予以处分。如果有前款规定的行为且影响中标结果的，则中标无效。”据此，笔者认为，在工程项目招标前已经签订的合同，及之后根据招投标文件另行补签的合同，都是“黑合同”，前一份合同违反《招标投标法》第32条的强制性规定，属于串通投标；后一份合同不仅不是双方当事人真实意思的表示且未得到履行，而且根据上述55条可能中标本身就是无效的。所以笔者认为此时属于“黑黑合同”，不存在黑白合同。

（2）依照《招标投标法》有关必须进行招投标工程项目的规定，施工合同双方进行了招投标并依据中标文件签订了书面的建设工程施工合同。③ 之后，双方当事人搁置该合同，重新签订新的合同，且该新合同对工程质

① 《招标投标法》第3条第1条规定：“在中华人民共和国境内进行的下列建设工程项目包括项目的勘察、设计、施工、监理以及与工程建设有关的重要设备、材料等的采购，必须进行招标：（1）大型公共基础设施、公用事业等关系社会公共利益、公共安全的项目；（2）全部或部分使用国有资金投资或者国家的融资的项目；（3）使用国际组织或者外国政府贷款、援助资金的项目。……法律或者国务院对必须进行招标的其他项目的范围有规定的，依照其规定。”

② 王小莉：“浅析建设工程‘黑白合同’的相关法律问题”，载2012年《仲裁研究》第三十辑，第77页。

③ 《中华人民共和国合同法》第270条规定：“建设工程合同应当采取书面形式。”

量、合同价款或工程期限做了根本性改变[①]，此种情形符合《招标投标法》第46条的规定，因此根据中标文件签订的合同就是“白合同”，白合同签订之后另行签订的背离中标合同根本性内容的就是“黑合同”，此时黑白合同就形成了。

（3）对于招投标过程中同时签订两份合同的情形，笔者认为凡是合同的签订总是有先后顺序的，如果另行签订的合同在依据招投标文件签订的中标合同之前，显然双方有串通投标的嫌疑，此时不存在黑白合同。相反，在招投标结束之后另行签订合同就会存在黑白合同。退一步讲，即使建设方和施工方真的在中标的当天同时签订了两份合同，那么此时也会存在黑白合同。原因是：根据《招标投标法》的规定，“依据招投标文件签订的合同仅为把招标文件的规定、相关条件和条款以书面合同形式固定，招投标文件是该合同的依据。因此，从这个意义上讲，中标通知书一经发出，招标人和投标人在招投标过程中达成一致的内容即成为原始的中标合同。”[②] 也就是说，依据招投标文件签订的合同是“白合同”，当事人间签订的背离中标文件实质性内容的合同为“黑合同”。

2. 不必要进行招投标的建设工程项目

对于不属于《招标投标法》规定的必须招投标的建设工程项目，如果施工合同当事人签订了两份合同，且两份合同的实质内容存在着本质区别，此时也应分两种情况进行探讨。

情况一，根据意思自治原则，双方当事人本着自愿原则先后签订了两份建设工程施工合同，此时，笔者认为两份合同都是“白合同”，只不过基于合同签订的时间，后合同取代了先合同，此时没有黑白合同之说。相反，如果后合同的签订非基于自愿原则，笔者认为同样不存在黑白合同。因为根据《合同法》第54条的规定，一方当事人受到欺诈、胁迫违背了真实意愿而签订的合同或显失公平的合同，可以申请撤销。[③] 因此，合同在签订时，虽然违背了当事人的意愿，但法律已经规定了救济措施，若当事人自愿放弃救济

① 《合同法》第275条规定：“施工合同的内容包括工程范围、建设工期、中间交工工程的开工和竣工时间、工程质量、工程造价、技术资料交付时间、材料和设备供应责任、拨款和结算、竣工验收、质量保修范围和质量保质期、双方相互协作等条款。”

② 高印立：《建设工程施工合同法律事务与解析》，中国建筑工业出版社2012年版，第44页。

③ 《合同法》第54条规定：“……订立合同时，显失公平的。一方以欺诈、胁迫的手段或者乘人之危，使对方在违背真实意思的情况下订立的合同，受损害方有权请求人民法院或者仲裁机构变更或撤销。……”

的，视为对后合同的承诺。

情况二，施工合同当事人签订了两份合同，其中一份合同进行了备案登记，另一份没有备案登记但却是实际履行的合同。笔者认为，此种情况下，无论两份合同签订的时间先后，进行了备案登记的合同为“白合同”，双方当事人实际履行的合同是“黑合同”，此种情形即为广义上的“黑白合同”。有人可能质疑：若是备案登记的合同在后，此种情形类似招投标工程项目在招投标之前串通签订合同的情形，此时不存在黑白合同之分。笔者认为，备案登记的合同与必须进行招投标的合同有着本质的区别，备案登记作为一种公示形式，如若背弃，违反的是一种行政管理的规定，不触及合同效力的强制性规定。

3. 地方政府规定必须进行招投标的建设工程项目

对于政府基于一定利益的衡量，要求不属于法定的建设工程项目必须招投标，并要求进行备案登记的，此情况下，笔者认为“黑白合同”的情况依旧存在。依据招投标文件签订并进行了备案登记的为“白合同”，双方当事人间自行订立并实际履行的为“黑合同”，但此种情形只存在于招投标之后。就招投标之前所签订的合同，要对合同双方当事人的“善意”进行考察，如果确实不知道地方政府对该工程项目有必须进行招投标的规定，即没有恶意串通的故意，则笔者认为此时存在黑白合同情形。与此相反，如果有充分证据证明合同签订时双方当事人明知道有关政府文件的规定，仍然签订合同，此时即“属于恶意串通，损害国家、集体或第三人利益的行为，因此所签订的为无效合同”。[①] 此种情形属于前面提到过的“黑黑合同”，不存在“黑白合同”之分。

归结上述探讨，笔者认为，黑白合同存在的前提有三个：前提一，必须要进行招投标的建设工程项目，发生在招投标过程中或招投标结束后；前提二，不必要进行招投标的建设工程项目存在备案登记的情形；前提三，法律、行政法规未规定，但地方政府规定必须要进行招投标并备案，招投标之前双方当事人无恶意或者在招投标结束后签订的情形。以上探讨中，笔者从《招标投标法》第46条等相关法律规定入手，解决了黑白合同存在的前提，以此为契机，黑白合同的含义已跃然纸上。

① 《合同法》第52条规定，“有下列情形之一的，合同无效：（一）一方以欺诈、胁迫的手段订立合同，损害国家利益；（二）恶意串通，损害国家、集体或者第三人利益；（三）以合法形式掩盖非法目的；（四）损害社会公共利益；（五）违反法律、行政法规的强制性规定。”

（二）应当如何认定黑白合同

大部分学者对黑白合同的定义是："针对同一建设工程项目，当事人基于利益衡量签订了两个或两个以上的实质性内容相左的合同，其中把经过正式的招标投标和备案的合同称为'白合同'（阳合同）；把实际履行的补充协议称为'黑合同'（阴合同）"① 在前文，笔者总结了"黑白合同"存在的三个前提，据此，笔者认为，黑白合同的含义应当具有以下几点：第一，针对同一建设工程项目，当事人签订了两份施工合同；第二，该建设工程项目属于法定的招投标工程或者有关地方政府规定必须要进行招投标的建设工程或存在备案情形的建设工程；第三，两份合同内容有实质性差异，既不构成合同变更又不是补充协议；第四，当事人间实际履行的是黑合同。在此后的论述中，笔者均是在上述黑白合同存在的前提下进行探析的。

二、黑白合同存在的主客观原因

（一）主观层面

1. 诚实信用原则的缺失

诚信，自古以来是权衡道德高低的标准。伴随市场经济的发展，诚实信用已经从基本的德行要求攀升为法律要求，最终确立为《民法通则》的诚实信用原则，被后人冠以"帝王条款"之称。我国《合同法》第 6 条也强调："当事人行使权利、履行义务应当遵循诚实信用原则。"愿景虽然美好，但现实却很残酷，黑白合同的存在充分证实了施工合同当事人缺乏诚实信用，为了自己的利益，采用欺骗甚至违法的方式签订黑白合同。

2. 追逐利益的盲目性

首先，从建设企业来说，利用自己的优势地位，强行要求施工单位让利，通过黑合同商定工程价款低于白合同，从而实现自身利益最大化，黑白

① 谭筱娟："'黑白合同'浅论"，载《广东建材》2011 年第 6 期，第 174 页；杜正涛："'黑白合同'问题漫谈"，载《中国商界》2008 年第 3 期，第 125 页；周泽："建设工程'黑白合同'法律问题研究——兼对最高法院一条司法解释的批评"，载《中国青年政治学院学报》2006 年第 1 期，第 93 页。

合同因此产生。其次，从施工企业来说，为了多争取建设工程项目，不惜以降低报价的方式，在白合同外又与建设方签订黑合同。因为建设市场的供求关系决定了工程价款的利润弹性大，在“合理价格”外仍有获利空间。

（二）客观层面

1. 建筑市场供求比例失衡

我国的市场环境决定了建设方处于相对优势地位，施工单位间的竞争异常激烈。为了生存，施工方不得不接受建设方诸如降低价款、改变工期等苛刻条件，是以会存在招投标文件或备案文件之外的黑合同。此外，施工方低价中标后，可能对合同的条件不甘，会利用建设方的软肋，要求其与已签订黑合同。①

2. 政府过度干预建筑市场

有观点认为：“政府对建筑市场过度干涉是黑白合同产生的根本原因。”②

（1）政府盲目扩大招投标范围致使黑白合同现象屡次发生。各国的招投标立法，基本上主要针对公共投资项目；对于民间投资项目，主张发挥市场自我调节机制。但我国不仅对公共投资项目严格监管，还过分干预私人领域，将绝大多数私人房地产项目列入必须招投标的范围，因此会存在大量与招投标文件相左的黑合同。③

（2）政府过度干预导致合同备案制度失灵。合同备案制度是政府对建设工程的主要监管形式，虽然法律未予系统规定，但实际上，备案制度即是招投标制度与施工许可制度的衔接，是《招标投标法》第46条有关“不得再行订立背离合同实质性内容的其他协议”的制度载体。④ 因此，政府会对建设工程合同过度干预，合同备案制度本身应有的监督功能失去效果，出现黑白合同有增无减的怪异现象。

---

① 周吉高、王凌俊：“‘黑白合同’的成因及其司法处理原则”，载《建筑》2012年第6期，第26页。

② 赵力军：“建设工程合同法律适用与探索”，见《泉城法学文库2011·2》，中国人民公安大学出版社2011年版，第322页。

③ 何佰州、周显峰：“透视阴阳合同现象反思我国招标投标制度”，载《建筑经济》2004年第1期，第57页。

④ 赵力军：“建设工程合同法律适用与探索”，见《泉城法学文库2011·2》，中国人民公安大学出版社2011年版，第322页。

3. 相关立法及司法解释存在漏洞

《招标投标法》第3条规定了必须进行招投标的工程项目范围，但是该范围具有伸缩性，《工程建设项目招标范围和规模标准规定》第4条充分证明这一点。① 地方政府有权利决定自己所辖区的工程项目是否需要招投标。招投标范围的不确定性是致使黑白合同产生的一个重要因素。加之，我国已有法律未明确规定“黑白合同”的含义，因此会存在以补充协议的形式掩盖其真实黑白合同目的的情形，使黑白合同以一种更加隐秘的形式滋长。

4. 企业合同管理制度不健全

建设工程项目庞大而复杂，合同从签订到履行再到纠纷处理，环节紧紧相扣，需要企业各部门的相互配合。但在现实生活中，往往到了纠纷环节企业法务才会介入。而在合同签订过程中，建设方和施工方各怀鬼胎，希望通过留有余地的合同达到维护最大利益的目的，这是黑白合同产生的又一因素。

在建设工程司法实践中最难判定的难题是黑白合同的效力如何认定的问题，而这又通常涉及以哪个合同作为工程价款结算的依据这一当事人最关心的问题。

三、关于黑白合同效力认定问题

《最高人民法院关于审理建设工程施工合同纠纷案件适用法律问题的解释》（以下简称《施工合同解释》）第21条的规定：“同一建设工程，存在与当事人间签订的备案中标合同的实质性内容不一致的另一份合同时，应当以备案的中标合同作为工程价款的结算依据。”② 根据该司法解释，结合《招标投标法》第46条规定，要探讨黑白合同的效力，要明确以下几个方面的内容：什么是合同的实质性内容？备案的性质是什么？备案的中标合同与

① 《工程建设项目招标范围和规模标准规定》第4条规定：“使用国有资金投资项目的范围包括：使用各级财政预算资金的项目；使用纳入财政管理的各种政府性专项建设基金的项目；使用国有企业事业单位自有资金，并且国有资产投资者实际拥有控制权的项目。”

② 《施工合同解释》第21条规定：“当事人就同一建设工程另行订立的建设工程施工合同与经过备案的中标合同实质性内容不一致的，应以备案的中标合同作为结算工程价款的根据。”

中标合同本身是否存在不同？该《施工合同解释》第21条是否是判定黑白合同效力的依据？在黑白合同存在的前提下，笔者将对以上四方面的问题展开讨论。

（一）合同的实质性内容探析

法律为现实生活服务，同时法律又源于生活。合同作为现实生活中最常使用的法律，涉及的内容十分广泛，究竟哪些内容构成合同的实质性内容，法律目前尚未有统一的规定，法学学者的观点也不尽相同。那么究竟什么是合同的实质性内容？合同只要变更就一定是实质性内容的变更吗？补充协议的性质如何界定？由于合同的实质性内容涉及黑白合同的效力判定，有必要对其仔细探究。

1. 合同的实质性内容界定

据学界一般理论，合同的实质性内容，一般指合同约定的工程价款、工程质量、工程期限三项，因为这三项内容影响甚至决定了当事人的基本权利和义务。除了此三项，当事人的其他行为，不会影响当事人利益的重大调整，更不会影响合同的性质，也就不会产生“黑白合同”问题。笔者认为，根据《施工合同解释》第21条的规定，我们应当把“合同实质性内容”的变更理解为：备案的中标合同已经订立，当事人为了各自的利益，变更了诸如竣工日期、工程价款或工程质量等，能够影响彼此权利义务的条款。此外，笔者还认为，在司法实践中，判定一项合同内容的变更是否构成实质性内容的变更，要充分考虑合同本身的不确定性，结合案件的具体真实情况评定该项变更是否对当事人间的利益作出了重大调整。如果存在此种情况，即使该条款不属于工程价款、工程质量或者竣工期限，只要对当事人间的利益作出了重大调整，就属于合同实质性的变更。

2. 合同的正常变更与合同实质性内容变更的区别

根据《合同法》第77条的规定，“双方当事人协商一致可以变更合同”①，这是法律赋予当事人在合同履行中的一项基本权利，应当受到尊重和保护。所以，除了笔者在上文讲述的合同实质性内容，其他合同内容的变

---

① 《合同法》第77条规定：“当事人协商一致，可以变更合同。法律、行政法规规定变更合同应当办理批准、登记等手续的，依照其规定。”

更都是正常变更，不会影响当事人的基本权利与义务，因而不会产生黑白合同。若是在施工合同履行过程中，当事人依据工程进度及现实条件对施工合同作了适时调整，即便所做的调整可能涉及工程价款、工程质量或竣工期限等合同内容，只要该调整没有涉及当事人间基本权利义务的变化、不会导致当事人间利益的失衡，那么这种调整就是合同的正常变更。无法否认的是，要正确区分正常的合同变更与合同实质性内容的变更，找出一个量化的标准相当困难，这就需要法官准确地发挥自由裁量权，既让合同的正常变更不受限制，又能有效地防治黑白合同。

3. 补充协议的性质

因为黑白合同问题已经不是秘密，因而凡是出现黑白合同的，在司法实践中都受到坚决打击。当事人为了规避这种风险，往往不是重新签订一份合同，而是以“补充协议”的方式对合同作出改变。那么，“补充协议”是否与原合同构成黑白合同？严格概述，补充协议是对原合同未尽事宜，或者合同履行过程中新产生的状况而另外进行的约定。在合同的补充协议中，应注意以下问题：第一，补充协议当事人与原合同当事人一致；第二，补充协议的形式与原合同一样完备；第三，不得与原合同发生内容抵牾。①

在建设工程施工合同中，补充协议的存在情形有三种：第一，纯粹的补充协议，即对合同中未约定的事项或者施工过程中新出现的状况进行的补充约定，此时该补充协议与正本合同具有同等法律效力。第二，补充协议既对原合同内容进行了补充，又对部分原合同内容进行了正常性变更。笔者认为这种情况可理解为广义的补充协议，具有合同效力，并应将原合同相应内容变更为补充协议的内容。第三，以补充协议的方式掩盖其对合同实质性内容进行变更的非法目的，此时补充协议的实质就是“黑合同”。

（二）建设工程施工合同备案的性质探析

“备案”在现代汉语词典中的意思是：“向主管机关报告事由存案以备查考。”②《房屋建筑和市政基础设施工程施工招标投标管理办法》（以下简称《施工招投标管理办法》）（2001 年建设部令第 89 号）第 47 条对施工合同备

① http：//www. 66law. cn/topics/bcxy/，2015 年 7 月 7 日访问。

② http：//zhidao. baidu. com/question/254973971. html？qbl = relate - question - 0，2015 年 7 月 7 日访问。

案作了明确的规定。① 可以说，建筑工程施工合同备案是建设行政部门以“备案”形式进行行政管理的手段。② 从实证分析角度，有学者对施工合同备案的法律性质进行了分析，通过对施工合同备案进行内容审查，将施工合同备案分为三种情形：记载备案、确认备案及批准备案。③

笔者赞同该学者对建设工程施工合同备案的法律性质的分析。然而笔者认为，无论建设工程施工合同是何种备案形式，即使该备案具有行政审批或行政许可的功效，也不应当对黑白合同的认定产生影响，同时对黑白合同的效力判定也不应具有影响。

（三）备案的中标合同与中标合同本身的差异

据《招标投标法》第46条规定，结合《施工合同解释》第21条的规定，笔者认为，备案的中标合同并不一定是中标合同本身，原因有两点：第一，据《招标投标法》第47条规定：“依法必须进行招投标的建设工程项目，招标人应当自确定中标人之日起在15天内，向有关行政监督部门提交有关招标投标情况的书面报告。”《施工招投标管理办法》（建设部令第89号）第47条规定：“在签订书面合同7日内，中标人应向县级以上地方政府建设行政部门提交工程建设合同予以备案。”也就是说，我国目前法律并没有规定中标合同必须要进行备案，而是以国务院部门规章的形式规定的。如果招标人向有关行政监督部门报告的招投标情况与中标合同本身有出入，而中标人即使向建设行政主管部门进行的是中标合同的备案，由于《招标投标法》的效力高于《施工招投标管理办法》，所以招标人的书面报告的效力就要大于中标人的备案的中标合同。况且，中标人进行备案的合同可能也并不是中标合同本身。第二，笔者已经讨论过备案的性质，如果施工合同是记载式备案，建设行政主管机关仅对合同进行形式审查，此时最可能出现备案的中标合同不是中标合同本身的情形。即使是确认式备案或批准式备案，但行政机关并未发现该备案的合同并非中标合同，也会存在备案的中标合同与中标合同本身不一致的情形。

---

① 《房屋建筑和市政基础设施工程施工招标投标管理办法》（2001年建设部令第89号）第47条规定：“招标人和中标人应当自中标通知书发出之日起30日内，按照招标文件和中标人的投标文件订立书面合同；招标人和中标人不得再行订立背离合同实质性内容的其他协议。订立书面合同后7日内，中标人应当将合同送工程所在地的县级以上地方人民政府建设行政主管部门备案。”

② 高印立：《建设工程施工合同法律实务与解析》，中国建筑工业出版社2012年版，第35页。

③ 高印立：“建设工程施工合同备案的法律性质剖析”，载《建筑经济》2011年第5期（总第343期），第76～77页。

既然备案的中标合同与中标合同本身可能存在差异，此时就有一个问题：《施工合同解释》第 21 条能否适用于备案的中标合同与中标合同本身不同的情况？换句话说，当事人因工程价款结算发生纠纷时，结算依据以备案的合同为准还是以中标合同为准？抑或是认为该司法解释不能适用，应该以双方当事人意思表示一致的黑合同为依据？要回答该问题，首先要对黑白合同的效力作出判断。

（四）《施工合同解释》第21条能否成为判定黑白合同效力的依据

《施工合同解释》第 21 条的落脚点是工程价款的结算，即当事人因为工程价款问题发生争议诉诸法院，应以备案的中标合同作为结算依据。然而能以此就判定黑白合同的效力吗？对此，不同学者有不同的观点。

一种观点认为，《施工合同解释》第 21 条规定的“结算工程价款应以备案的中标合同为依据”，虽然从字面上避免了对“黑白合同”效力的判断，但已经从实质上否认了“黑合同”作为确立当事人之间权利义务的依据。① 另一种观点认为，《施工合同解释》第 21 条仅规定了以备案的中标合同作为依据结算工程款，即涉及的是哪一份合同可以成为计价依据，有关黑白合同效力并未涉及；也即该规定只有黑白合同效力的高低之分，不涉及效力有无。②

笔者认为，判定黑白合同的效力不能单纯依据《施工合同解释》第 21 条的规定，毕竟该条款解决的是当事人间最关心的工程款问题。而在解决工程价款问题时必然要以合同效力的判定为前提，否则会让当事人产生判决缺乏法律依据的错觉。在黑白合同存在的前提下，判定黑白合同效力，要结合《招标投标法》《合同法》等相关法律以及笔者刚刚探讨的实质性条款、备案的性质等内容。

（五）黑白合同效力判定

1. 必须进行招投标的建设工程项目

《招标投标法》第 3 条规定了必须进行招投标的工程项目范围。第 46 条规定了招标人与中标人必须按照中标文件签订书面施工合同，且不得再行订

---

① 高印立：《建设工程施工合同法律实务与解析》，中国建筑工业出版社 2012 年版，第 43 页。

② 朱树英：“因违法招投标导致施工合同无效与黑白合同的区别及应注意的法律问题”，载《建筑经济》2010 年第 11 期（总第 337 期），第 86 页。

立与合同实质内容相抵牾的任何其他协议。《施工合同解释》第21条规定存在黑白合同时，应以备案的中标合同作为结算工程价款依据。对于必须要招投标的项目，黑白合同的效力如何判定除了参考以上条文外，还要结合《合同法》第52条规定的无效合同条款进行判断。

综合上述法律规定，要对黑白合同的效力作出判定，首先要明确何谓“效力性强制性规定”？为了弄清楚该问题，先探索一下与黑白合同无关但却极其相似的“关于承揽人资质与合同效力”的一些规定。

《施工合同解释》第1条、第2条、第3条规定了施工合同被确认无效后，应该如何处理双方的权利和义务。关于无资质承包合同情况的认定，此三条解释虽然判定合同无效，但却按照合同有效来处理双方当事人的权利与义务。那么，无资质的合同究竟是否应当断定为无效合同？也就是说，《建筑法》第26条①的强制性规定是什么类型？是属于管理性还是属于效力性？对效力性质问题，有学者进行了深入研究，分为强制性规范和禁止性规范两种强行性规范。

基于以上理论，该学者认为，违反《建筑法》第26条的规定属于违反管理性禁止规范，并不影响合同的有效性。合同有效也不影响对不遵守规定者的处罚。如果违法者以合同有效为由拒绝处罚，作者认为合同有效无效是民商法的判断，而是否有行政违法行为、是否进行行政处罚是行政法的判断。若是存在着行政违法行为，合同有效并不影响行政处罚。

上述强制性规范的分类理论对法学界产生了深刻影响，为大多数法学者所接受。笔者在该理论的基础上，参照该作者对关于承包人资质的施工合同的效力分析，对必须要进行招投标的建设工程的黑白合同的效力作出评判。

根据《招标投标法》第59条规定，施工合同当事人签订了背离中标合同实质性内容的黑合同，可以处以罚款。② 结合《招标投标法》第46条，《施工合同解释》第21条，《合同法》第52条规定，再加上笔者之前讨论的实质性条款的规定，笔者认为：在招投标过程中或者结束后，施工合同双方

① 《中华人民共和国建筑法》第26条规定：“承包建筑工程的单位应当持有依法取得的资质证书，并在其资质等级许可的业务范围内承揽工程。禁止建筑施工企业超越本企业资质等级许可的业务范围或者以任何形式用其他建筑施工企业的名义承揽工程。禁止建筑施工企业以任何形式允许其他单位或者个人使用本企业的资质证书、营业执照，以本企业的名义承揽工程。”

② 《招标投标法》第59条规定：“招标人与中标人不按照招标文件和中标人的投标文件订立合同的，或者招标人、中标人订立背离合同实质性内容的协议的，责令改正；可以处中标项目金额千分之五以上千分之十以下的罚款。”

当事人签订了两份实质性内容相背离的合同，即存在黑白合同时，黑合同有效。

原因如下：第一，《合同法》第52条第5款属于效力性强制性规定，即禁止任何人在任何时间、任何地点以任何方式从事某种交易。而《招标投标法》第46条的规定禁止的是特定的招标人和投标人，即不是针对所有人；禁止的是在招投标过程中或结束后又签订一合同，即时间不是任意的；以上两点不符合效力性强制性规定的范畴。有人质疑，按照该理论，在招投标之前已经签订合同并且得到实质履行，然后按照中标文件又补签了一份未得到实施仅备检查的合同，则这样两份合同也是有效合同。笔者不敢同意此说。原因在于，对于必须招投标的建设工程项目，如果在招投标之前签订合同，属于恶意串通或者其他损害国家、集体或他人利益的行为，违反的是《合同法》第52条第2款的规定，与《合同法》第52条第5款的规定有本质区别，因此黑白合同的情形在招投标之前不能存在，笔者的黑白合同存在的前提仍然成立。第二，对签订背离合同实质性内容的黑合同的行为，《招标投标法》第59条已经有了明确的处罚规定，即使认定黑合同有效，也不影响对签订黑合同的主体进行处罚。而且通过严厉的处罚，使得当事人不能从黑合同中获益，这样可以有效遏制黑白合同的发生。第三，《施工合同解释》第21条未否认黑合同的效力。笔者认为，此种情形下认定黑合同为有效合同，但以白合同作为工程款的结算依据，不仅可以有效抑制黑白合同滋生，还可以敦促施工合同双方当事人践行诚实信用原则。因为签订黑合同，不仅要以白合同为依据结算价款，还要对签订黑合同的行为进行处罚，百害而无一利，势必会有效遏制黑白合同。当然，笔者进行这种论断的前提是备案的合同与中标合同本身是一致的。当备案的合同与中标合同本身就不一致时，如果黑合同被判定为有效合同，那么工程价款的结算在“备案的合同”“中标合同”“黑合同”之间如何选择呢？笔者认为，应以“黑合同”作为工程价款的结算依据，笔者将在下文中对该问题作出解答。

2. 不必要进行招投标的建设工程项目存在备案登记的情形

对于不需要进行招投标的建设工程项目，当事人通过备案、登记等形式签订了两份合同，笔者之前已经讨论过了备案的性质，认为无论建设工程施工合同是何种备案形式，即使该备案具有行政审批或行政许可的功效，也不影响对黑白合同的认定，同时对黑白合同的效力判定也不具有影响。但因为《施工合同解释》第21条适用的前提是招投标工程，因此在不需要进行招投标的建设项目中有关工程价款的结算不能以该司法解释为依据。此时工程价款的结算应以当事人真实意思表示所签订的“黑合同”为依据。当然，因双方当事人违背了行政机关有关管理的规定依然可以对其处罚。

3. 地方政府规定必须要进行招投标并备案的情形

对于地方政府规定进行招投标的建设工程项目，由于建设单位未必要依据地方政府的规定办事，因此有必要分情况讨论：

（1）建设单位依照政府规定进行了招投标，并按照中标文件签订了白合同进行备案。虽然双方当事人按照当地政府的规定签订的合同可以成为白合同，随后签订的背离合同实质性内容的合同为黑合同。但是笔者认为，黑合同是有效的。

解释如下：第一，《招标投标法》第3条已经对必须要进行招投标的建设项目进行了规定，根据《立法法》第73条的规定[①]，地方性法规只能对地方性事务作出规定，且上位法已经有明确规定的不得重复规定。据此，如果地方政府制定的地方性法规违背了《招标投标法》第3条的规定，该条款是无效的。第二，即使地方政府作出的地方性法规是符合《招标投标法》规定的，但是在必须要进行招投标的建设项目中笔者已经讨论了黑白合同的效力，刑法中有一原则“举重以明轻”，如果在必须招投标的施工合同中存在黑白合同时，黑合同是有效的，那么在地方性招投标合同项目中黑合同也应该是有效的。第三，依照《合同法》第52条第5款的规定：违反了法律和行政法规强制性规定的合同无效，暂且不说这时候的强制性规定应属于效力性强制性规定，单单是该条适用的前提就是不相符的，原因是此时存在的黑白合同违反的是地方性法规，与法律、行政法规无关。所以，黑合同有效。

（2）建设单位不知道依据政府规定必须要进行招投标，事前已经与施工单位签订了合同，之后为了应付政府的规定而另行签订了一份合同并进行了备案。此种情况下要判断合同的效力，需要区分合同签订时双方当事人是否“善意”，只有在善意的情况下才存在黑白合同问题。笔者认为当事人签订合同是善意的，黑合同有效。理由有以下两点原因：第一，黑合同签订时，双

---

① 《立法法》第73条规定：“地方性法规可以就下列事项作出规定：（一）为执行法律、行政法规的规定，需要根据本行政区域内的实际情况作具体规定的事项；（二）属于地方性事物需要制定地方性法规的事项。……在国家制定的法律、行政法规生效后，地方性法规同法律或者行政法规相抵触的规定无效，制定机关应当及时予以修改或者废止。制定地方性法规，对上位法已经明确规定的内容，一般不作重复性规定。”

方当事人并无恶意串通且没有损害他人利益，因而没有违反《合同法》第52条第2款的规定。第二，白合同是为了应付政府部门的监管而签订的，虽然形式上符合了地方政府的规定，但是该合同没有表达当事人的真实意愿，也未得到实际的履行。

通过以上分析，在黑白合同存在的前提下，黑合同的效力无论在哪种情形下都是有效的，《施工合同解释》第21条只有在必须招投标的建设工程项目中且存在黑白合同情形时才适用。当然，黑合同有效并不意味着有关行政机关不能对违法签订黑白合同的双方当事人进行行政处罚。那么，黑合同有效时，工程款的结算依据究竟是什么？此问题也就是前面笔者已经提及但未做回答的问题，接下来，笔者就黑合同有效时，工程价款的结算问题进行解答。

（六）黑合同有效时的工程价款结算依据

依照《施工合同解释》第2条规定："建设工程经竣工验收合格，纵然施工合同为无效合同，但承包商请求参照合同约定支付工程款的，应予以支持。"可见，即使在合同无效时，只要工程竣工合格，就可以要求按照合同约定结算工程款，依旧借用"举重以明轻"原则，黑合同有效时，应该以黑合同作为工程款的结算依据。但是必须进行招投标的建设项目有备案的中标合同的情形除外，原因是根据《施工合同解释》第21条，此时工程款结算要以备案的中标合同为依据。所以，在这里对工程价款的结算分情况说明一下。

1. 必须进行招投标的工程项目的工程价款结算

依据《施工合同解释》第21条的规定，通常情况工程价款的结算应依据备案的中标合同。但我们要讨论的是，备案的合同与中标合同本身有区别时，应该以哪个合同为结算依据？笔者认为，应该以黑合同为结算依据。理由有三：第一，黑合同是当事人在签订初期经过利益衡量后选择的最佳方案，以该合同作为价款结算依据符合签订合同时的愿景。第二，备案的合同与中标合同本身存在差异，说明此时备案的合同也是一种黑合同，说不定就是黑合同本身。第三，中标合同固然是白合同，但此时工程价款的结算不能以该中标合同为依据，原因是这时的中标合同既不是《施工合同解释》第21条规定的备案的合同，也不是当事人真实的意思表示，于情于法都无适用依据。

2. 其他黑白合同存在的前提下，工程价款的结算

抛开《施工合同解释》第21条的规定，只要存在黑白合同，都应以“黑合同”作为工程价款的结算依据。因为在认定黑合同有效后，以黑合同作为工程价款的结算标准，既是对合同订立后诚实信用原则的坚守，也是合同当事人在订立合同初期希望看到的结果、是对合同签订时预期收益的肯定。

有人会质疑，以黑合同结算工程款不是对黑白合同的纵容吗？笔者不这样认为：第一，以黑合同结算工程价款，符合当事人签订合同的初衷。事后一方当事人可能反悔，但完全民事行为能力人应对自己的行为负责。第二，以黑合同结算工程价款，是对诚实信用原则的坚守。否则，任何一方任意毁约，法院都判决按照白合同结算工程价款，这极可能是对肆意毁约行为的纵容（签订黑白合同本身也是不诚信的表现，但这是在合同签订之前。这里我们所说的是合同签订之后应当遵循诚信原则）。第三，以黑合同结算工程价款，不代表有关行政机关放弃对签订黑白合同主体的惩处。一方面，以黑合同结算工程款，一方当事人可能无利可图，从而不敢再签订黑合同；另一方面，行政机关对黑白合同当事人进行行政处罚甚至没收违法所得，使得当事人产生畏惧心理，从而减少黑白合同的产生。第四，根据《施工合同解释》第2条的规定，工程合格时，承包人工程价款的结算可以要求按合同约定，亦可以要求按照实际工程造价。以黑合同结算工程款时，若可得利益为零甚至负数，施工方可以请求以工程实际造价为结算依据。

通过以上各方面的分析，我们可以发现，黑白合同的存在不仅仅是施工合同当事人之间的问题，还涉及政府、法律、企业等各个方面，面对黑白合同问题，我们不应当单纯的考虑某一方面，而应当全面对黑白合同问题进行反思，从而得出更好的完善建议。

四、黑白合同问题的反思及相应完善建议

（一）比较白合同、黑合同可能存在的优点

笔者认为，经过建设方与施工方的博弈，黑合同使双方共赢。在建筑市场，建设方与施工方在市场中的地位是不平等的，总体上来说建设方可能处

于优势地位。黑合同的出现可能是面对这种现实，施工方在对得失利益衡量的基础上作出的理性选择。作出这种选择的理由笔者能够想到的可能有三个：第一，建设方要在众多的施工方中选择一位最佳的合作伙伴，可能考虑两方面的内容：施工方的知名度+己方可得的利益。面对残酷的竞争，施工方想获得优势，要么具有一定的社会知名度；要么就要作出牺牲，降低己方利益让利于对方。第二，施工方不同意签订黑合同时，建设方可能会毁约，而毁约的成本低于依据签订的白合同的履行所获得的利益。为了生存，施工方不敢也不愿违背建设方的意愿。第三，建设工程价款弹性极大，签订黑合同既打败了竞争对手，又使己方有利可图。综合以上三点理由，建设方与施工方便达成了签订黑合同的意思表示一致。

针对以上黑合同存在的利益，要促进建筑市场公平竞争，实现良性发展，可以从以下几个方面对防范黑白合同的产生进行完善：第一，通过执业许可证审批制度，提高从业人员的整体素质和职业道德，促进市场健康发展。① 第二，完善信用等级制度。首先，对建设工程项目划分出等级，如分为A、B、C三等；其次，完善企业的信用等级，如优秀、良好、一般，对所有的建设方与施工方的信用等级进行排序并归类，及时淘汰信用等级低的企业，促进企业之间的良性竞争；最后，通过匹配，即A→优秀、B→良好、C→一般，在实力相当、信用等级相当的企业间角逐，实现公平竞争。第三，加强监督，建立失信企业披露平台。首先，发挥建筑行业协会的职能，完善行业协会规章制度，以此约束企业行为；其次，充分利用网络媒体的监督，发现偷签黑白合同的企业立即曝光；最后，充分利用企业与企业之间的竞争关系，让企业之间尤其是同一级别的企业间相互监督，使偷签黑白合同的企业无处遁形。第四，政府加重处罚签订黑白合同的主体，提高其违约成本，促使其践行诚实信用原则。

（二）黑合同问题更深层次的探讨

笔者之前所有关于黑白合同的探讨都是建立在合同双方当事人存在纠纷并诉诸法院的基础上的，难道没有诉求于法院的建设工程施工合同就不存在黑白合同问题吗？肯定是有的。黑白合同究竟出现了什么问题使得双方当事人必须诉诸司法机构？笔者认为，最根本的就是双方当事人间利益的激烈冲突。解决法益冲突，减少黑白合同的危害，采取利益衡量的法律方法不失为

---

① 刘晓明、张帆、郑心宏：《商事合同风险及其防范：以案说法》，法律出版社2012年版，第248页。

一种法宝。

1．利用利益衡量的法律方法解决法益冲突问题

“利益多元化的社会结构决定了法益冲突是导致民法冲突的根本原因……民法的冲突的原因不是理想状况下的法律价值的冲突，从根本上说是现实意义的利益冲突”①。黑白合同问题之所以诉诸法院，是因为合同当事人间产生了利益冲突，而这种冲突是与合同订立初期的理想愿景相违背的。换句话说，在黑合同签订的初期，建设方期望以最少的工程款取得施工方提交的合格的工程，施工方期望以最少的成本获得建设方提供的工程款，双方通过利益的博弈在工程初期达成了合意，签订了符合双方意愿的黑合同。后来，随着工程的进展，施工过程出现的种种问题，可能最初的黑合同不能满足一方当事人的利益需求，而白合同更符合该方的利益，于是，不利一方便将另一方诉诸法院，并要求以白合同作为工程价款结算的依据。

面对这种情况，笔者认为，由法院进行利益衡量是必要的。在建设工程施工黑白合同这样复杂的纠纷中，在存在法律空白、留有法律概念模棱两可、相关术语含糊不清、相关司法解释适用混乱时，传统三段论式的演绎逻辑推理的作用是有限的，采用利益衡量的理论不仅可以有效解决双方当事人之间的纠纷，而且可以完善法律的功利意义，具有现实的意义。②

（1）利益衡量法律方法。20 世纪 60 年代在日本兴起了“利益衡量”法，并发展成为一种流行的法学思考方法。利益衡量的基础实质上是价值相对论，即注重当事人间具体利益的比较。利益平衡的方法，本质其实是首先得到结论，然后寻找法律条文的规定，目的是为了结论合理化或正当化，使法律条文对结论服务而不是利用法律条文引出结论，法院的最终判决以利益衡量找出初步结论，然后找到经过解释的法律条文。③

笔者认为，在黑白合同领域，可以利用利益衡量方法解决当事人间的纠纷。原因有三：第一，在建设工程施工合同领域，之所以黑白合同屡禁不止，原因之一是相关法律及司法解释存在漏洞。在法律出现漏洞或空白时，法官判案不可能不涉及对当事人利益的衡量。第二，自由心证是一项普遍的

① 李国强、孙伟良：“民法冲突解决中的利益衡量——从民法方法论的进化到解释规则的形成”，载《法制与社会发展》2012 年第 1 期，第 61 页。

② 黄河：《中国建设工程施工合同纠纷中利益衡量的司法逻辑》，吉林大学 2013 年硕士学位论文，第 21 页。

③ 梁上上：“利益的层次结构与利益衡量的展开——兼评加藤一郎的利益衡量论”，载《法学研究》2002 年第 1 期，第 53 ~ 54 页。

证据规则。面对黑白合同案件，在当事人提供的证据不足以认定案件事实，相应的法律、司法解释也没有明确规定时，法官要根据内心确信作出判决，而判决的过程往往就是利益衡量的过程。第三，黑白合同案件具有复杂性与灵活性，法官必须有一定程度的自由裁量权。随着我国法官素质的提高，自由裁量权的范围也会相应扩大，要依法发挥自由裁量权，进行利益的考量势在必行。

（2）利用利益衡量的方法解决黑白合同纠纷。在黑白合同存在的前提下，当事人因为工程款支付问题发生纠纷诉诸法院，假设以白合同作为工程价款结算依据，利用利益衡量的方法可以用下表表示。

表一　利益衡量表（表格中"√"表示保护，"×"表示没有得到保护）

选择保护对象	结果					
	当事人利益		群体利益		制度利益	社会公共利益
	建筑方利益	施工方利益	建筑方群体利益	施工方群体利益	诚实信用的遵守，促进双方和平相处等利益	公平、正义等利益
保护建筑方利益	√	×	√	×	×	×
不保护建筑方利益	×	√	×	√	×	×

从表一可以看出，如果以白合同作为工程价款的结算依据（《施工合同解释》第 21 条暂且搁置，不适用），保护的是一方当事人的利益，另一方的利益必然受到损害。此外，由于法院的判决，特别是最高人民法院的裁决对类似案件具有指导作用，那么在今后类似的案件中，依赖白合同的一方群体将得到永久保护，而另一方当事人，虽然实际履行的也是黑合同，但是却不会得到保护。另外，不按照已经履行的合同承担自己的义务，是对诚实信用原则的破坏。同时，因为黑合同才是双方当事人真实意思的表示，黑合同的签订可能更符合双方当事人对公平正义的要求，因此，如果以白合同为工程价款的结算依据会使公平正义等社会利益不会得到保护。

相反，如果以黑合同为工程价款的结算依据，此时在综合衡量双方当事人的利益，可以得出表二中的结论。

表二 当事人利益衡量表（表格中“√”表示保护，“×”表示没有得到保护）

<table>
<tr><th rowspan="3">选择保护对象</th><th colspan="6">结果</th></tr>
<tr><th colspan="2">当事人利益</th><th colspan="2">群体利益</th><th>制度利益</th><th>社会公共利益</th></tr>
<tr><th>建筑方利益</th><th>施工方利益</th><th>建筑方群体利益</th><th>施工方群体利益</th><th>诚实信用的遵守，促进双方和平相处等利益</th><th>公平、正义等利益</th></tr>
<tr><td>保护建筑方利益</td><td>√</td><td>√</td><td>√</td><td>√</td><td>√</td><td>√</td></tr>
<tr><td>不保护建筑方利益</td><td>√</td><td>√</td><td>√</td><td>√</td><td>√</td><td>√</td></tr>
</table>

按照以上表格，不保护建筑方的利益，那么建筑方的利益是如何得到保护的呢？笔者认为，以黑合同为工程价款的结算依据，无论如何都是对双方当事人利益的保护，存在差别的只是利益保护的多少问题。因为，当事人是在表达真实意思的情况下签订的黑合同，且是双方当事人在签订初期对合同可能存在的各种问题进行了预判断后作出的理性选择，符合双方当事人认为的公平正义，以黑合同作为工程价款的结算依据，是对合同履行行为诚实信用原则的坚守。

此外，笔者认为利用利益衡量方法解决黑白合同纠纷，还应综合考量双方当事人签订黑合同本身的过错程度，均衡双方当事人的利益，从而作出公正判决。

2. 有效违约理论

某些案件，当事人可能存在违约的想法，这是由于其违约后所获得的利益将超过其履行该合约时所预期获得的利益。如果此种违约恰好也符合另一方当事人的利益需求，那么双方违约的损害就仅仅存在利益损失，此时违约动机就会存在，违约也会受到鼓励。①

笔者认为，有效违约理论在建设工程施工合同中是可以用来解释黑白合同问题的。笔者认为，黑白合同出现的主要原因之一就是当事人认为违约的

① 【美】罗伯特·A. 希尔曼著：《The Richness of Contract Law：Contemporary Theories of Contract Law》，郑云瑞译，《合同法的丰富性：当代合同法理论的分析与批判》，北京大学出版社 2005 年版，第 219 页。

成本要远远低于履行白合同所获得的利益。因此，在面对黑白合同问题时，适当考虑有效违约理论可以解决黑白合同问题。例如，通过提高施工合同的违约成本（除赔偿违约损失外，有关行政机关对该行为进行严肃处罚）使当事人践行诚实信用原则，不敢再签订黑白合同。

五、结语

通过以上对黑白合同相关问题的探析，笔者希望，在建设工程领域出现黑白合同时，应该理性的分析，不能一味地认定凡是出现两个合同即构成黑白合同；在存在黑白合同时，也不能一味地认定黑合同当然无效，而应要做到具体问题具体分析。本文的一个突出特点是对建设工程领域的黑白合同进行了存在前提的界定，并承认了黑合同的有效性。笔者希望，在今后的司法实践中，法官能够准确进行利益衡量，充分而准确地发挥自由裁量权，有效改变一味否定黑合同效力的现状。笔者相信，随着法治的发展和相关法律、司法解释的完善，有关黑白合同的问题必定会得到圆满解决，建设工程施工合同双方当事人的合法权益也必将会受到更好的保护。

特稿专论

《国家勋章和国家荣誉称号法》立法背景及内容解读

陈国刚*

"国之大事，在祀与戎"。① 古今中外，对有军功的人给予嘉奖，是与战争同等重要的大事。随着历史的发展，国家功勋荣誉制度早已超出了对军功的嘉奖，进而发展成对所有为国家和人民作出突出贡献的杰出人士给予表彰奖励的制度。对有功人士授予国家荣誉，是国家主权的重要体现，是国家权威的象征，也是树立国家楷模，引领社会风尚的重要手段。我国现行宪法规定，全国人民代表大会常务委员会（以下简称全国人大常委会）"规定和决定授予国家的勋章和荣誉称号"；国家主席根据全国人大常委会的决定，"授予国家的勋章和荣誉称号"。由于历史原因，我国虽然有国家级的表彰奖励和各个部门与地方的表彰制度，但作为宪法规定的国家荣誉制度一直阙如。2015 年 12 月 27 日，第十二届全国人大常委会第十八次会议通过了《中华人民共和国国家勋章和国家荣誉称号法》（以下简称《国家勋章和国家荣誉称号法》）。这是我国国家荣誉制度领域第一部专门的法律，这部法律的出台，对于建立健全我国功勋荣誉表彰制度，具有重大而深远的意义。本文拟对该法的出台背景和规定的主要内容作一解读。

一、国家勋章和国家荣誉称号法立法背景

国家勋章和国家荣誉称号作为国家荣誉制度最重要的内容之一，是以国家名义对在中国特色社会主义建设中作出突出贡献的杰出人士授予国家最高

---

* 陈国刚，法学博士，全国人大法制工作委员会国家法室处长。

① 《左转·成公十三年》。

荣誉。对为国家和人民作出突出贡献的杰出人士授予国家荣誉，是各国通行的做法。例如，法国荣誉军团及荣誉军团勋章是法国最高级别的荣誉奖励，授奖对象是在国家民事和军事领域作出杰出功绩的法国人，既包括军人，也包括社会各阶层的平民。德国级别最高的国家级勋章是德意志联邦共和国勋章，该勋章同时也是德国涵盖范围最广的综合性勋章，授予的对象是在政治、经济、社会和文化领域对德国重建作出贡献的德国人和外国人，以及为德意志联邦共和国作出特殊贡献的人。美国总统自由勋章是由总统颁发的最高级别的平民荣誉，授予对象为在美国安全或国家利益、世界和平、文化或其他重要领域作出突出贡献的各界人士。国会金质奖章是由国会颁发的最高级别的平民奖章，该奖章设立之初主要奖励曾参与独立战争和墨西哥战争的军人，后授奖范围不断扩大至文学、体育、航天、外交、娱乐、探险、医药、政治、宗教、科学、人道主义等领域。俄罗斯联邦英雄称号是俄罗斯联邦最高国家荣誉，用以表彰为国家和人民服务而作出突出贡献和勇敢行为或事迹的人士，由俄联邦总统授予，同时授予特别功勋标志——金星奖章和荣誉证书。此外，英国、日本、澳大利亚等国家都有自己的国家荣誉制度。中国近代以来，也有国家荣誉的颁授。晚清有双龙宝星、大宝章、黄龙勋章、赤龙勋章、青龙勋章、黑龙勋章等表彰；国民党政府时期有嘉禾勋章、采玉大勋章、国光勋章、青天白日勋章等。①

我国的宪法法律中对国家功勋荣誉制度早有规定。1949 年 9 月，中国人民政治协商会议第一届全体会议通过的《中国人民政治协商会议共同纲领》没有直接规定国家勋章荣誉制度，但在这次会议上通过的《中华人民共和国中央人民政府组织法》，赋予中央人民政府委员会“制定并颁发国家的勋章、奖章，制定并授予国家的荣誉称号”的职权，以法律的形式确立了国家功勋荣誉制度。1954 年 9 月，第一届全国人民代表大会第一次会议通过了我国第一部宪法，对国家功勋荣誉制度作出明确规定：全国人大常委会有权规定和决定授予国家的勋章和荣誉称号；国家主席根据全国人大常委会的决定，授予国家的勋章和荣誉称号。“文革”期间制定的 1975 年宪法，取消了关于国家勋章荣誉制度的规定。“文革”结束后，1978 年宪法恢复了国家功勋荣誉制度，规定：全国人大常委会具有规定和决定授予国家的荣誉称号的职权；全国人大常委会委员长主持全国人大常委会的工作，根据全国人大常委会的决定，授予国家的荣誉称号。1982 年宪法即现行宪法根据实际情况恢复了

① 张树华、潘晨光等著：《中外功勋荣誉制度》，中国社会科学出版社 2011 年版。

1954 年宪法的相关规定，即全国人大常委会规定和决定授予国家的勋章和荣誉称号；国家主席根据全国人大常委会的决定，授予国家的勋章和荣誉称号。

新中国成立以来，除党中央、国务院、中央军委的表彰奖励外，全国人大常委会曾在 1955 年通过《中华人民共和国授予中国人民解放军在中国人民革命战争时期有功人员的勋章奖章条例》并作出三个决议，规定勋章奖章分别授予人民军队在不同时期的有功人员。1955 年和 1957 年，毛泽东主席根据全国人大常委会的决定，对朱德等 10 万多人民军队的有功人员分两批颁授了勋章。1988 年，全国人大常委会作出关于批准中央军委《关于授予军队离休干部中国人民解放军功勋荣誉章的规定》的决定，对 11 万多名军队离休干部授予功勋荣誉章。上述授勋表彰活动，大大增强了全国各族人民的国家凝聚力和民族自豪感，激发了全国各族人民建设祖国、保卫祖国的积极性和创造性。同时也为制定国家勋章和国家荣誉称号法积累了宝贵经验。20 世纪 80 年代以来，有关方面就着手开展国家勋章和国家荣誉称号法的立法工作。1993 年全国人大常委会审议了这部法律草案，但因当时各方面对实行追授及其范围问题存在较大意见分歧，草案的审议被搁置。

中国共产党第十八次全国代表大会提出，“建立国家荣誉制度”，中国共产党第十八届中央委员会第四次全体会议决定要求“制定国家勋章和国家荣誉称号法，表彰有突出贡献的杰出人士”。目前，国务院、中央军委以及中央有关部门、地方设立的奖励表彰种类很多，但由于国家勋章和荣誉称号这一国家最高层级的奖励制度缺失，我国国家荣誉制度体系尚不健全。因此，有必要制定国家勋章和荣誉称号法，健全完善我国国家荣誉制度。按照党中央的要求，根据宪法制定一部关于国家勋章和国家荣誉称号的专门法律，对在中国特色社会主义建设中作出突出贡献的杰出人士授予国家勋章和国家荣誉称号，并将这一工作规范化、制度化，十分必要。

二、国家勋章和国家荣誉称号为国家最高荣誉

我国宪法的规定和实际做法，形成了中国特色的“国家荣誉制度”。这一制度包括两部分内容：一种是国家勋章和国家荣誉称号制度，是指宪法规定的，由全国人大常委会规定和决定，国家主席授予国家勋章和国家荣誉称号的制度；另一种是由中共中央、国务院、中央军委以及中央有关部门决定

授予的国家级和省部级荣誉表彰的制度。根据《国家勋章和国家荣誉称号法》的规定，国家勋章和国家荣誉称号为国家最高荣誉。国家勋章和国家荣誉称号由全国人大常委会规定和决定，由国家主席授予，具有最高的权威性和法律地位，是国家最高荣誉。其他中央机关决定授予的国家级荣誉表彰，其地位低于国家勋章和国家荣誉称号，可按有关规定和要求继续进行。全国总工会、共青团中央、全国妇联等人民团体，可以按中央有关规定继续开展工作，但不能与《国家勋章和国家荣誉称号法》的规定相冲突。

在立法过程中，国家勋章和国家荣誉称号是分别设置还是合并设置，是需要首先解决的问题。从有关国家功勋荣誉制度的设置看，可以分为两种情况：一是，只设勋章和奖章，不设荣誉称号。例如，德国国家功勋荣誉制度的主要表现形式是勋章和奖章，设有德意志联邦共和国勋章、银质月桂叶奖章等，不设荣誉称号。二是，分设勋章、奖章和荣誉称号。大部分情况下，勋章或奖章与荣誉称号不同时授予。苏联和俄罗斯的情况比较特殊。苏联和俄罗斯的国家荣誉制度除了勋章、奖章和荣誉称号，还包括英雄称号，英雄称号的获得者也同时被授予勋章或奖章。

1993 年提请第八届全国人大常委会第四次会议审议的“国家勋章和国家荣誉称号法（草案）”将“国家勋章”和“国家荣誉称号”作为两章分别规定。第二章“国家勋章”规定，国家设立一级共和国勋章和二级共和国勋章，共和国勋章是国家最高荣誉。第三章“国家荣誉称号”规定，国家设立人民英雄、人民教育家、人民科学家、人民艺术家、功勋运动员。全国人大常委会认为必要的时候，可以决定设立其他荣誉称号。这次的草案起草过程中，也有部门建议规定，国家设立共和国勋章和共和国勋章获得者荣誉称号；国家勋章和国家荣誉称号为国家最高荣誉，对获得国家勋章和国家荣誉称号人员的范围和条件不作区分，国家在颁发勋章的同时，授予相应的荣誉称号。

本法最终采用了国家勋章和国家荣誉称号分别设置的模式。主要考虑是，我国建立国家勋章和国家荣誉制度的宗旨是褒奖在社会主义现代化建设中作出杰出贡献的人士，由于我国是一个大国，人口众多，在社会主义现代化建设事业中作出杰出贡献，需要表彰的人士也很多，将国家勋章和荣誉称号分设，有利于区别不同行业、不同领域的杰出人士分别给予表彰，也有利于扩大国家最高荣誉的覆盖面和增加其代表性。国家勋章和国家荣誉称号分别设置，既可以充分发挥两种表彰形式各自的特点，又符合国家表彰工作的实际需要。

关于国家勋章是否分级设置问题，也是本法起草过程中争论比较多的一个问题。法律起草过程中，有的意见提出，为扩大国家勋章的代表性和影响力，区分不同获得者的功绩大小，建议借鉴一些国家和地区的做法，分别设置不同等级的国家勋章。有的意见主张可以根据授予对象的不同，分别设立不同名称的国家勋章，对勋章不再分级。《国家勋章和国家荣誉称号法》采纳了后一种意见，规定了“共和国勋章”和“友谊勋章”，没有分级。主要考虑是，一些国家分级设置勋章，主要是因为这些国家的表彰奖励工作主体、形式比较单一，地方和部门大多没有开展表彰奖励的权限，地方上授予荣誉市民等做法实质上属于礼仪的范畴，为了因功施奖，所以采取了分级的做法。我国的情况与此不同，长期形成了一套相当于分级实施的表彰工作体系，分别有党中央表彰、国务院表彰、中央军委表彰、省部级表彰、地方表彰等，这些不同级别的表彰能够区别被表彰人作出贡献的大小。同时，在维持国务院、中央军委、部委、省市表彰奖励工作体系的情况下，由全国人大常委会决定授予国家勋章和荣誉称号的人士应当是少而精，都是为国家为人民作出巨大贡献的，这时再区分等级，在评选工作中不好操作。因此，作为国家最高荣誉的国家勋章和荣誉称号不再分级设置。

三、国家勋章和国家荣誉称号法的调整范围

《国家勋章和国家荣誉称号法》第 2 条第 2 款规定：“国家勋章和国家荣誉称号的设立和授予，适用本法。”这一规定有两层含义：

一是，国家勋章和国家荣誉称号法主要规范由全国人大常委会规定和决定，并由国家主席授予的国家勋章和国家荣誉称号。在草案征求意见过程中，有意见提出，该法应当对我国的功勋荣誉表彰制度作出统一规范，除了规定国家勋章和国家荣誉称号外，还应将党中央、国务院、中央军委以及有关部委、社会团体等进行的表彰奖励活动纳入该法规范范围。该法没有采纳上述意见，主要考虑是，该法应当立足我国国情和实际，把国家勋章和国家荣誉称号的设立、授予对象、授予程序等最主要、最基本的制度建立起来，使之既简洁明了又简便易行。在建立党和国家统一的功勋荣誉表彰制度的总体考虑下，处理好与现行一些国家级表彰奖励活动的关系，并作出衔接性规定；有些现行由中共中央、国务院、中央军委联合表彰或者单独表彰的奖励活动，实践中可以考虑纳入该法规定的授予国家勋章和国家荣誉称号范围，其他的表彰奖励，可以按照党中央的统一安排由中共中央、国务院、中央军

委以党内法规、行政法规、军事法规的形式予以规范。对具体组织和日常管理工作，可以通盘考虑在相关文件和法规中作出规定。

二是，《国家勋章和国家荣誉称号法》主要调整国家勋章和国家荣誉称号的设立和授予。国家勋章和国家荣誉称号的设立，包括国家勋章和国家荣誉称号的具体名称、授予对象、授予条件等，该法在第3条、第4条以及第8条对“共和国勋章”“友谊勋章”和国家荣誉称号的设立、授予对象等作出了具体规定。国家勋章和国家荣誉称号的授予，除了包括国家勋章和国家荣誉称号获得者的提名程序、决定程序、授予程序以外，也包括国家勋章和国家荣誉称号授予后的管理、撤销以及获得者的待遇等事项，该法在第5～19条对此作了具体规定。

四、国家勋章的名称和授予对象

（一）共和国勋章

根据《国家勋章和国家荣誉称号法》第3条第1款的规定，国家设立“共和国勋章”，授予在中国特色社会主义建设和保卫国家中作出巨大贡献、建立卓越功勋的杰出人士。在起草过程中，对于国家勋章的名称提出过不少方案。经过充分听取意见，综合比较研究，本法采用“共和国勋章”的名称，主要考虑如下：（1）在中国共产党的领导下，中国人民为国家独立、民族解放和民主自由前仆后继英勇奋斗，建立了中华人民共和国。“共和国”一词，寄托着中华民族伟大复兴的梦想，已深入人心。（2）授予“共和国勋章”，有利于增强全中国人民对国家的认同感和向心力。（3）“共和国勋章”在内涵上具有较大的包容性，能涵盖为国家建立卓越功勋的各类杰出人士。对这一名称，各方面都表示认可。我国“共和国勋章”的授予对象强调为在中国特色社会主义建设和保卫国家中作出巨大贡献、建立卓越功勋的杰出人士。

（二）全国人大常委会决定授予的友谊勋章

国家勋章和国家荣誉称号法一审草案关于国家勋章只规定了“共和国勋章”，同时规定，对符合条件的外国人可以授予共和国勋章。在全国人大常委会审议的过程中，有的意见认为，应当对为我国作出杰出贡献的外国人专设一种勋章。为此，《国家勋章和国家荣誉称号法》第3条第2款规定："国家设立'友谊勋章'，授予在我国社会主义现代化建设和促进中外交流合作、维护世界和平中作出杰出贡献的外国人。"

各国基本都规定了勋章可以授予外国人。如，美国的总统自由勋章可授予外国人士，美国国会勋章的受勋者也不限于美国公民。《俄罗斯联邦国家奖励条例》规定，国家奖励可以授予外国公民及无国籍人士。《白俄罗斯共和国国家奖章系统》设立"白俄罗斯英雄称号"，颁给那些为白俄罗斯作出贡献的人，授予对象可以是外国人。法国荣誉军团勋章每年的评选名额中都会为其他国家的人士留出位置。德国的勋章可以授给外国人。日本专门设有外国人授勋活动，根据不同的颁发对象分别授予"礼仪勋章"和"功劳勋章"。

需要强调的是，授予在我国社会主义现代化建设和促进中外交流合作、维护世界和平中作出杰出贡献的外国人的"友谊勋章"也是国家勋章的一种，因此也要遵循国家勋章决定授予的程序，由全国人大常委会决定，国家主席授予。

（三）国家主席直接授予的友谊勋章

根据《国家勋章和国家荣誉称号法》第3条第2款的规定，"友谊勋章"由全国人大常委会决定，国家主席授予在我国社会主义现代化建设和促进中外交流合作、维护世界和平中作出杰出贡献的外国人。考虑到对外交往的需要，国家主席进行国事活动向外国人授予勋章，也可以不经全国人大常委会决定，直接授予。为此，该法第8条规定，国家主席进行国事活动，可以直接授予外国政要、国际友人等人士"友谊勋章"。

为表达两国之间的友好关系和发展友好关系的愿望，以及对本国或世界作出的贡献，一般国家都规定本国勋章和荣誉称号可以授予外国国家元首、政府首脑。授予外国元首的勋章，实践中不受授予本国公民时的条件限制。如，美国的总统自由勋章、国会勋章都可以授予外国国家元首、政府首脑。英国女王与外国政府首脑互换荣誉勋章已经被视为两国政府间正式的、官方的外交行为。在日本，把这类给外国国家元首、政府首脑的授勋称作"礼仪授勋"，作为国与国之间交往的礼仪进行。韩国最高级别荣誉勋章"无穷花大勋章"可以授予友邦元首及配偶，但不授予普通外国人。据不完全统计，20世纪80年代末至今，我国国家领导人曾有45人次接受过26个外国国家的授勋。

就我国而言，给外国政要、国际友人等人士授予国家荣誉，是国家对外交往的一种重要手段，也是巩固和发展我国与各国传统友谊和国家关系、拉近政府间和人民间关系的重要媒介，对于提高我国外交的“软实力”，深化对外交往都将发挥积极的作用。我国有授予外国人国家荣誉的实践，如2009年中俄建交60周年，我国曾以国务院名义授予外国友人有关奖章，2009年中俄建交60周年庆祝大会上我国政府授予60名俄罗斯各界人士“中俄关系六十周年杰出贡献奖”。

这里规定的“友谊勋章”，由国家主席在进行国事活动中直接授予，授予对象为外国政要、国际友人、海外华人等。根据《宪法》第81条的规定，国家主席代表国家，进行国事活动。国家主席进行国事活动给外国政要等授予勋章，是出于对外交往的实际需要，这类勋章在性质上与为表彰先进、树立楷模的“共和国勋章”不同，不属于宪法意义上的国家勋章。友谊勋章，从程序上，由国家主席直接决定授予，不经全国人大常委会决定；从授予对象上，针对的是外国政要、国际友人等。该法针对“共和国勋章”所规定的有关评选和决定程序以及获得者的义务、勋章的保存、荣誉的撤销等规定，均不适用于“友谊勋章”。同时，对“国事活动”的理解不宜过窄，凡是国家主席授予“友谊勋章”的活动，都可理解为“进行国事活动”。

五、国家荣誉称号授予对象和命名规则①

（一）国家荣誉称号授予对象

根据《国家勋章和国家荣誉称号法》第4条第1款的规定，国家荣誉称号授予在经济、社会、国防、外交、教育、科技、文化、卫生、体育等各领域各行业作出重大贡献、享有崇高声誉的杰出人士。这一规定包含几个方面的内容：

一是，国家荣誉称号的获得者来自经济、社会、国防、外交、教育、科

① 中华人民共和国成立以来，党中央、国务院、中央军委和各部门、各人民团体以及地方，授予过不少荣誉称号，如：1991年，国务院、中央军委授予钱学森同志“国家杰出贡献科学家”荣誉称号；2003年，党中央、国务院、中央军委授予杨利伟同志“航天英雄”荣誉称号并颁发“航天功勋奖章”，2005年，授予费俊龙、聂海胜同志“英雄航天员”荣誉称号并颁发“航天功勋奖章”；2003年，国务院授予巴金同志“人民作家”荣誉称号，2004年，追授常香玉同志“人民艺术家”荣誉称号，等等。但按照宪法规定，由全国人大常委会规定和决定、国家主席授予的国家荣誉称号，全国人大常委会一直未作出规定，也没有进行过授予。

技、文化、卫生、体育等各领域各行业。本法对各领域各行业进行了列举，同时用“等各领域各行业”兜底，强调国家荣誉称号获得者的行业属性和领域行业的广泛性、全面性。在草案征求意见过程中，一些常委会组成人员和有关方面的人士建议扩大列举的领域、行业范围，增加例如“政法”“环保”等；还有的意见建议不列举具体行业，只强调各领域各行业。本法维持了草案一审稿的规定，主要考虑是，对各领域各行业进行适当的列举，有利于突出国家勋章获得者的行业属性，强调获得者是在本领域本行业作出突出贡献的人士；同时，无论增加多少行业也无法穷尽所有领域行业，因此，对草案列举的领域、行业未作增加。

二是，国家荣誉称号的获得者应当是在本领域本行业作出重大贡献、享有崇高声誉的杰出人士。在我国社会主义现代化建设的各行各业，都有一些作出重大贡献、享有崇高声誉的杰出人士，他们的功绩和声名不仅应当得到本领域本行业的肯定和赞扬，而且应当获得国家最高荣誉的褒奖和肯定。授予这些行业楷模国家荣誉称号，并将国家荣誉称号与行业、职业相联系，有利于树立行业标杆，激发职业自豪感，激励各行各业人士积极投身中国特色社会主义现代化建设，为实现两个一百年的奋斗目标，实现中华民族伟大复兴的中国梦提供强大精神动力。

（二）国家荣誉称号的命名规则

国家荣誉称号的名称，是《国家勋章和国家荣誉称号法》的重要内容。1993 年草案对国家荣誉称号的名称作了具体规定，把国家荣誉称号设为人民英雄、人民教育家、人民科学家、人民艺术家、功勋运动员等。同时规定，全国人大常委会认为必要的时候，可以决定设立其他荣誉称号。考虑到本法关于国家荣誉称号的授予对象已经列举了有关领域行业，本法没有具体列举国家荣誉称号的名称，但对冠名作出规定，即“国家荣誉称号的名称冠以‘人民’，也可以使用其他名称。国家荣誉称号的具体名称由全国人民代表大会常务委员会在决定授予时确定”。在国家荣誉称号上冠以“人民”，主要考虑：一是，中华人民共和国的一切权力属于人民，一切荣誉都来自人民。二是，我们党的根本宗旨是全心全意为人民服务，冠以“人民”的荣誉称号，是最高褒奖。三是，体现国家荣誉称号获得者来自于人民，是各领域、各行业的佼佼者、当之无愧的典范。国家荣誉称号也可以使用其他名称，是考虑到本法施行后，可能遇到一些具体情况，在一些具体领域、行业统一要求国家荣誉称号的名称冠以“人民”可能不很合适，在这种情况下，国家荣誉称号也可以使用其他名称，不必冠以“人民”。

根据本条的规定，国家荣誉称号的具体名称由全国人大常委会在决定授予时确定。国家荣誉称号的具体名称应在广泛征求社会各方面的意见后提出，应当充分体现行业特色、时代特色、中国特色。

（三）国家荣誉称号是否授予集体

在常委会审议和草案征求意见过程中，对于是否授予集体国家勋章和国家荣誉称号，有两种不同意见：

一种意见认为应当将集体作为国家荣誉称号的授予对象，主要理由：一是，法人、其他组织或集体，可以成为法律关系的主体，也享有一定的荣誉权。目前公务员法、人民警察法也都有授予集体荣誉称号的规定。二是，授予集体荣誉称号，有利于培育和弘扬爱国主义、集体主义精神。三是，我国荣誉表彰实践中，通常将集体作为授予对象，有先例可循，这也是国际通行做法。

另一种意见认为集体不宜作为国家勋章和荣誉称号授予对象，主要理由：一是，国家勋章和国家荣誉称号应当主要体现对公民个人所做功绩的表彰和肯定。二是，国家勋章和荣誉称号作为国家最高层级的荣誉表彰制度，应当“少而精”“高大上”，集体往往人数众多，人员流动性大，实践中情况比较复杂，授予集体不利于体现国家勋章和荣誉称号的最高性。三是，对集体的表彰，可以通过其他层级的表彰奖励进行，不必通过授予国家勋章和国家荣誉称号的方式。四是，从国外实践看，授予集体勋章和荣誉称号并非通行做法，更多地国家还是将勋章和荣誉称号的授予对象限定于自然人。

《国家勋章和国家荣誉称号法》未对国家荣誉称号授予集体问题作出规定，主要考虑是，根据该法授予国家勋章和国家荣誉称号，更多的是对获奖人士毕生成就或者突出贡献的褒奖，对集体的表彰可以按照党中央《关于建立健全党和国家功勋荣誉表彰制度的意见》和党内法规、行政法规、军事法规的规定办理。

六、国家勋章和国家荣誉称号的提名、决定和授予程序

（一）国家勋章和国家荣誉称号的提名主体

根据《国家勋章和国家荣誉称号法》第5条的规定，有权向全国人大常

委会提出授予国家勋章、国家荣誉称号议案的主体是委员长会议和国务院、中央军委。授予国家勋章、国家荣誉称号的议案，不同于一般的议案或者法律案。确定国家勋章、国家荣誉称号提名主体的范围，要根据我国的实际情况。国家勋章、国家荣誉称号是国家最高荣誉，能获此殊荣的杰出人士人数有限，需要统筹考虑。根据中央有关文件的规定和我国的通常做法，国家勋章、国家荣誉称号获得者人选的提名、遴选等工作是由国家功勋荣誉表彰工作机构具体办理的，对于最终的人选名单，需要党中央决策把关。因此，由委员长会议根据各方面的建议进行提名，是比较合适的。本法规定的全国人大常委会委员长会议根据“各方面的建议”，主要是指中共中央的建议。为保证国家勋章和荣誉称号的公正性和代表性，有关社会组织和普通公民也可以参与到提名推荐活动中，向国家功勋荣誉表彰有关工作机构提出推荐人选。委员长会议根据各方面的建议，对拟提名的人选统筹考虑。在某些情况下，拟提名的人选仅涉及特定领域和方面，比如外交、国防等领域，由国务院、中央军委提出人选也是合适的。因此，该法第 5 条第 2 款还规定了国务院、中央军委可以向全国人民代表大会常务委员会提出授予国家勋章、国家荣誉称号的议案。

（二）国家勋章和国家荣誉称号的决定和授予主体

根据宪法和《国家勋章和国家荣誉称号法》的规定，全国人大常委会规定和决定授予国家的勋章和荣誉称号。从各国的做法和规定看，批准国家勋章和荣誉称号的主体分为四种情况：一是议会。如苏联的最高苏维埃主席团。二是总统。如俄罗斯、法国、德国、韩国、蒙古等。三是根据勋章性质的不同，分别由国会和总统批准。如美国勋章分为国会奖章和总统勋章，国会奖章由国会批准，其他如总统自由勋章由总统批准。四是内阁。如日本，授予国家勋章和荣誉称号人选由内阁总理大臣主持的内阁会议决定。

全国人大常委会决定授予国家勋章和国家荣誉称号，是宪法赋予的决定权。实际上，也只有全国人大常委会决定授予的国家勋章和国家荣誉称号，才是宪法规定的“国家的勋章和荣誉称号”，也即《国家勋章和国家荣誉称号法》规定的国家勋章和国家荣誉称号。

全国人大常委会决定授予后，还需要国家主席授予国家勋章和国家荣誉称号，才算完成完整的法律程序。根据宪法关于全国人大常委会和国家主席职权的规定，全国人大决定国家的重大事项，需要国家主席程序上予以宣布或执行。比如，全国人大常委会通过法律，需要国家主席发布主席令公布。

又如，全国人大通过关于特赦的决定，需要国家主席发布特赦令。因此，国家主席的授予程序，是国家勋章和国家荣誉称号决定授予不可或缺的一个环节。《宪法》第80条规定，国家主席根据根据全国人大常委会的决定，“授予国家的勋章和荣誉称号”。据此，《国家勋章和国家荣誉称号法》第7条规定，国家主席根据全国人大常委会的决定，向国家勋章和国家荣誉称号获得者授予国家勋章、国家荣誉称号奖章，签发证书。

（三）国家勋章和国家荣誉称号授予仪式

从各国的情况看，关于颁授勋章、荣誉称号的时间比较灵活，大多数有相对固定的时间，也有一些国家没有固定的颁授时间。大体上有以下几种情况：一是，在传统节日如元旦、复活节颁授。二是，在国家设立的具有一定纪念意义的节日或纪念日、活动日颁授。如美国、法国、韩国等国家在国庆日、建军日颁授。德国总统授勋活动在“德国统一日”和“国际志愿者日”进行。英国在女王生日颁授。三是，根据国家荣典制度设置的时间颁授。如日本每年于4月29日和11月3日公布勋章和奖章获得者名单，称为“春秋授勋”和“春秋授章”。四是，根据需要择时安排颁授。多数国家都有这样的制度安排，特别是在战争期间或发生特别重大事件后，以及重大体育赛事后，为表彰功勋者而适时举行颁授活动。有的国家在一年内根据需要多次举行颁授活动，有的安排在传统节日，有的安排在国家设立的节日，有的是临时安排。如法国在元旦、复活节、国庆日都举行授勋活动，对到访的外国元首、政府首脑临时安排授勋活动。

《国家勋章和国家荣誉称号法》规定，国家在国庆日或者其他重大节日、纪念日，举行颁授仪式；必要时，也可以在其他时间举行颁授仪式。根据这一规定，颁授仪式一般情况下应当在国庆日或者其他重大节日、纪念日举行，因为国家勋章和国家荣誉称号是国家荣誉，以国家的名义颁授，在国庆日举行颁授仪式，比较合适。但是，考虑到一些特殊的情况，如在一些重大事件或者重大自然灾害发生后，对在这些事件中表现突出、作出巨大贡献的人士，也可以进行即时性的表彰，因此该法也留有灵活性，规定必要时也可以在其他时间举行。

在审议和征求意见过程中，有的意见建议规定国家勋章和国家荣誉称号应当定期授予，如每五年授予一次。考虑到国家勋章和国家荣誉称号是国家最高荣誉，对于授予国家最高荣誉应从严把关，宁缺毋滥，因此没有对定期授予制度作出规定。

七、国家勋章和国家荣誉称号获得者的奖励形式

国家勋章和国家荣誉称号作为国家最高荣誉，主要体现在精神层面，其获得者应当受到尊重并享有相应的礼遇，同时，国家对于国家荣誉获得者也规定了一些物质、医疗、生活等方面的待遇。根据《国家勋章和国家荣誉称号法》的规定，国家勋章和国家荣誉称号获得者可以获得的礼遇和待遇主要包括：

一是，国家设立国家功勋簿，记载国家勋章和国家荣誉称号获得者及其功绩。国家功勋簿，不同于一般的记录形式，是以国家的名义对国家勋章和国家荣誉称号获得者及其功绩予以记录，具有崇高性、庄严性和神圣性。历史上，我国唐朝时期曾为表彰功臣而建筑了绘有功臣图像的高阁，称为“凌烟阁”，也是以国家的名义对为国家作出巨大贡献的人士予以肯定和奖励。国家功勋簿的设立，对于国家勋章和国家荣誉称号获得者来说，也是一种奖励，属于精神层面的奖励，通过设立国家功勋簿，以国家的名义记录国家勋章和国家荣誉称号获得者及其功绩，使得国家勋章和国家荣誉称号获得者的名字和丰功伟绩为更多的普通百姓所知晓，为更多的社会大众所尊崇，受到国家和社会的普遍尊重。国家功勋簿可以公开展示，使社会大众更为直观和形象地了解国家勋章、国家荣誉称号获得者的丰功伟绩，激发民族自信心和自豪感。

二是，国家勋章和国家荣誉称号获得者应当受到国家和社会的尊重，享有受邀参加国家庆典和其他重大活动等崇高礼遇和国家规定的待遇。在设立国家的勋章和荣誉奖励制度时，如何处理精神奖励和物质奖励的关系，有不同意见。一种意见认为，国家勋章、国家荣誉称号是国家最高荣誉，应当以精神奖励为主，给予物质奖励实际上是降低了国家最高荣誉的崇高性。另一种意见认为，设立国家勋章和国家荣誉称号的奖励制度，既要给予精神奖励，也要给予物质奖励。我们考虑，一方面从世界各国来看，对国家功勋荣誉获得者的奖励普遍遵循精神嘉奖重于物质奖励的原则，引导社会和大众更看重勋章和荣誉称号所带来的荣誉而不是其所带来的物质成分。但是另一方面国家也应当保证勋章和荣誉称号的获颁授者能够过上有尊严的生活，否则就会与国家最高荣誉获得者的身份不相匹配。因此，《国家勋章和国家荣誉称号法》规定：“国家勋章和国家荣誉称号获得者应当受到国家和社会的尊

重，享有受邀参加国家庆典和其他重大活动等崇高礼遇和国家规定的待遇。”这其中，既包括精神奖励，也包括物质奖励。

三是，国家和社会通过多种形式，宣传国家勋章和国家荣誉称号获得者的卓越功绩和杰出事迹。根据《国家勋章和国家荣誉称号法》第1条的规定，制定该法的目的除了褒奖在中国特色社会主义建设中作出突出贡献的杰出人士外，更重要的是要弘扬民族精神和时代精神，激发全国各族人民建设富强、民主、文明、和谐的社会主义现代化国家的积极性，实现中华民族的伟大复兴。因此，对国家勋章和国家荣誉称号获得者及其功绩进行宣传的过程，同时也是对社会公众进行“润物细无声”式的教育过程。榜样的力量是无穷的，实践经验证明，只有能被人民群众广泛认知的英雄模范人物，才能真正起到榜样的作用，才能扎根于人民心中。对这些杰出人士进行广泛深入的宣传，有利于弘扬民族精神和时代精神，激发社会正能量，引导和激励全国各族人民投身中国特色社会主义现代化建设，为实现中华民族伟大复兴的中国梦提供强大精神动力。

八、国家勋章、国家荣誉称号奖章及证书的保存与收存

国家勋章和国家荣誉称号获得者去世后，其获得的勋章、奖章及证书如何处理，这是《国家勋章和国家荣誉称号法》需要规范的一个重要问题。国家勋章和国家荣誉称号法草案一审稿规定：“国家勋章和国家荣誉称号获得者去世的，其国家勋章、国家荣誉称号奖章及证书由其继承人继承；没有继承人的，可以由国家收存。”对于该条规定，有的意见提出，国家勋章、国家荣誉称号奖章及证书与国家授予的荣誉密切关联，与一般的财产不同，因此，获得者后代享有的民事权利应受到一定的限制，“继承”一词用在这里不合适；有的意见提出，获得者后代对荣誉本身没有继承权，即荣誉不世袭，但勋章、奖章及证书作为财产，可以继承，对此，《国家勋章和国家荣誉称号法》可不作规定，适用民法的一般规定予以解决。考虑到国家勋章、国家荣誉称号奖章及证书作为国家最高荣誉的载体，不是民法上普通的物或财产，而是一种特殊的动产，不能完全适用民法的一般规范，因此，该法对国家勋章、国家荣誉称号奖章及证书的处理问题作出了专门规范：一是明确继承人所继承的只是国家勋章、国家荣誉称号奖章及证书这类物质载体，对于其所承载的荣誉，属于荣誉获得者，是不能被继承的，继承人既不因继承

而享有国家荣誉，也不享有被继承人生前的礼遇和其他优待条件。二是用“保存”代替“继承”，明确对继承遗产的财产权的限制。从民法上来说，继承人对继承的财产，属于自己的合法财产，所有权人有权进行占有、使用、收益和处分，包括买卖、转借、捐赠、质押等。但是，由于国家勋章、国家荣誉称号奖章及证书作为国家最高荣誉载体的特殊性，从维护勋章、荣誉称号的崇高性出发，继承人不能将勋章、奖章和证书进行买卖、抵押等，而我国民法通则、担保法等民事法律中没有可以适用的条款，在《国家勋章和国家荣誉称号法》或其实施细则中要作出特殊规定，对权利人对特殊财产的处置权利作出进一步限制。因此，本法规定：“国家勋章和国家荣誉称号获得者去世的，其获得的勋章、奖章及证书由其继承人或者指定的人保存。”这里使用的是“保存”而不是“继承”一词，就是对继承人或指定的人对勋章、奖章及证书的财产权利进行限制。“保存”，即保有、收存，是指继承人有占有权，但在使用、处分、收益方面的权利是受到限制的，不能像一般财产那样进行处置。如继承人不得在公共场所佩戴勋章、奖章，不得用于商业目的的广告、宣传，不得质押、出卖等。这里的“指定的人”，即包括国家勋章和国家荣誉称号获得者通过遗嘱将自己所获勋章赠予继承人之外的自然人，也包括赠予博物馆、展览馆等机构。《国家勋章和国家荣誉称号法》同时规定，对于没有继承人的情况，勋章、奖章及证书可以由国家收存。如何收存，由何部门负责收存，可在相关文件或者法规中作出具体规定。

《国家勋章和国家荣誉称号法》制定过程中，有的意见建议明确勋章、奖章及证书虽可由获得者后人或其指定的人保存，但不得买卖或者用于其他商业目的。考虑到国家勋章、国家荣誉称号奖章及证书是获得国家荣誉的证明载体，将其用于出售、出租等营利性活动，不利于维护国家荣誉的尊严，需要在法律上对勋章、奖章及证书的保存人规定相应的义务。因此，《国家勋章和国家荣誉称号法》第 15 条第 2 款规定：“国家勋章、国家荣誉称号奖章及证书不得出售、出租或者用于从事其他营利性活动。”

九、国家勋章、国家荣誉称号的追授

对已故人士是否追授国家勋章和国家荣誉称号，涉及两方面人士。一是《国家勋章和国家荣誉称号法》施行前已故老一辈革命家和其他在国家建设中作出卓越贡献的已故人士。在全国人大常委会审议和征求各方面意见过程中，普遍认为，老一辈革命家和其他在国家建设中作出卓越贡献的已故人士为建立新中国和社会主义现代化建设作出了卓越贡献，他们的不朽英名和丰功伟绩永载史册，为子孙后代永远铭记和崇敬。从法律溯及力等因素考虑，可不再追授。二是该法施行后去世的人士。有关方面认为，对这一制度建立起来后去世的人士，生前作出突出贡献，符合该法规定授予国家勋章、国家荣誉称号条件的，应当对其进行追授。这也是其他许多国家通行的做法。在我国表彰奖励实践中，对于因公共利益等牺牲的烈士和为国家和社会作出巨大贡献的已故人士进行追授的情况普遍存在。例如，1989 年，国务院、中央军委授予李国瑞、刘艳坡烈士“共和国卫士”荣誉称号。2004 年，国务院追授常香玉同志“人民艺术家”荣誉称号。

为此，《国家勋章和国家荣誉称号法》规定，生前作出突出贡献符合该法规定授予国家勋章、国家荣誉称号条件的人士，该法施行后去世的，可以向其追授国家勋章、国家荣誉称号。根据该法第 21 条的规定，该法自 2016 年 1 月 1 日起施行。因此，对于 2016 年 1 月 1 日后去世的，生前作出突出贡献符合该法授予国家勋章、国家荣誉称号条件的人士，可以向其追授国家勋章、国家荣誉称号。

十、国家勋章和国家荣誉称号的撤销

国家勋章和国家荣誉称号是国家的最高荣誉，为了维护其崇高性、庄严性，在发生严重损害国家最高荣誉的声誉的情形时，应当撤销获得者获得的国家勋章、国家荣誉称号。

（一）撤销的情形

根据《国家勋章和国家荣誉称号法》第 18 条的规定，撤销国家勋章、国家荣誉称号有两种情形：

一是，因犯罪被依法判处刑罚，继续享有国家勋章、国家荣誉称号将会严重损害国家最高荣誉的声誉的。从犯罪的主观要件来看，犯罪可以分为故意犯罪和过失犯罪两种。《国家勋章和国家荣誉称号法》草案一审稿仅规定因故意犯罪被判处刑罚的，撤销获得者的国家勋章、国家荣誉称号，没有规定过失犯罪的情形。在草案征求意见过程中，有的意见提出，无论是故意犯罪，还是过失犯罪，都应当撤销国家勋章或者国家荣誉称号。主要理由是：第一，是否撤销国家勋章和国家荣誉称号，不应仅考虑行为的主观恶性因素，而应当主要以其行为的危害程度作为判断标准，有的过失犯罪的最高刑期，远远高于故意犯罪，比如，过失致人死亡的，最高可判处七年有期徒刑，盗窃罪为故意犯罪，最低刑期为三年以下有期徒刑、拘役或者管制，从行为的危害性来说，显然是前者更大。如果有后一种情形将会撤销国家勋章、国家荣誉称号，但是有前一种危害性更大的情形却不撤销国家勋章、国家荣誉称号，显然不合理。第二，从各国来看，剥夺国家勋章和国家荣誉称号的情形，很多是根据犯罪行为的危害程度、判处的刑期，而不是根据是否为故意犯罪，比如德国、日本等。根据上述意见，增加了过失犯罪的情形，规定因犯罪被依法判处刑罚，继续享有国家勋章、国家荣誉称号将会严重损害国家最高荣誉的声誉的，应当撤销国家勋章、国家荣誉称号。

二是，有其他严重违法、违纪等行为，继续享有国家勋章、国家荣誉称号将会严重损害国家最高荣誉的声誉的。违法违纪行为，是指违反法律、行政法规、规章或者行政机关的决定、命令或者党纪规定的行为。这里的违法行为指的是狭义的违法行为，即违反法律规定，但未构成犯罪的行为。违纪行为的主体主要是国家工作人员。纪律是国家工作人员义务的具体化，具有国家强制性，以惩戒作为执行的保障。主要包括政治纪律、工作纪律、廉政纪律、职业道德与社会公德等。国家勋章和国家荣誉称号获得者有严重违法、违纪行为，继续享有国家勋章、国家荣誉称号将会严重损害国家最高荣誉的声誉的，应当撤销国家勋章、国家荣誉称号。

需要注意的是，国家勋章、国家荣誉称号获得者有犯罪行为被依法判处刑罚，或者有其他严重违法、违纪等行为的，并不一定会被撤销国家勋章、国家荣誉称号，只有在其继续享有国家勋章、国家荣誉称号将会严重损害国家最高荣誉的声誉时，才会撤销其获得的国家勋章、国家荣誉称号，具体由全国人大常委会在个案时予以裁量和决定。

（二）撤销的主体

我国宪法规定，全国人大常委会“规定和决定授予国家的勋章和荣誉称号”，《国家勋章和国家荣誉称号法》第6条规定：“全国人民代表大会常务委员会决定授予国家勋章和国家荣誉称号。”宪法和该法明确规定决定授予国家勋章和国家荣誉称号的主体是全国人大常委会，相应地，《国家勋章和国家荣誉称号法》将撤销国家勋章和国家荣誉称号的权力赋予全国人大常委会。《全国人大常委会会议工作程序》第19条规定："常委会通过的法律解释、关于全国人大代表的选举、补选、辞职、罢免等事项，以常委会公告公布。公告由秘书长签发。"对于撤销国家勋章和国家荣誉称号，也应当由全国人大常委会发布公告。

青年学子

……

量刑证据研究

孙　锐*

【摘要】在现代法治理念和量刑程序改革的双重推动下，“刑罚报应论”向“刑罚目的论”的转化、“准确定罪”向“刑罚个别化”的转化以及“无罪推定主导”向“无罪推定暂时失效”的转化，共同构成量刑证据的理论背景；量刑证据作为用以证明犯罪嫌疑人、被告人应当被判处何种刑罚的案件材料，具有多样性、灵活性、广泛性的特点，并以实现刑罚个别化为其主要目的；为全面收集量刑信息促进公正量刑，量刑证据的准入规则应适当放宽，应当允许传闻证据、品格证据以及部分非法证据等进入量刑程序；为约束法官的自由裁量权、进一步落实证据裁判原则，社会调查报告应作为一种新型的证据种类在量刑程序中予以适用。

【关键词】量刑证据；刑罚个别化；无罪推定；社会调查报告

引　言

《人民法院量刑指导意见（试行）》和《关于规范量刑程序若干问题的意见（试行）》的出台和实施，标志着我国已经由定罪、量刑一体化的审判模式逐步过渡到了定罪、量刑相对分离的审判模式。我国2012年修改的《中华人民共和国刑事诉讼法》（以下简称《刑事诉讼法》）第193条第1款规定："法庭审理过程中，对于定罪、量刑有关的事实、证据都应当进行调

---

* 孙锐，女，1988年生，吉林大学诉讼法学2014级博士生，研究方向刑事诉讼法学、证据法学。本文系最高人民检察院检察理论研究课题“量刑证明研究”（GJ2012C13）、国家社科基金“刑事诉讼证明模式研究”（11BFX111）、国家“2011计划”司法文明协同创新中心的阶段性研究成果。

查、辩论”，标志着我国首次以基本法的形式确立量刑事实和证据的独立性。它们或是为法官如何确定刑罚提供了一杆标尺，或是为这个独立于定罪的量刑活动提供了程序空间，或是明确了量刑事实、证据的独立地位，但都忽略了一个更为基础和重要的问题——对量刑证据的规制。

证据是刑事审判活动的核心，是揭示案件事实的基础。任何一个程序都必须围绕着如何收集、审查和运用证据而展开，几乎所有的程序问题都需要通过证据来赋予其生命力。量刑程序是刑事诉讼活动的重要组成部分，因此量刑证据的重要性同样是不容忽视的。量刑证据不仅能够指引法官审查、判断量刑事实以进行公正的量刑，还能够约束法官的自由裁量权以促使证据裁判原则在量刑程序中的落实。只有对量刑证据进行充分的研究，把握量刑证据规则与定罪证据规则的区别，才能够促进量刑程序改革的不断向前发展，并且通过证据规则的不同来进一步凸显量刑程序独立的必要性。

一、量刑证据的理论背景

（一）由“刑罚报应论”向“刑罚目的论”的转化

纵观我国量刑制度的发展历程，在司法文明出现之前，“刑罚报应论”的思想一直占据着主导地位。原始社会氏族之间“以眼还眼、以牙还牙”式的同态复仇，就是“刑罚报应论”的最为早期的存在形态。① 由于历史上根深蒂固的影响，我国的刑事审判活动存在着以定罪程序为核心，着重在对犯罪行为本身的审查和判断，缺乏对人权的重视和保护。该时期的刑罚主要是作为犯罪特殊预防的手段，旨在对犯罪行为人个人的再犯可能性进行预防，一定程度地忽略了刑罚一般预防的目的。

立法者像一位灵巧的建筑师，他的责任就在于纠正有害的偏重方向，使形成建筑强度的那些方向完全协调一致。② 自我国进入法治时代的量刑程序司法改革以来，由于社会对公正审判认知的提升以及西方先进司法制度的涌入，对刑罚目的的重新认识就成为学界的重要研究课题，渐渐地实现了“刑罚报应论”向“刑罚目的论”的转化——现阶段的刑罚已经不再是对犯罪行

① 简乐伟：“论量刑证据的独立性基础”，载《证据科学》2011年第5期。

② 【意】切萨雷·贝卡利亚：《论犯罪与刑罚》，黄风译，北京大学出版社2008年版，第17页。

为的报应方式，而是作为一种对犯罪人的合理性评价，并以人权保障、犯罪的一般预防和恢复性司法为其主要目的。具体体现在以下三个方面：

首先，量刑程序的相对独立对人权保障提出了新的要求。法治社会的刑事诉讼法被视为是一部公民权利，尤其是被告人权利的保障法，刑事诉讼法的发展历史也可以说是对人权保障不断予以完善的过程。在以定罪程序为主导的审判模式中，人权保障的要求仅限于定罪的准确以及防止冤错案件的产生，而没有对刑罚的适度与否给予必要的关注。自量刑程序受到重视以来，量刑问题就成为人权保障的重要内容，人权保障的内涵也就因此从准确定罪延伸至准确定罪与准确量刑并重。既然量刑的过程是促成公正审判、保护被告人人权的重要领域之一，那么刑罚则必然要以人权保障和公正量刑为目标，以使得量刑程序的价值得以体现。

其次，量刑程序的相对独立将刑罚的目的导向了一般预防。量刑程序为刑罚问题的解决提供了独立的空间，相比较于定罪程序主导时期对“犯罪构成要件事实”的侧重，在此空间，无论是证据的准入，还是证明的标准与方法，都更多地指向了对“案件细枝末节”的揭示。在相对独立的量刑程序中，刑罚的功能不再集中在对犯罪人的惩罚上，而是试图通过一个独立、公正、透明的程序设置，综合考量个案的特殊情况，全面收集与量刑有关的事实，对犯罪行为的社会危害性和行为人的人身危险性作出充分且科学的论证，使危险分子、不稳定分子、刑事被害人以及其他社会成员能够通过量刑程序知晓刑罚作出的经过和理由，了解到司法的公信力和法律的权威，进而清楚而直观地感受到刑罚的威慑作用，起到一般预防的目的。

最后，量刑程序的相对独立以恢复性司法理念为重要支撑。恢复性司法主要包括两方面内容，一方面是修复被犯罪行为所破坏的社会关系，主要是通过判处被告人刑罚或赔偿被害人经济损失等方式进行。另一方面是促使犯罪人早日回归社会，恢复正常的社会秩序。在这样的理念支持下，“刑罚报应论”显然无法使恢复性司法的要求得到满足，报应性的刑罚方式既不利于犯罪人回归社会，也很难对修复破损的社会关系起到积极的作用。因此，在恢复性司法理念指引下的量刑程序改革，将单纯的报应性质的刑罚转向为实现特定目的而实施刑罚。综上所述，我国的刑罚理念已经由同态复仇、特殊预防以及对犯罪行为的关注转向一般预防、恢复性司法以及对犯罪人人权的关注。也正是由于这一转变，为量刑证据规则的研究提供了坚实的理论背景。

（二）由“准确定罪”向“刑罚个别化”的转化

在我国刑事法研究领域，长期处于“重定罪、轻量刑”等带有倾向性的研究思路中，形成了一种思维定式。[①] 在这种法律传统的影响之下，我国的审判核心长期以来集中于定罪程序。因此，制度的安排和规则的制定主要围绕着如何准确判定被告人有罪而展开。随着司法的不断进步，社会公众对“公正”的含义有了新的认识，也正是因为这一新的认识催生了量刑程序相对独立化的改革。当犯罪情节的复杂性和犯罪人个体的差异性日渐受到社会的关注，以“准确定罪”为核心价值追求的审判程序便不再能够满足社会对于公正的要求。因为即使是触犯同一种罪名，不同的犯罪动机、犯罪手段，行为人不同的成长背景、性格特征等，都会直接影响被告人犯罪行为的社会危害性和人身危险性。因此，不顾个案的具体因素而机械地对同罪名案件判处相同的刑罚，依然会造成审判的不公正。在这些观念的影响下，人们逐渐认识到，罪名的确定仅仅是作为一种法律上的评价为量刑提供了基础和前提，刑罚的准确落实才是最终影响被告人权益的关键所在。在当今刑事实体法日益精细化、复杂化的背景下，公正的观念就自然地延伸到了量刑领域之中。因此，一个公正的审判不但意味着准确的定罪，还应当包括准确的量刑，即实现“刑罚的个别化”。

“刑罚个别化”是指在刑罚执行过程中应当根据犯罪人的人身危险性，即再犯可能性的大小以及社会需要而给予个别处遇的制度。[②] “刑罚个别化”是实现罪刑相适应原则的关键所在，一定程度地约束了法官在量刑上的自由裁量权。正如贝卡利亚所说：“如果对两种不同程度地侵犯社会的犯罪处以同等的刑罚，那么人们就找不到更有力的手段去制止实施能带来更大好处的较大犯罪了。”[③] 可见，“刑罚个别化”的核心在于将量刑的重要性纳入诉讼的视野，全面地分析和判断被告人的人身危险性以及行为的社会危害性，对不同的被告人进行区别对待，作出符合个案特点的决断，在公正定罪的基础上实现公正量刑。因此，通过将刑事审判的价值导向从单一的“准确定罪”转向对“刑罚个别化”注重，既是当代法治的基本内容，也是公正审判的必然要求。除此之外，“刑罚目的论”中的一般预防也为这一转变起到一定的推动作用。在现行的法治理念下，刑罚摒弃了“报复”的原始形态，追求的

---

① 陈卫东、张佳华：“量刑程序改革中的量刑证据初探”，载《证据科学》2009年第1期。

② 高通：“论我国社会调查报告制度的构建”，载《武陵学刊》2010年第6期。

③ 【意】切萨雷·贝卡利亚：《论犯罪与刑罚》，黄风译，北京大学出版社2008年版，第19页。

是犯罪的特殊预防和一般预防相统一的目的。无论是“刑罚报应论”主导下的报应性刑罚理念，还是封建社会奉行的重刑主义刑罚理念，都主要侧重于对被告人的报复和惩罚，据此难以产生良好的社会效果。只有恰如其份的刑罚即实现“刑罚的个别化”，才能够产生一种持久威慑和教育的作用，促进“刑罚目的论”的实现。值得一提的是，这一转化并没有忽略“准确定罪”的重要价值，而是在此基础之上转向了对“刑罚个别化”的必要关注，进而反向作用于量刑程序，成为量刑证据规则的理论背景之一。

（三）由“无罪推定主导”向“无罪推定暂时失效”的转化

基于“天平倾向弱者”的理念，在定罪程序中，面对强大的国家公诉机关，法律对被告人进行了一系列的特殊保护，以此来约束公权力的滥用和扩张，从而达至实质上的平等。在众多的保障体制下，最为根源和核心的就当属“无罪推定原则”的保护。所谓无罪推定是指，任何人在未被依法确定为有罪以前，应被推定或者假定为无罪。[①] 可见，无罪推定的实质是一种身份上的假设，其目的就是为了确保在法庭作出有罪判决之前被告人不被当作罪犯对待，进而维护其在庭审过程中所应当享有的各种诉讼权利。但是，无罪推定原则是否有必要贯穿于诉讼活动的全过程呢？也就是说，它是否能在量刑程序中继续发挥主导作用呢？对此笔者的回答是否定的。笔者认为，在量刑程序中无罪推定原则已经失去了存在的根基。原因在于：

首先，从无罪推定原则的内涵之一是“未经法庭审判任何人不得确定有罪”，其存在的前提是任何人在未被依法确定为有罪之前。那么，在定罪程序结束之后到量刑程序开始之前这一个时间范围内，虽然完整的庭审还没有结束，但随着定罪问题的确定，被告人的身份已经由刑事被告人转为刑事犯罪人。有犯罪才能有量刑，如果不对被告人的犯罪人身份加以确定，其后的量刑程序将无法进行。因此，量刑程序的开启即意味着犯罪人身份的确定，无罪推定原则的基本前提也就由此失去了存在的基础。

其次，无罪推定原则要求公诉机关承担证明被告人有罪的证明责任，被告人不承担证明自己无罪的证明责任。这也是针对在被告人是否构成犯罪尚未明了的情况下，为了充分保障弱者，防止公权力的不当扩张而作出的举证责任的分配。同时，法律还将案件的证明标准提升到排除合理怀疑的高度，一旦达不到法定的证明程度，法院就要作出有利于被告人的裁决。也就是

① 陈光中主编：《刑事诉讼法》（第四版），北京大学出版社、高等教育出版社 2012 年版，第 88 页。

说，在公诉机关无法证明有罪时，被告人即是无罪，这就是从无罪推定中衍生出的疑罪从无原则。然而在量刑程序中，定罪问题已经解决，这种针对定罪证据而设立的证明责任也就当然地失去了用武之地。

最后，从无罪推定原则的根本目的来看，确立该原则的宗旨是为了保护被告人在诉讼中的合法权益，确保其以无罪的身份对抗庞大的国家追诉权，通过在形式上向被告一方的倾斜以达到控辩双方实质上的平衡。在量刑程序中，随着定罪问题的解决，法官已经在无罪推定原则的保护下对被告人的犯罪人身份产生了内心确信，已经最大可能地保证了定罪的准确性。那么在这样的前提之下，量刑活动便得到了一个基本的保障，使被告人受到不公正审判的可能性也随之降低。并且，在量刑程序当中公诉机关的指控已经得到了法官的认可，其追诉欲望不再像定罪程序中那般强烈。除此之外，在量刑证据的收集能力方面，公诉机关也不再具有绝对的优势。正是由于建立在定罪基础上的错误量刑风险的下降和公诉机关在诉讼过程中强势地位的弱化，在量刑程序中已没必要再对被告人实施特殊的保护，无罪推定原则成为量刑程序所不能承受之重。

需要指出的是，无罪推定原则的彻底失效仍然要以法院有罪判决的生效为标准。在判决生效之前，法院对于被告人有罪的内心确信依旧停留在可以推翻的状态之中。因此，量刑程序中笔者所讨论的无罪推定原则基础的丧失，只是一种“暂时的失效”。所谓“暂时失效”，是指某一特定审级范围内，法院一旦确认被告人有罪，无罪推定对随后的审判活动失去法律约束力。而被告人提出上诉、检察机关提出抗诉从而引发新的审判程序之后，无罪推定原则又重新发生法律效力。①

二、量刑证据的概念与特点

（一）量刑证据的概念

笔者认为，探讨量刑证据定义的意义是在于厘清量刑证据与定罪证据的界限，从而能够对量刑证据进行更加精确的把握。“程序决不能满是无法推

① 陈瑞华：《刑事诉讼法学》，北京大学出版社2012年版，第366页。

动案件进展的拘泥形式”,[①] 而若要使程序不流于形式就必须用证据来加以填充，因为只有通过证据才得以推动案件的进展。没有证据的程序仅仅是一个拘泥的形式，因此，有效的程序分离关键在于证据的分离。只有先将证据分离开来，程序的分离才具有现实性和可操作性。也就是说，只有明确了量刑证据与定罪证据在概念上的区别，才可以确定某个单一的证据在庭审的过程中进行举证、质证和辩论的时间，从而保障定罪程序与量刑程序的分离。可见，确定好量刑证据的定义对量刑程序具有重大的意义。

量刑证据是指，用以证明犯罪嫌疑人、被告人应当被判处何种具体的刑罚，表征犯罪行为的社会危害性和行为人人身危险性的一系列与案件事实有关的材料。笔者认为，量刑证据的定义可以进一步划分为广义的量刑证据和狭义的量刑证据两种。广义的量刑证据应当包括在定罪阶段就已经使用的，与定罪证据相重合的，既能够证明犯罪嫌疑人、被告人“罪”的问题，又能够证明犯罪嫌疑人、被告人“刑”的问题的证明材料。对于此类既是量刑证据，又是定罪证据的案件材料，笔者亦称其为与定罪证据相混合的量刑证据。比如，行为人的年龄、犯罪时间、犯罪的数额、犯罪的手段等。[②] 狭义的量刑证据是指仅能在量刑程序中使用的，只能用以确定犯罪嫌疑人、被告人被判处具体刑罚的各种事实材料。狭义的量刑证据不与定罪证据相重合，仅仅用以证明对犯罪嫌疑人、被告人应当判处何种刑罚，与罪的证明没有关系。比如，自首、立功、未成年人的社会调查报告等。对于与定罪证据相混合的量刑证据，应当在定罪阶段随着定罪证据一起进行统一的举证、质证和辩论。由于这类证据已经在定罪阶段对犯罪嫌疑人犯罪的问题进行了证明，那么在定罪程序结束之后，法官对犯罪嫌疑人犯罪产生了内心确信，该类证据即随之丧失了证明的价值，在接下来的量刑阶段，不得重复使用。原因在于，这类混合型证据已经与其他定罪证据共同确定了被告人的“罪”，而“罪”的确立使得被告人“刑”的问题固定在某个相对应的刑罚幅度之上。这种情况下，如果允许混合型的证据进入接下来的量刑程序，就会导致对量刑问题进行二次处理的问题：即在以此划定刑罚范围幅度的基础之上，又以此来确定具体的刑罚。这样做违背了刑事诉讼法保障人权的基本价值理念，侵犯了被告人获得公平裁判的权利。因此而言，笔者本文语境之下的量刑证据仅仅指狭义概念上的量刑证据。与定罪相混合的那部分量刑证据属于广义

① 【美】《争鸣与思辨——刑事诉讼模式经典论文选译》，虞平、郭志媛编译，北京大学出版社2013年版，第10页。

② 樊崇义、杜邈：“定罪证据和量刑证据要区分”，载《检察日报》2012年6月4日，第3版。

的范畴，解决在了定罪程序中，不会进入量刑程序的视野。

（二）量刑证据的特点

第一，量刑证据以琐碎的量刑情节为依据。定罪证据依据的是与犯罪构成要件相关的定罪信息，量刑证据则是依据各种法定或酌定的从重、从轻、减轻或者免除刑事处罚的情节。[①] 定罪证据旨在证明被告人是否构成犯罪以及构成何种犯罪，因此定罪证据大致可以分为有罪证据和无罪证据两大类。其中有罪证据的主要依据是与犯罪构成要件有关的实体法信息，包括犯罪主体信息、犯罪客体信息、主观方面信息和客观方面信息等；无罪证据的主要依据则是用以证明被告人无罪或者不足以证明被告人有罪的案件信息。量刑证据旨在证明被告人犯罪行为的社会危害性程度和其人身危险性程度，主要从定罪证据没有关注到的细枝末节入手，确定符合个案特征的具体刑罚。由此而言，量刑证据的主要依据是与从重、从轻、减轻或者免除刑事处罚相关的量刑信息，包括犯罪手段、犯罪时间、犯罪地点，被告人的年龄、性格、受教育情况、成长环境、工作经历以及财产犯罪中的犯罪金额等。可以看出，相较于定罪证据而言，量刑证据所依据的信息更加的宽泛和琐碎，涉及被告人犯罪行为和个人情况的方方面面，甚至于法律没有作出规定的相关信息仍然有机会作为量刑证据的依据加以使用。这些因素都决定了量刑证据材料来源的灵活性、广泛性和多样性。

第二，量刑证据以实现刑罚个别化为目的。定罪证据的目的旨在对被告人进行准确的定罪，而量刑证据则旨在实现刑罚的个别化。之所以将量刑程序从定罪程序中分离出来，是因为定罪程序与量刑程序各有分工、各有任务。定罪程序旨在解决定罪问题，而量刑程序则是在定罪问题已经解决的基础上进一步确定被告人应该被判处何种具体的刑罚。因此，量刑程序必须在定罪程序结束后，法官对于罪与非罪、此罪或彼罪的问题已经形成某种程度上的内心确信时才能够开启。定罪程序作为量刑程序的前提和基础，就必须要保证其对案件定罪事实判断的准确性，有效且公正的量刑程序只能在准确定罪的基础上展开。罪的类别决定了刑罚的幅度，因此只有罪名确定无误，量刑才能够在一个正确的范围内进行，否则量刑程序就会沦为司法的负累，对公证造成更大的偏差。因此，定罪证据作为定罪程序的支撑，其根本目的就是要保障定罪的准确性。“正义有一张普罗修斯似的脸，变幻无常，随时

① 陈卫东、张佳华：“量刑程序改革中的量刑证据初探”，载《证据科学》2009年第1期。

呈现不同的形状，并且有极不同的面貌。”① 随着法治的不断发展，罪的种类越来越细化，刑罚的方式也日益增多。从最原始的一个罪名对应一种刑罚，进步到一个罪名对应多种刑罚，最后发展到一个罪名对应一个幅度内的刑罚，因而社会公众对司法正义的要求不再仅限于定罪的准确性，还包括了量刑的适当性。而适当的量刑就是要通过一系列的量刑证据，综合考虑被告人的人身危险性、犯罪行为的社会危害性等因素，具体情况具体分析，对不同的被告人，尤其是犯同一种罪名的不同被告人进行区别对待，以实现刑罚的个别化。

第三，量刑证据可以暂时不受无罪推定原则的约束。定罪程序关乎被告人有罪身份的确定，与被告人的自由、财产，乃至人身权利直接相关，稍有差错就会对被告人的合法权益造成难以弥补的损害，因此定罪证据规则的构建和定罪证据的使用必然要受到严格的制约，以防止公权力的扩张而导致冤假错案的发生。无罪推定原则的目的是防止过早地或者是毫无根据地认定被告人有罪，② 约束法官使其保持中立的审判立场，强调公诉机关不可转移的举证责任，从而最大程度地保证审判的客观性和公正性。因此，为了保障准确定罪目的的实现，无罪推定原则作为制约公诉方和审判方的最为重要的武器，理应成为定罪程序中的指导原则，定罪证据也需要在严格的约束下予以使用。然而自量刑程序改革以后，这里的“被依法确定有罪”应该得到相应的提前，即由原来的定罪与量刑一并解决、有罪裁判作出的时刻提前至定罪问题解决、法官内心确信形成的时刻。没有“罪”何来“刑”？因此定罪问题的解决就意味着被告人“犯罪人”身份的确定，否则基于此基础上的量刑程序将无从开启。在定罪、量刑相对分离的新的审判模式下，如果继续在量刑程序中适用无罪推定原则，不对被告人的犯罪人身份进行确认，将会严重冲击到量刑程序存在的正当性基础。由此可见，量刑证据不受无罪推定原则的约束，既是量刑程序改革的必然要求，也是量刑程序得以顺利进行的前提条件。综上所述，笔者认为由于量刑程序与定罪程序业已分离，定罪程序的结束即是宣告了法官内心确信的形成和量刑程序的开启，此时无罪推定原则由于定罪任务的完成、被告人犯罪人身份的确定而暂时失效。因而量刑程序得以暂时脱离无罪推定原则的指导，量刑证据的使用也随之不再受到该原则的约束。

---

① 【美】E. 博登海默：《法理学：法律哲学与法律方法》，邓正来译，中国政法大学出版社 2004 年版，第 261 页。

② 陈光中主编：《刑事诉讼法》（第四版），北京大学出版社、高等教育出版社 2012 年版，第 88 页。

三、量刑证据的准入规则

在定罪程序当中，我国法律对一个案件材料向定罪证据的转化限定了较高的门槛。这是因为定罪程序中，在“无罪推定”等原则庇护下的被告人权利保障达到了整个庭审活动中的最高点。而证据又是司法审判活动的核心和基础，因此对证据要求得越高，对被告人的保障就越有力。那么相应地，在这一阶段的证据准入问题上也达到了最为严格的程度。由于定罪程序对被告人的影响重大，稍有差错就会造成难以挽回的后果。因此，在定罪程序中对证据的证明能力作出了严格的限制：只有同时满足客观性、关联性和合法性的案件材料才能够转化为证据在定罪程序中予以使用。对证据关联性的限制的主要目的是防止与案件事实关联不大的证据进入法官的视线而干扰法官的判断拖延庭审时间；对客观性和合法性的要求主要是为了保证证据的真实可靠，避免由于收集证据的主体、程序或者形式上的违法而造成对案情的错误判断，以致影响到定罪的准确性。进入量刑程序以后，主要的任务集中在通过论证说理活动解决被告人的刑罚问题。被告人刑罚的确定与被告人的人身危险性和行为的社会危害性息息相关，而涉及人身危险性和社会危害性的证据大量存在于案件事实的细枝末节当中，与案件的关联性没有那么明显，有些甚至能够通过与本案无关的事实加以体现，而不像犯罪构成要件事实那样明显和直观。因此，在定罪已经完成的基础上，对量刑证据的收集应当是越全面越好，对于一切能够体现出被告人人身危险性和社会危害性的材料，都应当纳入法官的视野。如前文所述，在量刑程序中，由于无罪推定原则暂时失去了存在的根基，控辩双方的平等地位得以确立，量刑程序的目的仅仅是为了确定刑罚，而不涉及对被告一方的特殊保护。因此，在定罪过程中为保障被告人权益而严格予以限制的案件材料，在量刑程序中只要被确定是真实的就可以使用。综上所述，笔者认为在量刑程序中应当扩大证据的收集范围，通过降低相应的证据准入规则以保障量刑证据的全面收集。概括起来主要体现在以下三个方面：

首先是传闻证据的准入。我国法律虽没有明确地表示禁止使用传闻证据，但《刑事诉讼法》已经明确规定了证人出庭制度，可见，在定罪阶段对传闻证据的采纳持有相当谨慎的态度。禁止传闻证据的目的是为了保证第一手资料的准确性，防止误传带来的偏差。但是，并不是所有的传闻证据都存在错误。在定罪已经完成的量刑阶段，由于传闻证据对法官判断案件事实的影响力削弱，那么其所包含的可能影响量刑的信息就应该浮出水面发挥作用了。传闻证据受到禁止的另一个原因是该类证据无法进行当庭质证，因此其真实性处于真伪难辨的状态。对于这一顾虑，在量刑阶段也不再显得那么突出。主要是因为在量刑阶段基本的犯罪事实已经查清，主要的任务由证明基本犯罪构成转为收集大量与量刑有关的信息。因此，传闻证据的进入，已经影响不了法官对基本案件事实的判断，反而能够为量刑提供更加全面的素材。

其次是品格证据的准入。在定罪阶段，品格证据往往被视作不具有关联性而被排除在法庭的视野之外，这是为了防止这些与案件不相关甚至关联性极小的案件资料涌入法庭，干扰法官的决断，并且造成庭审的冗长和不必要的拖延。得益于定罪程序中各种严苛的证据规则，在该阶段能够最大程度地保证准确定罪。那么相比于定罪程序，在此基础上进行的量刑程序就可以适当地放宽证据范围，以达到实现刑罚个别化的目的。就犯罪事实而言，同种犯罪的定罪事实都相差不多，主要是基于该罪的构成要件进行举证和质证。但是同种犯罪的量刑证据却极可能千差万别，这是由犯罪人个体的特殊性所决定的。个人的成长环境、性格特征、家庭条件、文化程度等不同，都决定了他们在实施同一种犯罪行为时具有不同的社会危害性和人身危险性。为考量这些差别，必然要全面地收集与量刑事实有关的证据，将排除于定罪程序之外的资料也纳入进来，用以综合考察，实现公正量刑。

最后是非法证据的有条件准入。非法证据危害之大毋庸置疑，但在量刑程序中是否也有必要将非法证据予以排除呢？若要排除，是一律排除还是根据违法程度的不同进行区分？笔者认为是需要进一步讨论的。最高人民法院在新近通过的刑事证据规则中确立了三种非法证据排除规则，即“强制性的排除”“自由裁量的排除”和“可补正的排除”。[①] 前者主要针对的是采用严重违法手段获取的言辞证据，后两者主要适用于那些违法情节不太严重的实物证据和瑕疵证据。对于强制性排除的言辞证据，由于已经僭越了司法公正的底线，在量刑程序中也不应该留下缺口，要坚决地予以排除。也就是说，这种强制排除必须贯彻于整个刑事诉讼活动当中。而对于那些违法程度不大，尚未严重影响到司法公正的，在定罪阶段尚且适用自由裁量排除或者可补正排除的非法证据，在量刑程序中则更加没有必要加以一概的排除。相较

① 陈瑞华：“量刑程序中的证据规则”，载《吉林大学社会科学学报》2011年第1期。

于定罪程序，法官可以对此类证据适当的放宽限制，将其作为量刑证据加以使用。值得注意的是，这里存在一个违法行为的严重程度和证明案件事实的重要程度之间的博弈问题。在量刑程序中，采纳包含重要量刑信息且违法程度较轻的非法证据，能够在一定程度上节约司法资源，实现快速且准确的量刑。

简而言之，由于量刑程序中不需要再对被告人进行特殊的保护以达至控辩平衡，那么与此相关的一系列证据规则将受到一定程度的削减。在证据能力上的体现就是降低了证据准入的门槛，传闻证据、品格证据、非法证据等都可以有条件地进入量刑程序中，最终成为确定具体刑罚的依据。

四、社会调查报告的法律定位

刑事案件中的社会调查制度肇始于1840年美国的“量刑前调查报告”（Pre-Sentence Investigations Report），由波士顿鞋匠John Augustus提出。[①] 美国的量刑前调查报告是一种正式的法律文件，由“缓刑官”在定罪程序结束之后经过调查作出，旨在保障法院量刑信息的全面性和准确性。《刑事诉讼法》首次以立法的形式确立了社会调查制度，该法第268条规定：“公安机关、人民检察院、人民法院办理未成年人刑事案件，根据情况可以对未成年犯罪嫌疑人、被告人的成长经历、犯罪原因、监护教育等情况进行调查。”尽管该条法律规定在“未成年人刑事案件诉讼程序”这一特别程序之中，但依然宣告了社会调查报告作为能够影响刑罚轻重的案件材料正式登上刑事审判程序的舞台。因此，对社会调查报告的法律定位就成为亟待明确的问题。只有厘清社会调查报告的法律属性，才能够确定其法律效果以及对诉讼各方的约束力，使得该制度的运行具有现实性和可操作性。对于社会调查报告的法律定位问题学界的争论可以归纳为两类：一种观点主张把社会调查报告作为证据的种类之一，赋予其证据的属性和地位；另一种则认为社会调查报告不具备证据属性，只能够作为一种辅助性质的资料为法官在量刑的过程中提供参考。

笔者认为，为了充分发挥社会调查报告在量刑程序中的作用，应当赋予

① 李玉萍：“量刑与社会调查报告”，载《法治资讯》2008年第6期。

其证据的属性，并作为量刑证据的一种纳入量刑证据的范畴中。

（一）明确社会调查报告的证据地位是证据概念的应有之义

《刑事诉讼法》第48条规定："可以用于证明案件事实的材料，都是证据。"这里将证据的概念限定于"证明案件事实的材料"。由此可见，判断一份材料是否是证据的关键就在于其能否证明案件事实。《刑事诉讼法》出台以后，审判程序被分为定罪和量刑两个部分，因此，每一个案件都是由定罪程序和量刑程序组成的。由此可以看出，案件事实不仅包括定罪事实，还应当包括量刑事实。有的学者主张，由于我国是法定证据主义国家，《刑事诉讼法》第48条列举的八大证据种类中没有包含社会调查报告，因而不得将其作为证据使用。笔者认为，由于我国的量刑程序在相当长的时间内没有得到重视，与量刑相关的证据规则设计也长期处于空白状态。因此，传统的证据学理论主要是围绕着与定罪有关的问题研究和发展起来的。虽然近年来量刑程序的研究逐渐得到学者的重视和关注，量刑程序的地位也得到法律的明确规定，但是量刑程序的改革还没有在证据制度上得到进一步的体现，当前立法所确定的证据规则依然主要是从定罪证据的角度予以设计和考虑的。随着量刑程序的发展，与量刑程序息息相关的量刑证据规则将会日益完善，证据概念势必将从单一的定罪证据观延伸至定罪、量刑证据观。在现阶段立法滞后的情况下，笔者认为应当对当前的证据概念和证据种类作扩张解释，社会调查报告是可以用于证明案件事实的材料，应当赋予其证据属性，作为证据使用。

（二）明确社会调查报告的证据地位是证据裁判原则的必然要求

《最高人民法院关于适用〈中华人民共和国刑事诉讼法〉的解释》（以下简称《刑事诉讼法解释》）第484条规定："对未成年被告人的社会调查报告，以及辩护人提交的有关未成年人情况的书面材料，法庭应当审查并听取控辩双方的意见。上述报告和材料可以作为法庭教育和量刑的参考。"从法条的字面意思上来看，最高人民法院并没有明确地赋予社会调查报告以证据资格，而只是规定其可以作为法庭教育和量刑时的参考。据此似乎可以看出，最高人民法院在社会调查报告的证据属性问题上表现出了否定的态度。笔者认为，这样的规定看似谨慎，但实际上却直接违反了证据裁判原则。根据证据裁判原则的规定，认定案件事实只能以证据作为根据，且该证据须具备法定的证据资格并经法定的调查程序予以查明。[①] 司法证明与一般的科学证明的本质区别就是其对证明的依据进行了严格的限制，除了证据以外的其他任何东西都不能作为认定案件事实的根据。《刑事诉讼法解释》中所使用的“参考”一词，实际上是赋予了法官以社会调查报告为依据作出判决的权力，使得社会调查报告在审判中的作用和证据并无二致。这种一方面赋予社会调查报告以裁判依据的作用、一方面却不承认其证据地位的规定，所带来的后果就是将不具备证据资格的案件材料作为法官裁判的参考和依据，进而造成对证据裁判原则的违背。“参考”与“依据”的分界本身就不够明朗，加之“参考”一词确实能够使社会调查报告对案件的裁判产生实质的影响。因此，为了保障证据裁判原则的贯彻与落实，应当明确社会调查报告的证据地位。

（三）明确社会调查报告的证据地位是对证据属性的全新突破

传统的证据法学理论将证据的属性归纳为客观性、关联性和合法性，认为只有同时满足这三种属性，才能够作为证据使用。有一部分否定社会调查报告证据属性的观点从证据三性的视角出发，认为社会调查报告的本质是一种主观的案件材料，不具备客观性；与案件事实关系不大，不具备关联性；收集制作过程缺乏规制，不具备合法性，因而不能够作为证据使用。[②] 证据三性理论是基于“重定罪，轻量刑”这一传统发展起来的，那时量刑程序和量刑证据都还没有得到应有的关注。传统的证据法理论中关于证据三性的规定旨在对定罪证据进行限定，以严格规范定罪证据的准入，避免不具备客观性、关联性和合法性的证据干扰法官对定罪事实的认定，影响准确定罪。随着法治的发展，量刑程序逐渐从定罪程序中分离出来，其基本任务也已经从定罪程序中的防止错误定罪转向实现刑罚的个别化，通过允许尽可能多的量刑证据进入法官的视野，来保证量刑信息的全面收集。因此，量刑证据的准入规则放低了门槛，那些被认为与案件事实关联不大的品格证据、与证据客观性相违背的意见证据、与证据合法性相违背的部分非法证据得以在量刑程序中作为证据使用。[③] 不难看出，为严格限定定罪证据而归纳出的证据三性理论，并不能当然地适用于量刑程序。换言之，量刑程序与定罪程序的本质区别也正是在这些具体的证据制度上得以体现的。由于社会调查报告的适用

---

① 陈瑞华：《刑事证据法学》，北京大学出版社2012年版，第31～34页。

② 石晓琼：“论社会调查报告的法律地位”，载《法制与社会》2013年第11期。

③ 张吉喜：“论量刑证据的可采性”，载《学习论坛》2013年第9期。

阶段仅限于量刑程序之中，因此赋予社会调查报告以证据地位并不会与定罪程序中的证据三性理论相违背。质言之，在广泛收集证据以实现刑罚个别化的量刑程序中，随着证据准入规则门槛的降低，使得证据三性不再作为评判社会调查报告能否成为量刑证据的标准，因而不能以此作为认定社会调查报告不具备证据属性的依据。

（四）明确社会调查报告的证据地位是对证据功能的有益补充

社会调查报告的主要功能是向法官提供被告人的生活经历、家庭背景、教育环境、犯罪前科以及性格特征等，用以充分揭示被告人的人身危险性和再犯可能性，以便法官综合各方因素进行全面而公正的量刑，实现刑罚的个别化。可见，社会调查报告作为一个具有综合性质的案件材料，触及被告人生活和成长的方方面面，弥补了现有量刑证据的不足，进而能够对量刑产生实质性的影响。因此笔者认为，在我国当下量刑程序刚刚起步的司法环境下，量刑证据规则仍有待于进一步的跟进和完善，加之量刑程序与定罪程序相对分离的这一全新的审判模式在短时间内并不能够完全为司法工作人员认可和掌握。如若不明确社会调查报告的证据效力，完全依靠从定罪证据中剥离出的量刑证据来确定具体的刑罚，很容易使量刑证据与定罪证据相混淆，导致法官在定罪阶段就对量刑问题产生先入为主的预断，从而使量刑程序流于形式。因此，基于我国现阶段量刑程序改革中所面临的上述困境，将社会调查报告作为证据使用能够起到重要的补充作用，以弥补由于法官的经验不足而造成的疏漏。此外，量刑程序改革的另一个重要目的就是为了约束法官的自由裁量权，提高审判的司法公信力。只有将社会调查报告纳入证据的范畴内，相关人员才能够依照证据的标准对其进行收集、审查、举证和质证，法官才能够对其内容进行严格的筛选和核实。以社会调查报告为依据对被告人进行量刑，能够最大程度地防止自由心证，避免社会调查报告中记载的量刑信息被滥用或者被忽视。

因此，赋予社会调查报告以证据属性不仅可以丰富和完善我国的证据法体系，还可以推进和保障其在量刑证明过程中的重要作用，同时对法官的自由裁量权进行约束。并且有利于全面收集量刑信息，促进公正量刑和刑罚个别化的实现。

结　语

量刑证据随着刑罚目的论、刑罚个别化以及无罪推定原则暂时失效的理论转型应运而生。同时，对量刑证据的关注亦为衡量司法公正提供了一个全新的视角和标尺——由准确定罪的单一标准导向准确定罪与公正量刑的双重标准。将量刑证据从定罪证据中分离出来，核心的价值是为了实现量刑的公正性和刑罚的个别化；根本的原因是不同诉讼阶段中证据准入规则的变更；有效的方法是为量刑证据的适用提供一个相对独立的程序空间。量刑证据的重要特征是冲破了传统的证据观念，面对的是繁多且琐碎的量刑事实。因此，笔者对量刑证据持有一种开放性的宽容态度，即允许尽可能多的、与量刑有关的事实进入法官的视野，并通过控辩双方的举证、质证对其进行审查判断，以充分地揭示出犯罪行为发生的细枝末节和被告人的人身危险性。遗憾的是，目前无论是学界还是实务界，都对量刑证据缺乏必要的重视，使其或隐身于定罪证据之中，或游走于庭审的门槛之外，从而导致量刑的草率与恣意。笔者认为，随着法治的进一步发展与完善，量刑证据将不再局限于抓获情况说明、赔偿和解协议等个别种类，而应当延伸到犯罪原因、犯罪手段、被害人过错等酌定量刑事实之中。同时，社会调查报告制度作为未成年人刑事案件中的一种量刑证据，对未成年被告人的公正量刑发挥了重要作用，应逐步向所有的刑事案件中推广适用。

知识产权使用权出资的法律问题分析

——以专利使用权出资为切入点

李宝霞*

【摘要】根据我国公司法，知识产权在股东的可出资财产范围内。但知识产权使用权出资问题，现有法律并未明确规定，因此给实务操作带来诸多障碍，我国学者对此也有颇多争议，存在肯定说、否定说、限制说等多种学说。在公司由注重资本信用向资产信用转变的背景下，知识产权使用权出资具有可行性，但其价值的易变性等给公司其他股东及债权人的利益都带来巨大影响。另外，因专利权是知识产权出资标的物的普遍形式，所以本文试以专利使用权出资为切入点，在分析其所带来法律问题的同时，提出相关的立法建议，以期完善我国的知识产权使用权出资制度。

【关键词】知识产权使用权；公司出资；资本信用；资产信用

引　言

知识与技术在经济发展和社会进步中的作用不断提高，“加强知识产权运用和保护”“促进科技成果资本化、产业化”也被明确提出，法律越来越多地关注到知识产权的利用在市场经济中的资本价值与经济效益，在规定传统的许可使用、转让等利用方式之外，更发展出知识产权出资等更为积极的利用形式，这也是知识产权人对其知识产品在市场经济环境下的支配。但知识产权出资是否当然地包括知识产权使用权的出资，以使用权出资在我国的

---

* 李宝霞，女，中国政法大学2015级法学硕士研究生。

公司法环境下所引发的法律问题却亟须探讨。

知识产权同物权中的所有权一样具有私权属性，似乎可以同所有权一样进行占有、使用、收益和处分，既然法律明确规定了所有权的使用权能，知识产权使用权也似乎自然可列入出资范围内。同时，洛克的财产权劳动理论被法官应用于版权时未做任何说明或铺垫，似乎将知识产权与有形财产相提并论。但知识产权使用权是一种无形财产权，是一种由法律所规定的垄断性的利用，其与有形财产权相比，法律保护的理念有别，法律尊重有形财产所有权人的意思自治，而法律授权的知识产权则可以对其予以种种限制，从而实现规范目的，[①] 其与所有权在权利的取得、客体、存在的期限、地域范围、专有性等方面存有不同。[②] 因此即使法律明确规定了土地使用权可作为出资，也不能当然地将知识产权使用权做同样理解。

另外，知识产权使用权出资与公司的运营密切相关，随着当前公司资本制度的改革，由重视资本信用转为资产信用，作为公司资产来源之一的知识产权使用权出资就具有重要意义。但基于我国法律规定的不明确性，知识产权使用权在出资时将面临实现条件、方式、途径、程序、责任等方面的具体问题，权利人之间虽可进行协商，但交易成本也会极大提高，根据科斯理论，高交易成本反而会妨碍市场的有效运行。同时，公司运行关涉股东、债权人等主体的利益，因此需要权衡知识产权使用权出资的经济利益及其对市场主体所带来的极大不确定性，分析其在我国公司法环境下面临的法律问题。

一、知识产权使用权出资的风险

股东出资义务的履行除可以现金方式为之，也可以现金以外公司事业所需之财产抵缴，前者为现金出资，后者为现物出资（各国公司立法对现金之外的出资方式称谓不一，有将之称为非现金出资（non-cash contribution）或非金钱出资（non-monetary contribution）的，有将之称为实物出资或现物出资的，还有的并没有抽象的界定，而是列举了法律认可的几种出资形式）。现

① 黄海峰：《知识产权的话语与现实——版权、专利与商标史论》，华中科技大学出版社2011年版，第32、278页。

② 尚清峰："知识产权的物权化探析"，载《知识产权》2014年第9期。

物出资其价值不似现金出资一目了然，必然要涉及评估作价，稍有不慎，就可能发生“掺水股”的问题，伤及公司资本充实及资本原则，进而侵害公司、其他股东和债权人的利益。

（一）与现物出资（non-monetary contribution）的对比分析

我国立法上并未对知识产权使用权出资作出明确规定，但观之美国、德国、韩国等国家对此都有规定，美国更是在代表性判例中明确肯定了专利许可使用“构成有效发行股份基础的财产”的地位。[①] 而我国学界对现物出资的适格性标准总结出出资标的物应具备确定性、价值物的现存性、价格评估的可能性、可独立转让性四项要件。[②]

首先，现物出资的确定性要求出资标的物必须特定化，冯果教授认为确定性“就是指现物出资标的物必须特定化，即以什么作为出资标的物必须客观明确，不得随意变动”[③]。也就是说用于出资的标的物的种类、数量等要求具体明确，出资标的物在确定后不得以其他出资标的物来替代。其次，物的现存性要求出资的标的物应该是现实存在的，不是尚未出现或未来才出现的标的物。我国《中外合资经营企业法实施条例》第26条规定，“外国合营者以工业产权或者专有技术作为出资，应当提交该工业产权或者专有技术的有关资料”，表明我国对出资标的物要求需现实存在。对于未来可能具有价值的标的物由于其与公司的资本原则相冲突，并且不利于保护其他权益人的利益，所以不列入出资标的物范围内。再次，价值评估的可能性是指出资的标的物的价值应当可以用货币估价，在评估时，考虑出资标的物的技术特征、法律特性及市场环境因素等方面，出资人基于折算价格取得相应份额的股权，因此可用于出资的标的物必须能够评估作价，而对于财产的评估，目前应用比较广泛的有成本法、收益法和市场价值法三种。[④] 最后，我国公司法明确规定出资公司的标的物应当依法转让给公司，否则出资人无法履行出资义务，对于有形财产而言，不动产可以根据物权法的规定以登记的方式转让，而动产则通过交付的形式完成转让，土地使用权的权利转移也是通过登记的方式实现。

知识产权使用权因为出资标的物具有现存性、确定性，虽价值波动大，

① See Thoms v. Sutherland, 52 F. 2d 592, 597 (U. S. App., 1931)

② 【日】志村治美：《现物出资研究》，于敏译，法律出版社2001年版，第133～138页。

③ 冯果：《现代公司资本制度比较研究》，武汉大学出版社2000年版，第138～140页。

④ 陈焘：“论外国投资者知识产权使用权出资及其法律风险”，载《求索》2013年第9期。

评估难度大，但仍然具有评估的可能性，因此符合现物出资的确定性和价值物的现存性。但对于第三个要件价值评估的可能性，知识产权使用权因为价值波动大，评估的难度也相对较大，不同的评估机构采用不同评估方法可能会得到价值相差很大的评估结果，对市场竞争环境的不同把握以及知识产权使用权不同的出资形式等都会影响对知识产权使用权的评估价值。

另外，知识产权使用权不可独立转让，知识产权人以该知识产权使用权出资后，再将该知识产权转让于第三人，若第三人成为所投资公司的新股东，则违反我国《公司法》有关出资人转让出资须经其他股东过半数同意，同等条件下其他出资人有优先购买权的规定；若允许第三人不直接取代知识产权转让方的股东地位，允许原知识产权人继续享有股东权利，则与知识产权法的基本原则相悖。① 知识产权人仅将使用权出资，会影响公司对该项无形财产的转让，公司并不能独立支配该项知识产权，公司的投资等行为都会受制于知识产权人的专有权。综上所述，知识产权人以使用权出资是否符合现物出资的标准也是亟须探讨的问题。

（二）专利使用权出资存在的问题

在公司经营中，专利权是知识产权出资的最普遍形式，因此在此主要分析专利使用权的出资。专利使用权出资存在广义说与狭义说，狭义说是指专利权人以专利使用权出资入股，公司享有专利使用权，专利所有权继续由专利权人控制。② 而广义说还包括专利权的被许可使用人以其所获得的专利使用权出资入股。基于在公司运营过程中，专利权人以专利使用权出资更为普遍，因此本文主要分析狭义说的情形。以专利使用权出资自身存在诸多问题，其对公司的经营和债权人、股东的利益等都有不利影响，因此本文试从专利使用权自身角度分析其出资在我国公司法环境下的不适应性问题。

1. 价值的不稳定性

首先，专利使用权具有时间、地域的局限性，专利权的法定期限只有20年，使用权不可能长于此期限，专利使用权可能短于公司经营期限。据统计，我国维持时间超过5年的发明专利占比为46.4%，维持时间超过10年的发明专利占比仅为4.5%。③ 当专利权被依法宣告无效时，用作出资的专

---

① 刘春霖：“论股东知识产权出资中的若干法律问题”，载《法学》2008年第5期。

② 杨为国：“专利使用权出资法律问题探讨”，载《科技与法律》2006年第3期。

③ 马维野：“知识产权若干问题的思考与辨析”，载《中国高校科技与产业化》2011年第2期。

利使用权也就失去价值，此时出资方有资本填充义务。其次，专利使用权是一种法律拟制的占有，不能像有形财产一样进行实际占有，其具有客体虚拟占有和权能多样化的特征，① 当知识产权人以专利使用权出资时，擅自处分专利权时，将使公司蒙受巨大损失，因此公司更应考虑法定期限内该专利使用权的稳定性。

2. 价值的可变性

专利的价值本身具有不确定性、时效性与模糊性。随着技术研发与市场竞争的加剧，专利使用权价值与其出资时的价值可能差别很大，因此较难估价，未来对公司带来的利益难以评估，因为在评估专利使用权时，不仅应考虑专利使用权的形成成本，还要考虑专利使用权的当前收益和未来收益，当价值被高估时，出资方应依照规定补缴其差额，企业设立时的其他股东或合伙人对此承担连带责任②。专利使用权在公司应用的过程其价值变化是一个动态的过程，不同时期对其价值的评估应该是不同的，虽股东的出资方式应该更加灵活，但更应考虑专利使用权出资的价值易变性对公司资本原则的影响及对公司权益人带来的潜在风险。

3. 价值评估的风险

我国《公司法》第27条第2款规定，“对作为出资的非货币财产应当评估作价，核实财产，不得高估或者低估作价。”第208条对承担资产评估、验资或者验证的机构的评估责任进行了规定。中国资产评估协会发布的《知识产权资产评估指南》对专利使用权的评估作价起到了基础规范和指导作用。但由于专利使用权资产的特殊性，在实践中存在参数选择口径不一、资产运用市场难以确定等难点问题。③ 专利使用权的价值评估主体的选择与确定，对评估结果的确认等问题，我国都无明确规定，而专利使用权的价值评估关乎各方主体的利益，包括专利权人、公司股东、债权人及社会公众的利益，因此在我国尚未能为专利使用权出资提供理想的评估环境的时候，以专利使用权出资仍待商榷。

---

① 吴汉东等：《知识产权基本问题研究》，中国人民大学出版社2005年版，第40页。

② 杨为国：“专利使用权出资法律问题探讨”，载《科技与法律》2006年第3期。

③ http：//www. cfen. com. cn/cjxw/kj/201601/t20160119_ 1652050. html，2016年1月21日访问。

4. 出资者的权利限制

首先，当专利权人仅以专利使用权出资时，若其再向第三人转让专利权或向其他公司进行出资就应受到限制，否则公司的市场竞争力就会受到威胁，相应地，其他公司权益人的利益也会受到影响。其次，当专利使用权因专利权被宣告无效或法定期限届满而存在出资不实或不到位的情况时，专利权人应当补充出资，负有资本充实的义务。最后，若专利权人将专利使用权出资后，将专利权转让于第三人时，该第三人取代专利权人成为所出资公司的新股东时，与公司法对股东优先购买权的规定相悖，反之，与专利法的基本原则相悖。

5. 缺乏财产转移手续

《公司法》第28条和《公司登记管理条例》都规定了非货币出资的财产权转移，但专利使用权出资不存在特殊的财产转移手续，虽然实践中采用备案登记的方式，但其不能对抗善意第三人，以专利使用权出资，实质上是以一定期限的使用费进行出资。备案只是国家的一种管理方式，是相关行政部门为保护专利权、规范交易行为、促进专利实施而采取的一种行政手段，①仅起公示作用，基于专利使用权出资无法像有形财产出资一样易被当事人和社会公众知悉，备案以明确双方的权利义务，避免争议。②

二、知识产权使用权出资对公司的影响

（一）我国公司法对股东有限责任的规定

股东向公司出资，公司由此拥有自己独立的财产，享有法人财产权，与此同时，股东对自己投入公司的财产丧失所有权，取而代之的是股权，公司财产与股东财产分离，股东仅以其出资额或所持股份为限，因此股东的投资

① 《专利实施许可合同备案方法》第1条规定，“为了切实保护专利权，规范专利实施许可行为，促进专利权的运用，根据《中华人民共和国专利法》、《中华人民共和国合同法》和相关法律法规，制定本办法。”

② http：//www. nipso. cn/onews. asp？ id＝16173，2015年12月24日访问。

风险降低，我国公司法对股东有限责任的规定使其享有了投资方面低风险的利益。股东的有限责任使其风险仅限于投资者对公司的出资份额或持股份额，投资者的其他财产利益有了充分保障，减少了出资者在投资风险上的心理障碍和成本费用，同时，利用公司形式进行经营，从而获得股息、红利之收益，实现自己利益的最大化。[①] 但是允许股东以知识产权使用权出资则使股东在享有有限责任的同时，带给公司债权人及股东更大的风险，债权人的利益难以保证，将承受更大的风险，也会影响市场交易安全与效率。

在公司独立人格制度下，出资者和债权人各放弃一定的利益，从而在股东和债权人之间设立起一道屏障，在公平基础上实现投资者利益与债权人利益的两级平衡，体现了该制度的公平价值，出资者牺牲自己对公司的直接支配权和控制权换取有限责任，实现投资风险最小化和利润最大化，同时保证公司财产的独立完整而不被股东随意分割以维护债权人的利益，债权人则以放弃直接向投资者追索债务的利益和承担公司经营失败的风险为代价，换取与公司集中进行经济交易而节省大量调查、交易费用，获取更高利息率的经济目的，公司独立人格确立了股东、债权人共担风险和收益合理分配的方式。若允许以知识产权使用权出资则会打破公司基于独立人格所形成的这种平衡，因为知识产权人仍然享有对知识产权的专有权，公司对出资的知识产权的支配受到限制，公司财产并不是独立完整的，在公司进行破产清算时，知识产权使用权能否独立转让及作为清算财产等问题都不明晰，需要进行探讨。

（二）公司的资本原则对知识产权使用权出资的影响

资本制度在我国公司法中举足轻重，资本信用是中国公司法制度建构的基本依据，随着社会生活的发展，资本信用在保护债权人方面没有发挥预期的作用，《公司法》第27条的规定对资本的形成和维持都做了重大改变，可以说突破了对资本信用的盲目崇拜，资产信用在保护债权人方面发挥着越来越重要的作用，[②] 但公司的资本确定、资本维持和资本不变原则在公司法中的地位并未动摇，仍对公司运行发挥着举足轻重的作用，知识产权使用权出资仍受公司资本原则的影响。

首先，资本确定原则要求在章程中对公司的资本总额作出明确规定，并须全部募足或认足，保证公司设立时资本的真实可靠，使公司形成稳固的财

① 朱慈蕴著：《公司法学原论》，清华大学出版社2011年版，第41页。

② 赵旭东主编：《公司法学》，高等教育出版社2013年版，第264页。

产基础和健全的财务结构，并防止公司的滥设，若允许知识产权人以其使用权出资，其价值评估具有较大的弹性，存有贬值风险与变现的难题，如果被高估后将影响公司资本的稳定，股东利益和债权人利益都会受影响。其次，对于资本维持原则，要求公司在其存续过程中，要经常保持与其资本额相当的财产，即防止资本的实质减少，保护债权人的利益，防止股东对盈利分配的不当要求，确保公司本身业务活动的正常开展，当知识产权人以使用权出资时，公司的资产价值会不断变化，尤其当知识产权人又许可他人使用或进行重复出资时，公司的市场竞争力也会受到削弱。在知识产权有效期届满后，该知识产权使用权价值降低乃至为零，此时公司资本必须填补，否则有悖公司资本维持原则。最后，对于资本不变原则，是指严格规定增减资本的条件，即公司的资本一经确定，不得随意改变，如需增减，必须严格按法定程序进行，从而防止资本总额的减少导致公司财产能力的降低和责任范围的缩小，保护债权人利益。[①] 若以知识产权使用权出资，公司的资本是随市场外部竞争条件与知识产权使用权的自身价值而不断变化，公司的稳定性也会受影响。

（三）公司的营利性及法人性特征与知识产权使用权出资间的利益平衡

公司设立及运作的目的当然地被理解为追究经济利益，营利性可以说是公司的生命，股东出资公司也正是为了获取投资的回报和收益，从营利性角度，似乎知识产权使用权出资能带来经营价值，并且具有增值功能。[②] 但若只是考虑发挥公司的资本营利与增值功能，注重交易效率从而允许知识产权使用权出资，则无法平衡知识产权人和公司之间的利益。同时公司具有法人性，[③] 一是要求公司具有独立的法人财产，公司的财产与其股东个人的财产相分离而存在，股东一旦出资，该财产的所有权即归公司所有；二是公司以其全部财产对公司的债务承担责任，公司在享有诸多权利的同时，必须就其在经营过程中产生的债务承担责任。我国目前的公司法理论在公司的财产权

---

① 赵旭东主编:《公司法学》，高等教育出版社 2013 年版，第 204 ~ 207 页。

② 申屠晓娟:“基于公司法人财产制度的知识产权出资权利形态分析”，载《浙江学刊》2012 年第 2 期。

③ 《公司法》第 3 条规定，“公司是企业法人，有独立的法人财产，享有法人财产权。公司以其全部财产对公司的债务承担责任。有限责任公司的股东以其认缴的出资额为限对公司承担责任；股份有限公司的股东以其认购的股份为限对公司承担责任。”

性质上已经基本达成共识，即公司财产权是与股权紧密相连的两个权利，公司的原始财产来源于股东的出资，股权是由股东转让出资财产所有权而换取的权利，也是股东赖以控制公司的权利。① 知识产权使用权并非完整的财产权利，其无法独立转让，因此将知识产权使用权出资时将有悖于公司的独立财产责任制，不符合公司的法人性特征。

三、对知识产权使用权出资的完善建议

以知识产权出资是我国市场环境下公司发展的必然要求，我国公司法在2005年的全面修订中对股东出资形式进行了较大调整，虽明确规定了知识产权的出资，但包括专利使用权在内的知识产权使用权出资的风险性问题都有考虑。由于知识产权使用权不同于物权法中对所有权的使用权能的规定，也就不能与土地使用权明确出资做同样理解，同时，知识产权使用权出资关乎公司运行中各方主体的利益，也受到公司法资本原则的限制，对公司运行及破产清算等都有不同程度的影响，也应权衡知识产权使用权人的利益与公司权益人之间的利益。基于专利使用权出资自身存在的诸多问题，在我国公司法环境下对专利使用权价值评估问题等都会对公司的交易安全和效率带来风险，专利使用权自身的时间、地域的局限，客体的虚拟占有等也是制约其出资的重要方面。知识产权使用权出资价值巨大，应在立法中明确规定，但基于其出资公司的风险性，也应加以适当限制。

（一）建立公司出资的信息公示制度

当以知识产权使用权出资时，实践中通常采用备案的方式，但这种方式不足以使公司债权人或第三方知晓公司的出资状况，也不能通过公示的信息查阅以保证自身的利益，这种信息不对称会增加债权人的投资风险，从而抑制投资的热情，阻碍市场经济的发展。当公司接受知识产权使用权出资时，应当在公司的信息公示平台中公示，从而达到对外信息公开的效果，保证债权人或善意第三方的利益。

① 赵旭东主编：《公司法学》，高等教育出版社2013年版，第11页。

（二）建立债权人强制审计制度

根据上文的分析，基于知识产权而生的知识产权使用权价值易变，会随市场经济的发展波动。当前越来越多公司的经济发展依赖于高新科技，在与其他公司竞争的同时，作为出资的知识产权使用权的价值可能极易贬值，作为保护债权人利益的公司资产也就不足以保证债权人利益，因此知识产权使用权在出资时的价值评估也就具有重要意义。虽然法定验资机构会在公司设立时对公司出资的非货币财产进行验资，但基于知识产权使用权价值的易变性，当债权人有相应的证据证明知识产权使用权严重贬值时，应赋予债权人强制审计的请求权以维护自身的利益。

（三）明确知识产权使用权出资的具体类型

由于知识产权使用权出资的不同类型会影响其价值，为了保证债权人的利益，建议规定只允许独占实施许可的方式出资，从而减少知识产权使用权价值的不稳定性。同时，也应限制公司将知识产权使用权再进行出资或转让，否则会与知识产权人的权利相冲突，也会损害交易秩序。

我国股权众筹风险防范及法律问题研究

乔　磊　李文华*

【摘要】股权众筹，是指筹资者借助互联网上的众筹平台将其准备创办的企业，抑或是筹资项目通过网站信息公示的方式向投资者展示，以求吸引投资者加入，并以股权的形式回馈投资者的融资模式。股权众筹在国内外得到了快速的发展，但也产生了相关的法律风险和法律问题，包括非法集资风险、审核风险、知识产权保护、合同欺诈等。我国应积极防控非法集资行为、建立健全股权众筹监管制度、建立股权众筹项目知识产权预告保护措施、完善股权众筹投资者权益保护机制。

【关键词】股权众筹；法律风险；监管

一、股权众筹概述

(一)股权众筹的发展

股权众筹，亦可称为股权式众筹，是指筹资者借助互联网上的众筹平台将其准备创办的企业抑或是筹资项目通过网站信息公示的方式向投资者展示，以求吸引投资者加入，并以股权的形式回馈投资者的融资模式。这种众筹模式一方面对于筹资者来说意味着可观的筹资规模，另一方面对于投资者来说则是丰厚的投资回报，因而这无疑形成投融方双赢的局面，促进了资金的合理配置和有效利用，对于金融市场也具有更加显著的影响。

---

* 乔磊，北京交通大学法学院硕士研究生。李文华，北京交通大学法学院副教授、法学博士，主要研究领域为商法、金融法。

1. 股权众筹的国外发展状况

2009年在美国成立的Kickstarter是最典型的众筹网站，并且伴随着股权式众筹的相关法律法规在美国的出台，即2012年美国国会通过了《工商初创企业推动法》（Jumpstart Our Business Startups Act，简称《JOBS法案》）。该法案第三章对众筹进行了专门规定，正式将众筹融资合法化，包括鼓励快速成长型企业（Emerging Growth Company）公开募股等规定。一时间美国股权众筹模式迅速发展，截至2013年上半年，美国拥有344家众筹网站，占全球总数的23%，中小企业融资难的窘境被打破。美国总统奥巴马对该法案的深远意义进行了高度的评价："80年前通过的法律（指《1933年证券法》）使得很多人无法投资，但是80年来发生了很多变化，法律却依旧未变。法案的通过，将使得初创企业和小企业获得大量的、新的潜在投资者，即美国民众。普通美国民众将史无前例地可以在线投资他们所信任的企业。"

2. 股权众筹的国内发展状况

2011年4月，我国首家众筹网站——"点名时间"建立，开创了我国众筹发展的崭新领域。目前为止，我国发展较好的众筹网站包括：天使汇、大家投、创投圈、天使街、点名时间、众筹网、淘梦网等，众筹投资发展在我国可谓势如破竹。2014年7月28日，清科集团发布了《2014年中国众筹模式上半年运行统计分析报告》（以下简称《报告》）。《报告》显示，2014年上半年，中国众筹领域共发生融资项目1 423起，募集资金1.88亿元。其中，股权式众筹项目共计430起，募集资金1.56亿元；奖励式众筹项目共993起，募集资金3 228万元。股权式众筹占募集资金总额的83%，市场潜力巨大。从2014年开始，股权式众筹成为异军突起的新星，受到广大投资者的青睐。

从上述发展历程来看，股权众筹在金融服务体系中扮演的角色越来越重要，并且对完善我国金融体系有着不可或缺的促进作用，因此，总结我国股权众筹发展的必要性，主要包括以下四个方面：第一，我国金融企业服务不到位，导致相应的金融服务水平不足以应对时代发展的潮流，也正是由于这样的现状，在我国中小企业融资难、融资贵的窘境频繁出现，以至于堵塞了大众投资理财的渠道。第二，我国金融服务的垄断现实，体现在国有银行体系的垄断，导致我国没有"真正"的民营银行，因此民营企业和中小企业缺失了"真正"民营银行的服务依托。第三，随着阿里巴巴、京东等电子商务企业在我国现阶段的蓬勃发展，实现了我国互联网金融发展的契机，这也是电子商务推动互联网金融发展的重要动因，也是伴随着我国经济高速发展和经济转型升级的大背景下，社会对互联网金融、直接融资的强烈渴望。第四，我国的金融体制改革相对迟缓，利率市场化改革比较滞后，导致民间对资金的需求非常旺盛。并且从国际的金融市场发展的宏观层面看，一个以银行为主导的间接融资模式必然会过渡到以市场为主导的直接融资模式。基于以上四点原因，这就是为什么众筹可以改变我国目前金融垄断格局以及金融间接融资模式，并且实现国民生活方式、产业模式以及商业管理模式的原因。最重要的一个方面，即股权众筹，在互联网的依托下，一定程度上实现了平等、民主、自由、开放，在我国建设中国特色社会主义的发展历程中，有助于解决贫富不均、金融服务不到位等改革深层次问题。

（二）股权式众筹过程中的法律关系

股权式众筹的核心主体包括投资者、筹资者以及股权众筹平台，为了确保股权众筹资金的安全性，还会引入第三方对资金进行管理，如我国“大家投”引入的兴业银行“投付宝”资金管理。这便会形成多个主体间的多重法律关系：首先，筹资者通过股权众筹平台展示筹资项目，并且与投资者达成融资合意，筹资者与平台签订融资居间合同；同理，由于平台向投资者提供订立投资合同的媒介服务，因而双方形成居间合同关系。其次，在我国众筹平台实行的“领投＋跟投”模式下，领投人在融资期限届满并且跟投人满额认投后，领投人与跟投人通过线下接触达成合伙协议，设立有限合伙企业，并由领投人担任普通合伙人。再次，投资人通过设立的有限合伙企业的形式注资到筹资者设立的项目公司，双方签署投资协议，此时，领投人作为投资者与筹资者达成股权转让合同。最后，通过第三方资金管理机构将募集资金向筹资者转账，使平台独立于资本运作，这样投资者与第三方资金管理机构之间形成委托关系。上述股权众筹各主体间的法律关系均基于我国《合同法》而形成，是私法自治契约精神的体现，因而为其规范化管理提供了法律基础。

（三）我国股权众筹的性质

就目前我国股权众筹发展现状来看，市场中对股权众筹定义混乱，不少平台在募集资金和运营模式方面均已“触及”红线，需要予以清理和调整。因此，亟须对公私募不同性质的股权融资平台进行清晰区分，避免部分“伪众筹”机构通过滥用模式进行违规融资。由于我国《证券法》第10条明确规定：公开发行证券，必须符合法律、行政法规规定的条件，并依法报经国务院证券监督管理机构或者国务院授权的部门核准；未经依法批准，任何单位和个人不得公开发行证券。有下列情形之一的，为公开发行：向不特定对象发行证券的；向特定对象发行证券累计超过二百人的；法律、行政法规规定的其他发行行为。非公开发行证券，不得采用广告、公开劝诱和变相公开方式。因此，就有效规范我国股权众筹融资市场而言，有必要依据此法律条文对我国股权众筹进行性质上的区分，包括公募股权众筹和私募股权众筹，其区分标准则是是否公开发行，向不特定对象发行证券或者向特定对象发行证券累计超过二百人的为公募股权众筹；而不公开发行，向特定对象发行，不超过二百人的为私募股权众筹。将股权众筹以公募和私募的性质加以区分，不仅可以使此前“股权众筹”的定义由于不严格而导致无论是线上还是线下、专业投资人还是草根网络用户均可以涉及“股权众筹”所造成的定义模糊得以清晰化，还可以使日后监管措施更具针对性。所谓公募股权众筹是指通过互联网形式进行公开小额股权融资的活动，具有“公开、小额、大众”的特征，且这类机构必须通过国务院股权监督管理机构批准才能开展，这里所指的公开是指股权众筹投资者对象的不特定性；所谓私募股权众筹，也称互联网非公开股权融资①，是指融资者通过股权众筹融资互联网平台以非公开发行方式进行的股权融资活动，其所面对的投资者是特定的，即根据《证券法》的规定少于二百人。通过上述划分，可以明晰我国股权众筹融资市场的两类不同性质的股权众筹界定。

二、我国股权众筹在发展过程中产生的风险及相关法律问题

投资的风险是不可避免的，有投资就一定有风险。因此如何有效地控制风险的发生，如何最大限度地保障投资者利益，不仅可以促进股权式众筹作为新型互联网金融的发展，而且在其自身发展中也不会影响金融秩序的稳定，这是股权式众筹模式亟须解决的问题。因此从以下几个方面来谈谈股权式众筹的风险以及由此所引起的法律问题：

① 2015年8月10日，中证协发布调整场外证券业务备案管理相关条款的通知，将“私募股权众筹”修改为“互联网非公开股权融资”。

（一）非法集资风险及司法边界的认定问题

我国《刑法》第176条规定："非法吸收公众存款或者变相吸收公众存款，扰乱金融秩序的，处三年以下有期徒刑或者拘役，并处或者单处二万元以上二十万元以下罚金；数额巨大或者有其他严重情节的，处三年以上十年以下有期徒刑，并处五万元以上五十万元以下罚金。单位犯前款罪的，对单位判处罚金，并对其直接负责的主管人员和其他直接责任人员，依前款的规定处罚。"因此，股权式众筹作为一种新兴的融资模式，通过网络平台向公众募集资金，一旦在运营过程中出现纰漏，扰乱金融秩序，则可能面临构成犯罪的风险。

有学者认为，股权众筹实质上就是借助网络平台通过买卖股份实现融资的过程，该行为性质类似发行证券。① 我国《证券法》第10条规定："未经依法核准，任何单位和个人不得公开发行证券。有下列情形之一的，为公开发行：向不特定对象发行证券的；向特定对象发行证券累计超过200人的；法律、行政法规规定的其他发行行为。非公开发行证券，不得采用广告、公开劝诱和变相公开的方式。"要判断股权众筹行为是否违反《证券法》，就要看其是否为公开发行，公开发行可以从"不特定性"和"人数限制"问题去把握。前者在实践中表现在股权众筹平台，如天使街、大家投、人人投等平台通过对投资者的认证达到规避"不特定性"的目的，然而这样做是否可以产生法律上的效果，在学术上仍存在一定的争议②；后者在实践中主要体现为股权众筹平台（以"大家投"为例）规定项目中的领投人和跟投人的最低投资额度分别为项目融资额度的5%和2.5%，此种平台规则设置起到了特定对象累计人数不超过200人的限制，但这需要股权众筹平台对其运作模式进行严格的管控或采取特殊方式才能规避《证券法》的限制，而这种规避方式从法律解释的角度看来往往又不是可靠的。③

另外，根据《最高人民法院关于审理非法集资刑事案件具体应用法律若干问题的解释》第1条的规定，有关非法集资的犯罪构成要件如下："未经有关部门依法批准或者借用合法经营的形式吸收资金；通过媒体、推介会、

① 石龙："众筹出路何在?"，载《互联网金融》2013年第1期，第66页。

② 杨东、刘翔："互联网金融视阈下我国股权众筹法律规制的完善"，载《贵州民族大学学报》（哲学社会科学版）2014年第2期，第94页。

③ 彭冰："非法集资行为的界定——评最高人民法院关于非法集资的司法解释"，载《法学家》2011年第6期，第48页。

传单、手机短信等途径向社会公开宣传；承诺在一定期限内以货币、实物、股权等方式还本付息或者给付回报；向社会公众即社会不特定对象吸收资金。”因此股权式众筹的某些特征，如未经许可、通过网站公开推荐、承诺一定的期限内以股权的方式回报、向不特定对象吸收资金，都符合上述法律和司法解释关于非法集资的构成要件。尤其是在我国目前法律上尚无对股权式众筹进行明确规定的情况下，一旦在实践中处理不好相关问题，极容易陷入非法集资的“泥沼”。

（二）股权众筹审核风险及监管层面的合法合规问题

股权众筹作为一种新兴的融资模式，在我国还处于起步阶段，我国现行立法中众筹融资的相关规定尚付阙如。因此股权众筹在我国现有制度体系中并不具有明确的法律地位，其设立和业务开展也缺乏相应的法律依据。因此股权众筹平台作为股权众筹活动的枢纽，联系着投资者和筹资者，其在股权众筹模式中所具有的重要作用可见一斑。因此，没有统一的审核标准，势必会使股权众筹平台在运作过程中产生这样或那样的风险，这也会使监管面临严峻的挑战。这就要求明确股权众筹各方主体的法律地位并打通其获得核准的通道。对于股权众筹平台而言，境外已有的立法经验基本上都要求众筹平台在监管部门登记备案，以有利于对众筹融资进行监管。在我国目前的体制下众筹平台尤其是股权众筹平台难以获得合法地位，这就要求我国法制进行相应调整，对众筹平台进行确认和规范，通过设立合理的注册登记条件筛选合格的众筹平台，明确其法律地位并将其纳入监管对象范围。[①] 对于投资者而言，投资者审核可能造成三类风险：首先，不完善的投资者审核可能对投资者本身带来风险；其次，不完善的投资者审核可能对初创企业带来风险；最后，不完善的投资者审核也有可能对平台带来风险。[②] 因此，建立健全股权众筹监管制度是防控风险，使股权众筹沿着合法合规方向发展的保障，也是现阶段我国亟须解决的制度性建设问题。

（三）非创新性风险及知识产权保护问题

在我国当前的制度背景下，知识产权相关法律法规缺乏对创新性众筹方

① 袁康：“互联网时代公众小额集资的构造与监管——以美国JOBS法案为借鉴”，载《证券市场导报》2013年第6期，第4页。

② 杨东、苏伦嘎：“股权众筹平台的运营模式及风险防范”，载《国家检察官学院学报》2014年第4期，第163页。

面的规定，这有可能导致专利型项目筹资人面临知识产权被侵犯、创意被剽窃的风险。由于股权众筹可能涉及一些高精尖项目，其项目本身均具有创新性和高科技性的特点，所以这一领域内的知识产权保护问题也是极为突出的。就目前而言，大多数股权众筹项目的筹资者是为了实现其科技创新并转化为社会生产力，从而能够吸引投资者对其项目产生兴趣而投资。如果项目筹资人只在网站上公布其创意的部分内容，但仅凭着部分内容无法使投资者全面了解该项目，此时，投资者投资的意愿也就打了折扣，这样就很有可能导致项目众筹失败。但如果过多地在网站上展现项目细节，就会引起知识产权被侵害的风险。由于项目筹资者的项目多处于知识产权成果的形成初期，申请知识产权保护尚未达到申请标准，因而在项目众筹期间内，就会有人假借投资者身份剽窃项目创意，并通过率先量产的方式在市面上销售仿制品，这也使得众筹项目短时间内就失去其创新性。这在一定程度上使具有核心优势的项目出于知识产权保护等问题的考虑，不会选择通过众筹平台筹集资金。如何让投资者在了解众筹项目的基础上保护筹资人的项目创意和知识产权，进而使众筹作为民间融资的中坚力量得以发挥出来，筹资者项目知识产权保护势在必行。

（四）合同欺诈风险及投资者权益保护问题

传统的证券交易市场，由于其具备强制信息披露制度，并且辅之以证券公司、会计师事务所、律师事务所等信誉中介机构的尽职调查和信誉担保，在一定程度上保证了投资者对证券相关真实信息的知情权，同时，也保护了投资者的权益。但在股权式众筹这种新兴的融资模式中，配套的信息披露制度还未有效建立，也没有传统证券发行时那些信用中介机构的服务，极易导致信息不对称，损害投资者利益。虽然投资者在股权众筹市场的投资是自由的，但由于无法判别信息的真实性，而依靠自身力量证实信息的成本又过高，这使其在投资活动中出于明显的信息劣势地位，无法有效识别风险和作出正确的投资决定。①

现阶段，我国的股权式众筹平台，例如天使汇、大家投等众筹平台都普遍采取“领投＋跟投”的投资机制，并且对于投资者和筹资者的资格审核也是由平台根据自身的制定的规则完成的，因此在这个过程中，虽然是由一些有投资经验的专业投资者对项目进行筛选和甄别，跟投人基于对领投人专业

① 钟维、王毅纯：“中国式股权众筹：法律规制与投资者保护”，载《西北政法大学学报》2015年第2期，第23页。

投资眼光的信任跟进投资，但是该机制并没有改变跟投人缺乏相应投资知识而陷于信息不对称的被动地位。倘若此间，领投人与筹资人存在某种利益关系或有其他关联关系，并且以恶意串通的手段损害跟投人的利益，这对于跟投人来说很难察觉或者需要付出大量成本才能甄别，这显然对于跟投人来说是不利的。从项目审核的方面来看，股权式众筹平台具有对筹资人项目进行审核的权利，然而是否能保证相关审核人员的职业操守以及审核质量将是平台建设的重要环节，也是合同欺诈风险的源头。

由合同欺诈风险所引发的投资者权益保护是资本市场的永恒命题。因此，完善投资者保护问题不仅是对投资者合法权益的维护，更是增强投资者信心的重要课题。股权式众筹作为一种创新型融资模式，在投资者保护问题上存在着诸多不确定因素，首先，投资者对股权众筹业务模式和风险属性的不熟悉容易造成投资者利益受损；其次，股权众筹模式本身的高风险性使投资者受到损失的概率更大；再次，股权众筹投资者的特殊属性（如缺乏充足的投资知识和风险防控能力）使得其风险识别和风险承受能力较低，从而有更强的受保护的需求；最后，股权众筹本身业务模式的不规范不成熟，在其早期阶段可能存在诸多制度和规则的漏洞也会使投资者遭受损害。[①] 因此，鉴于我国目前监控机制尚不成熟的互联网，对投资者的保护比较困难，这些都是在今后制定监管规则、设定投资者门槛时应当着重考虑的问题。

三、我国股权众筹规范化路径的法律探究

（一）推行股权众筹的司法豁免，防控非法集资行为

股权众筹模式的出现冲击了传统的“公募”与“私募”的划分界限[②]，这也让非法集资风险成为股权式众筹亟须防控的主要风险之一。如果没有完备的监管约束，金融市场中的集资行为极易形成投资者的盲目跟风效应，而一旦风险产生，便会产生严重的群体性恶果。因此，法律对投资行为在筹资

① 袁康：“资本形成、投资者保护与股权众筹制度供给——论我国股权众筹相关制度设计的路径”，载《证券市场导报》2014年第12期，第5页。

② 田春雷：“金融资源公平配置的法学分析——兼论中国金融法的新价值”，载《法学评论》2013年第3期，第112～119页。

人数和筹集条件两方面都有严格的规定。股权众筹作为新兴的融资模式，以互联网作为融资平台，其涉及的人群之广、数额之大往往使其极容易触及法律禁止的“红线”。① 因此，地位的合法化是股权式众筹能否持续、顺畅发展的决定因素。以美国为例，《JOBS 法案》通过实行本土化的股权众筹法律豁免，从而划清与非法集资的界限。该法案实际上是通过修改《1933 年证券法》，设立了以合格投资者为核心的私募注册豁免制度。主要表现在解除私募股权投资不得打广告的禁令，在获得美国证券交易委员会（Securities and Exchange Commission）批准后，可以通过报纸、网络或电视对潜在的投资者进行公开宣传，这在很大程度上为股权众筹提供了发展空间。因此，为促使股权式众筹在我国实现法制轨道化发展，建议在新《证券法》修改中，对“证券”进行扩大理解，明确股权式众筹的合法地位，并纳入新《证券法》的规制范围，从而实现股权众筹的本土化的法律豁免。

（二）建立健全股权众筹监管制度

我国目前反响良好的股权式众筹模式，是响应党中央促进我国的多层次资本市场健康发展的号召发展起来的，对于我国经济长远发展和缩小贫富差距具有非常重要的意义。但与此同时，我们更应该将建立多层次资本市场纳入法制化轨道，因此对于股权式众筹融资的充分监管和规制首先应当以保护投资者、促进中小企业发展的原则为初衷。所以，就我国而言，在《私募股权众筹融资管理办法（试行）（征求意见稿）》确立了私募领域可以开展众筹这一原则后，股权众筹的公开发行性质应当得到法律确认。一经认定为公开发行，不仅意味着宣传方式、劝诱对象的法律适用的变化，还可直接摘掉当前悬在股权众筹企业头顶的“红线”，使法律规范与经济生活的发展协调一致。考虑到《证券法》股票公开发行制度将从核准制过渡到注册制，可以在认定股权众筹为证券公开发行之特殊形式的基础上，参照美国《JOBS 法案》予以注册豁免，避免传统证券发行、上市的交易成本成为束缚股权众筹发展的又一阻碍。与此同时，针对众筹及互联网金融特点的监管规则也应当适时搭建。② 2014 年年底，证券业协会出台《私募股权众筹融资管理办法（征求意见稿）》，市场普遍认为是将股权众筹划分为“公募”和“私募”两

---

① 杨东、苏伦嘎：“股权众筹平台的运营模式及风险防范”，载《国家检察官学院学报》2014 年第 4 期，第 167 页。

② 杨东、刘磊：“论我国股权众筹监管的困局与出路——以《证券法》修改为背景”，载《中国政法大学学报》2015 年第 3 期，第 55 页。

大模式，同时表明证监会拟定股权众筹监管方向为：公募股权众筹实行审批制，私募股权众筹实行备案制。

1. 公募股权众筹实行审批制

这主要考虑到公募股权众筹的性质是公开募集股本的行为，其所面对的对象是非特定投资者。由于公募股权众筹具有“公开、小额、大众”的特征，涉及社会公共利益和国家金融安全，因此未经国务院证券监督管理机构批准，任何单位和个人不得开展股权众筹融资活动。这也意味着对于公募股权众筹平台需要申请获得证监会颁发的牌照，并且证监会需要对公募股权众筹融资实行审查以确保其资质合法合规。关于股票发行应当实行审批制还是注册制的讨论由来已久，随着十八届三中全会明确了股票发行注册制改革的总体方向，实行注册制已经势在必行。因此对于公募股权众筹未来的监管也应顺应这一改革方向，但需要明确的是，就美国、我国香港的经验而言，核准制与注册制的核心区别不在于监管部门或自律组织是否会对公司发行证券的行为进行审核，而在于审核的重点不同，前者强调审查公司是否符合发行证券的实质条件，后者在于审核信息披露的完整性、充分性。在实行注册制的情况下，即便可以免于注册，众筹发行人也需要按照公开发行监管之精神，完整、充分地履行信息披露义务。① 因此，在我国采取核准与信息披露双管齐下的监管模式，更加有利于公募股权众筹发展初期打击欺诈发行、维护市场秩序的基本任务，这也是保障我国金融市场安全、稳定的切实举措，并随着我国金融体制未来日臻完善，过渡到注册制，从而更大程度上将股票的发行环节市场化，进而体现市场经济的优越性。这需要证监会逐步将部分配售、申购细节、实质审核等环节的监管职能下放到证券业协会和交易所，而其将更多注意力集中到事中、事后的监管，即主要通过依赖股权众筹平台尽职调查，加强信息披露以及加大对于股权众筹平台和发行人违规行为的检查和惩处力度来保障发行市场的顺畅健康运行，使之更加符合资本市场化、法制化的发展方向。

2. 私募股权众筹实行备案制

私募股权众筹备案制主要针对目前一些市场机构通过互联网形式进行非公开股权融资或私募股权投资基金募集行为，根据《公司法》《证券法》等

① 杨东、刘磊：“论我国股权众筹监管的困局与出路——以《证券法》修改为背景”，载《中国政法大学学报》2015年第3期，第54页。

有关规定，要采取非公开发行方式，发行对象累计不超过200人，不得采用广告、公开劝诱和变相公开方式，且发行对象必须是符合一定条件的合格投资者。例如我国目前一些股权众筹平台实行的“领投+跟投”模式，即让有经验的投资者和投资机构来当领投人，拥有资金、有投资需求，但是对某个行业没有深入了解的投资者作为跟投人。对于这部分私募股权众筹，由于其一般情况下融资额度有限，投资者也较为分散，并且筹资者多为风险较高的初创企业，也很难满足公开发行的条件。因此对于这部分私募股权众筹而言，可采用备案制，从而尽量减少审核的负担和成本，最大限度实现投资者和筹资者之间及时、直接、快捷的交易服务，实现及时性、便捷性的融资优势，以市场为主导，由投资者评判其存续和发展。

（三）建立股权众筹项目知识产权预告保护措施

如何使投资者在了解股权众筹项目的基础上保护发起人的创意和知识产权，是一个亟待解决的问题。目前国内众筹平台的一种做法是对发起人进行提醒，建议项目发起人先申请知识产权，再将项目上线筹集资金；另外一种做法是对于创意有核心价值的信息，众筹平台会考虑分阶段进行披露，第一阶段先公开初步信息，募集感兴趣者，第二阶段是从这些感兴趣者中挑选个别对象进行详细说明。[①] 这些保护手段只能是治标不治本，并不能使发起人的知识产权受到根本性保护。我们应当看到，未成形的项目虽然处于专利法保护的范围边缘，但显然是需要予以保护的。由于我国知识产权保护体系中缺乏对半成品的保护，因而专利型项目众筹实践中常常出现此类“半成品”专利屡遭侵犯、剽窃的事实。所以，解决此问题的关键是通过增加相关知识产权保护条文从而对该“半成品”专利项目进行预告保护，以保障将来专利权的实现。因此，国务院专利行政部门可以按照一定标准接受筹资者“半成品”专利项目的预告保护申请，如筹资者未能按照规定的期限完成专利的设计，则预保护失效。这一措施不仅可以使发起人在专利研发阶段就能使“半成品”专利免受侵犯和剽窃，而且通过预保护期的设置，促使发起人通过众筹融资尽快完成专利项目设计，进而投入生产，创造社会价值。

① 杨东、黄超达、刘思宇：《赢在众筹——实战·技巧·风险》，中国经济出版社2015年版，第209页。

（四）完善股权众筹投资者权益保护机制

1. 完善股权众筹信息披露制度

凭借互联网平台的优势，股权众筹通过简化初创、小微企业的融资程序，为实现以银行为主导的间接融资模式向以市场为主导的直接融资模式过渡，从而实现投融资行为直接面对投资者和筹资者，并且伴随着募资与投资门槛以及融资成本的降低，必将提升融资效率。然而，资本市场中的最大的交易成本在于信息证实成本。[①] 所以，在股权式众筹中，所谓保护投资者，实际是保护知情权，这是投资者作出正确投资决策的前提。这就需要将信息披露区分为两个方面，一方面是强制性的信息披露内容，即筹资者在平台发布股权众筹项目时对筹资项目的基本情况、资金用途和使用计划等信息进行披露，以方便投资者对其日后经营状况进行充分评估；另一方面是自愿性的信息披露内容，即筹资者为了进一步吸引投资者对筹资项目的兴趣和投资信心而自愿披露的信息。

完善股权众筹信息披露制度主要是侧重对强制性的信息披露，筹资者和股权众筹平台作为信息披露的主体应充分履行信息披露义务，以美国为例，筹资者应当向证券监督管理机构申报，向投资者和众筹平台提供，并使潜在投资者了解如下信息：第一，筹资者的名称、法律身份、地理位置和网站地址；第二，董事和高级管理人员（及任何具有相似职位或履行相似职能的人）以及任何拥有超过20%股权的股东姓名；第三，筹资者的业务介绍和未来商业计划；第四，募资者的财务状况介绍；第五，针对目标发行额，筹资者对发行收益的目的和使用规划的明确介绍；第六，目标发行额、目标发行额截止日期，以及筹资者集资目标进展情况的定期更新；第七，募集股权的价格或定价方法，并且在发售前应向每位投资者以书面形式提供最终价格和所有应披露的信息，确保其拥有撤销购买股权承诺的合理机会；第八，对筹资者的所有权和资本结构的介绍。[②] 而对于众筹平台的信息披露包括两方面：第一，提供包括与投资风险和其他投资者教育材料相关的信息披露；第二，在向任何投资者出售股权之日前的规定时间，向证券监督管理机构和潜在投资者提供筹资者应披露的任何信息。[③]

---

① 彭冰：《中国证券法学》，高等教育出版社2007年版，第5~7页。

② Securities Act of 1933, Section 4A (b).

③ Securities Act of 1933, Section 4A (a) (3) (6).

具体到我国，在完善股权众筹信息披露制度上应当包括两方面的内容：一是对投资者的风险告知义务；二是对交易行为本身的信息披露义务。风险告知义务是基于股权投资的高风险性，要求必须对投资者给予足够的风险提示，并审核投资者信息；明确投资者已经了解所有投资存在损失的风险，并且投资者能够承担投资损失；通过回答问题，表明投资者了解初创企业、新兴企业以及小型证券发行机构的一般风险等级，了解投资无法立即变现的风险以及其他相关事项。交易信息披露义务方面，众筹平台应遵循《证券法》的规定，降低交易欺诈风险，包括了解每个创业企业高管、董事以及拥有 20% 可流通股股东的个人背景，以及证券执法监管历史记录，同时规定在众筹前特定时间内，向证监会和潜在投资者呈现创业企业规定的相关信息。

2. 建立股权众筹投资者保护和适当性制度

投资者在投资过程中始终扮演着至关重要的角色，是项目融资的资金源头，因而建立投资者保护和适当性制度是众筹是否能够稳健、迅速发展的一项重要制度。同余额宝、P2P 等不同的是，股权式众筹属于数额较大的高风险投资模式，因此必须建立众筹投资者适当性制度以确保缺乏技巧和经验的投资者遭受重大损失。所以在制度设计上，可以采取对投资者进行类别限制来保护投资者，并且规定一定时间内的最高投资额。例如，在意大利，任何投资者都可以参与投资，但是只能与专业投资者合作。在我国，众筹平台也将投资者进行分类，如“天使汇”主要聚集高级专业投资者，门槛相比于其他众筹平台较高，一般要求净资产超过1 000万元；而“天使街”则采取“领投 + 跟投”模式，将投资者分为两类：对领投人要求1 000万元以上净资产或者年收入超过 50 万元，而对于普通跟投人的门槛要求则是年收入超过 20 万元以上；但该平台为了控制投资风险，还规定了投资者的投资比例不能高于其净资产的 10% 。

同时，股权式众筹平台应当承诺在创业者融资失败后，确保投资者所投资金及时返还给投资者，因此建立第三方银行或“投付宝”等托管“资金池”是非常必要的。例如，天使街就采取了与第三方支付易宝合作，从而有效地避免了“资金池”面临的潜在法律风险。只有在股权众筹平台与众筹资金完全分离的情况下，才能充分地使筹资人与投资者的资金安全得以保障。

3. 完善股权众筹投资者退出机制

商业投资活动并非属于箭在弦上，不得不发的态势，因而建立投资者退出机制也是股权式众筹的重要环节。对于投资机制发展成熟的国家，都会拥有发达的资本市场为其提供多样化的投资退出渠道。投资者基于企业在投资期间的成长和发展情况，通过并购、公司回购、IPO、破产清算等多种手段选择适合自身的退出方式，实现资本套现。投资者退出机制的建立在保护投资者的资本的基础上，使投资者的顾虑得以打消，从而使投资者在消除后顾之忧的情况下将更多的资本投入到投资产业中去。而我国目前投资机制的不完备之处在于缺乏多层次的资本市场作为投资的退出路径，这也是我国未来所要实现的制度完善目标。

对于构建股权众筹投资者退出机制，有三种路径可供选择：

（1）选择并购方式作为投资者的退出机制。由于 IPO 种种烦琐手续和信息披露制度的约束，以及由于股权众筹投资对象多为中小企业、初创型企业，在资本退出时，企业发展的的程度还未能达到公开上市的标准，并且我国证券法对于上市股票的发起人所持股票的转让有一定的限制①，无法实现短期内一次性退出。所以，根据我国的现状分析，并购方式相比于 IPO 更能实现投资者的退出需求，因为并购者一般都是专业的风险投资机构或者是该创业企业所在行业内发展较好的大公司，中小企业、初创型企业对于他们而言更具吸引力。据统计，66% 的初期投资人是通过并购退出的，因此也是股权众筹投资最主要的退出方式。选择并购方式退出可以一次实现所有股权的转让，并且还会给投资人带来相当高的收益。所以通过建立并完善股权众筹的并购退出机制，对于投资者而言无疑是增强其投资的助力，这不仅使其可以消除投资资本被困的担忧，而且还能实现资本的及时获利退出，对于盘活金融资本流动性也产生了巨大的推动作用。

（2）选择回购方式作为投资者的退出机制。回购是指按照投资协议的规定，在投资期限届满之后，由被投资企业购回投资人所持有的公司股权。在我国，原则上公司自身是不能进行回购的，因此采取回购方式退出时，最好由公司的创始人或实际控制人进行回购。通过回购的方式实现投资者退出不

① 《中华人民共和国公司法》第 142 条规定：“发起人持有本公司股份，自公司成立之日起一年内不得转让。公司公开发行股份前已发行的股份，自公司股票在证券交易所上市交易之日起一年内不得转让。”

仅简便快捷，而且风险较低，既可以保障投资者的投资收益，也可以让筹资者在公司进入正常发展阶段后重新获得公司的控制权。

（3）选择破产清算方式作为投资者的退出机制。十八届三中全会报告指出：健全优胜劣汰市场化退出机制，完善企业破产制度。实际上，我国早在1986年就已经通过了《企业破产法（试行）》，后来在2006年又在原有基础上进一步完善了《企业破产法》。我国的破产法制在整体上还是不错的，但是从实际的执行效果上看是很不理想的，根据国家工商行政管理总局的统计，2000～2012年，生存时间在5年以下的企业占企业总量的49.4%，生存时间5～10年的企业占企业总量的32.9%，生存时间10年以上的企业仅占企业总量的17.7%。① 也就是说，从设立登记开始，不到5年的时间，就有近一半的企业关闭，真正能够做大做强、持续发展的企业很少。这样算来，每年应有将近五百万家企业被注销或吊销，但实际上每年只有四千多件破产案件，近几年更是减少到年均两千多件。也就是说，企业退出市场很少通过破产程序。② 这显然是不正常的企业行为，破产清算是对善良债务人的一种保护措施，因而也是股权众筹初创企业高风险性的有力保障，所以应当落实好破产清算方式作为股权众筹投资者的退出机制，从而实现保护投资者利益的职能。

四、结语

众筹本质上是一种资源配置的方式，以此实现信息对称，让零散小额资金迅速聚集起来，流向真正需要的地方，形成健康资金循环系统，以此推动社会创新、资源整合，同时，让创业者实现梦想，降低创业成本。③ 而作为众筹模式之一的股权众筹，其作为一种新兴的融资模式，代表着互联网金融的发展方向与必然趋势，是我国中小企业、初创企业发展和多层次资本市场

---

① 国家工商总局企业注册局、信息中心：“突破‘瓶颈期’与‘危险期’迎接成长关键期——全国内资企业生存时间分析报告”，载《中国发展观察》2013年第9期，第28页。

② 王利明：“市场主体法律制度的改革与完善”，载《中国高校社会科学》2014年第4期，第142页。

③ 杨东、黄超达、刘思宇：《赢在众筹——实战·技巧·风险》，中国经济出版社2015年版，第95页。

完善的迫切需求。因此将其作为我国资本市场的有益补充势在必行，这不仅需要我国破除制度障碍，防范风险，建立股权众筹模式的合法化路径，而且还要充分借鉴国外立法经验使其制度化，在此基础上才能真正促进股权众筹行业的蓬勃发展，进而有效促进我国金融市场走向成熟高效，这不失为一种对未来金融改革的有益探索。

《首都法学论坛》征稿启事

一、刊物简介

《首都法学论坛》系首都经济贸易大学法学院主办，知识产权出版社出版的正规学术出版物，每年公开出版 1～2 卷，主要出版法学各领域的研究成果。欢迎海内外同仁踊跃投稿，不吝赐教。

二、来稿规范

鉴于学术研究统一规范化的要求以及编辑工作的需要，对来稿提出以下几点要求。

1. 标题名称。请用宋体 4 号字格式，并居中。

2. 作者名称。请用宋体 5 号字格式，居中，并用上标星号（*）作为介绍作者注释的标志，在脚注中注明作者姓名、工作单位、职称。

3. 摘要、关键词。稿件正文之前请附论文中文摘要（300 字左右）、关键词（2～5 个）。

4. 注释。正文注释一律采用脚注，小 5 号宋体，每页重新编号，并采用①②③等形式。论文不区分注释与参考文献。

5. 注释体例如下：

著作类：作者：《书名》，出版社第几年版，第几页。（前无须“参见”，多个作者中间用顿号，连续页码之间用“～”）

论文类：作者：《文章名》，所载出版物第几期，出版社第几年版。

网站类：作者：《文章名》，网站网址，于某年某月某日访问

外文著作：格式同上。

6. 基金项目。本刊欢迎各类基金项目研究成果。获得基金项目资助的论文应对基金名称、项目名称、项目编号等作出明确标识。

7. 文本格式。来稿请用电子稿，A4 版面，Word98 以上格式，正文采用

5号宋体字。

8. 来稿篇幅。来稿一般不少于5000字，不超过3万字，优秀稿件可以例外。

三、评审规则

《首都法学论坛》实行责任编辑初审、编委会审定制度。如作者不同意对提交的稿件进行修改或者有特殊要求，请明确提出；否则，本出版物编辑部有进行相应修改的权利。

四、来稿须知

1. 为了便于本出版物编辑部与作者联系，请于来稿中请详细注明作者的联系方式（电话、电子邮箱）和具体通信地址。

2. 除非本出版物事先同意并接受已发表作品，来稿请勿一稿多投。

3. 来稿引用的数据、材料请自行核实，文责自负。由于一稿多投及抄袭剽窃所产生的有关法律责任由作者独自完全承担，与本出版物一概无关。

4. 稿件请直接发往本出版物编辑部信箱，本出版物在收到稿件后1个月内决定是否采用，届时未收到通知者即可他投。来稿一律不退，请自留底稿。

五、投稿联系方式

投稿专用邮箱：lawcueb@163.com

《首都法学论坛》编辑部

2016年6月